沈仲常

四川省文物考古研究院名家学术文集

沈仲常 著

巴蜀书社

图书在版编目（CIP）数据

四川省文物考古研究院名家学术文集. 沈仲常卷 /
沈仲常著. -- 成都：巴蜀书社，2023.11
ISBN 978-7-5531-1931-1

Ⅰ.①四… Ⅱ.①沈… Ⅲ.①文物—考古—中国— 文
集 Ⅳ.①K870.4-53

中国国家版本馆CIP数据核字（2023）第042910号

SICHUANSHENG WENWU KAOGU YANJIUYUAN MINGJIA XUESHU WENJI·SHENZHONGCHANG JUAN

四川省文物考古研究院名家学术文集·沈仲常卷

沈仲常　著

策　　划	周　颖　吴焕姣	
责任编辑	王　楠　张琳婉	
封面设计	冀帅吉	
内文设计	四川胜翔数码印务设计有限公司	
出　　版	巴蜀书社	
	四川省成都市锦江区三色路238号新华之星A座36楼	
	邮编：610023　总编室电话：（028）86361843	
网　　址	www.bsbook.com	
发　　行	巴蜀书社	
	发行科电话：（028）86361852	
经　　销	新华书店	
印　　刷	成都东江印务有限公司	
版　　次	2023年11月第1版	
印　　次	2023年11月第1次印刷	
成品尺寸	170mm×240mm	
插　　页	16页	
印　　张	17.25	
字　　数	350千	
书　　号	ISBN 978-7-5531-1931-1	
定　　价	78.00元	

总序

　　四川省文物考古研究院前身为四川省文物管理委员会（办公室），成立于1953年5月1日。在党和政府的领导、关怀下，我院从不足30人的团队起步，逐渐成长为一个拥有185人编制．兼具考古、文物修复、文化遗产保护、《四川文物》编辑出版四大职能的综合性考古机构。

　　七十年来，全院职工勠力同心，探索历史未知、揭示历史本源，各项事业蓬勃发展，取得了长足进步：共获得全国十大考古新发现11项、中国考古新发现4项、百年百大考古发现2项、新时代百项考古新发现5项、田野考古奖3项，为"建设具有中国特色、中国风格、中国气派的考古学"贡献了四川力量。

　　饮水思源，回顾我院发展的每一个阶段，无一不浸透着我院一代代文物考古工作者拼搏奋斗的艰辛。在我省文物考古事业的发展进程中，他们始终恪守初心，身体力行地积极投身于四川文化遗产保护体系的缔造，甘之如饴地用心守护着巴蜀大地的文化遗产。在他们的努力下，四川先秦考古学的文化序列日渐完整，巴蜀文明起源和发展的历史脉络逐渐明朗，西南地区的历史轴线不断延伸，古代四川的文化面貌愈发清晰。他们为中国考古事业做出了卓越的贡献，为四川考古争得了荣誉，更为我院今天的厚积薄发奠定了坚实的基础。

　　《四川省文物考古研究院名家学术文集》是为四川省文物考古研究

院七十周年华诞而发起的一套纪念性文集，共九卷，分别收录了四川省文物考古研究院学术名家秦学圣先生、沈仲常先生、李复华先生、王家祐先生、曾中懋先生、赵殿增先生、黄剑华先生、张肖马先生、陈显丹先生的代表性学术论文。

这些老前辈中，有的是四川省文物管理委员会（办公室）初创成员，有的是新中国培养的第一批文物考古工作者，有的是新中国成立以来四川文物考古事业从蹒跚起步到步入"黄金时代"的亲历者、见证者。从旧石器时代考古到明清时期考古，从青藏高原的遗址发掘到长江三峡的文物抢救，前辈们筚路蓝缕，风餐露宿，心怀使命与赤诚，在巴蜀大地上写就了锦绣文章。他们将四川考古提升到了一个全新的高度，在中国考古史上留下了光辉的印记。在本职工作之外，前辈们对待后学更是关怀备至，倾囊相授，无私扶掖，令我们感念不已。

本套文集所收均为前辈们的心血之作，有着很高的学术价值：材料运用充分详尽，理论与实践紧密结合；视野开阔，旁征博引，富于创新精神；论述严密，分析鞭辟入里，给人以深刻启发；多学科手段交叉运用，研究路径多元。这些文字饱含着前辈们的科学精神与人文情怀，充分展现了他们求真务实的工作作风和严谨的治学态度。嘉惠学林、泽被后学，本套文集既是我院七十年学术发展历程的缩影，也是我院后学接续前辈们的学术脉络，踔厉奋发、继往开来的新起点。

"雄关漫道真如铁，而今迈步从头越"，衷心期望我院全体干部职工以前辈们为榜样，传承前辈们的优良学统，勇于担当，努力成长。按照习近平总书记提出的"在新的历史起点上继续推动文化繁荣、建设文化强国、建设中华民族现代文明这一新的文化使命"，在更广的领域、更深的层面开展文物考古研究和探索实践，笃行不怠，奉献出更多、更新、更好的学术成果，进一步积淀我院的学术底蕴，为我院创建世界一流考古机构注入崭新力量。

2023年10月

作者简介

沈仲常（1921—2000），四川成都人，研究馆员。1946年本科毕业于齐鲁大学历史社会系，1951年研究生毕业于四川大学文科研究所。曾任四川省文物考古研究所考古工作队队长、顾问等职。原中国考古学会、中国先秦史学会、四川史学会、中国古代铜鼓研究会、四川民族学会等学会理事。曾获四川省文物、博物馆"先进工作者"称号。

曾主持四川"巫山大溪新石器时代遗址""涪陵小田溪巴蜀墓""后蜀孟知祥墓""昭化宝输镇六朝岩墓""珙县'僰人'悬棺葬""成汉墓"等十余处考古发掘工作。

曾发表《三星堆二号祭祀坑青铜立人像刍记》（《文物》1987年第10期）、《王建、孟知祥墓的棺床为佛座说试证》［《前后蜀的历史与文化》（巴蜀书社，1993年）］、《从考古资料看羌族白石崇拜遗俗》（《考古与文物》1982年第6期）、《东汉石刻水塘水田图像略说——兼谈我国古代中耕积肥的历史》（《农业考古》1981年第2期）《岩画、"阿旦沐"、都掌蛮——关于珙县悬棺葬的族属》（《文物》1980年第11期）等四十余篇论文。

曾编《四川古陶瓷研究》一、二辑（合编）、《四川汉代陶俑》（合编）、《悬棺葬资料集》、《巴蜀考古论文集》（合编）、《四川考古报告集》（合编）等。

图版一　毕业照

图版二　1979年5月在新疆吐鲁番"交河古城"考察学习

图版三　1979年在新疆吐鲁番"高昌古城"

图版四　1980年3月在四川省博物馆（江琨拍摄）

图版五　1985年在凉山彝族奴隶社会博物馆"凉山之鹰"雕像前

图版六 1998年在四川省文物考古研究所家里（沈允庆拍摄）

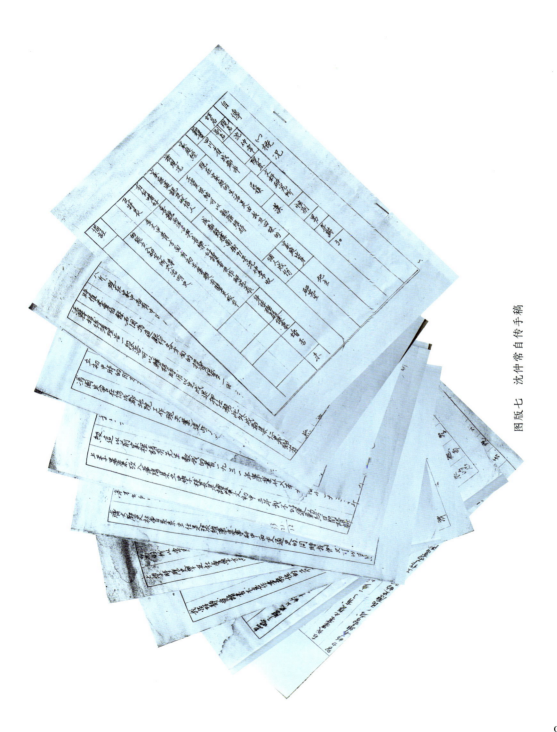

图版七　沈仲常自传手稿

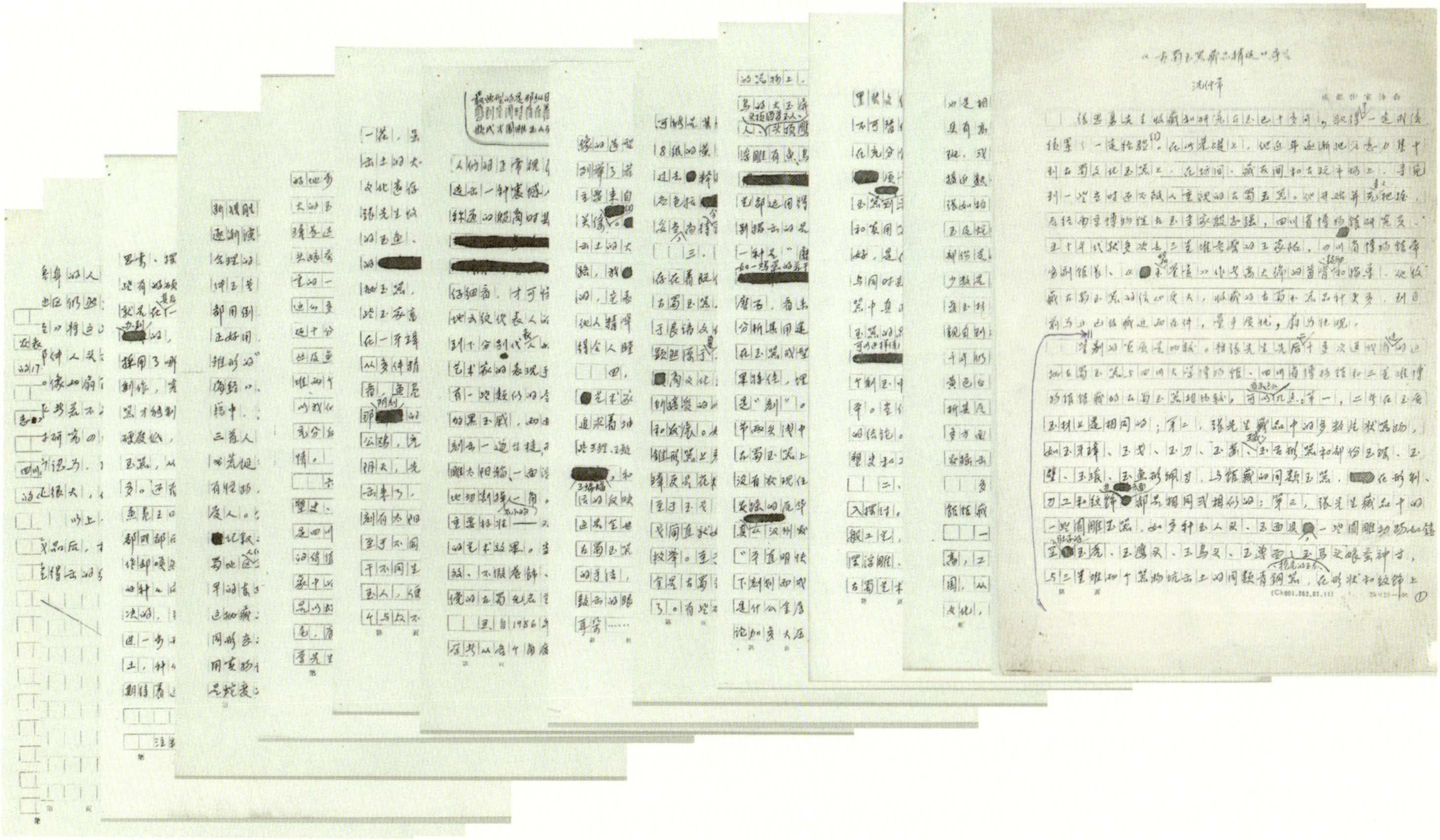

图版八 《〈古蜀玉器藏品精选〉序言》手稿

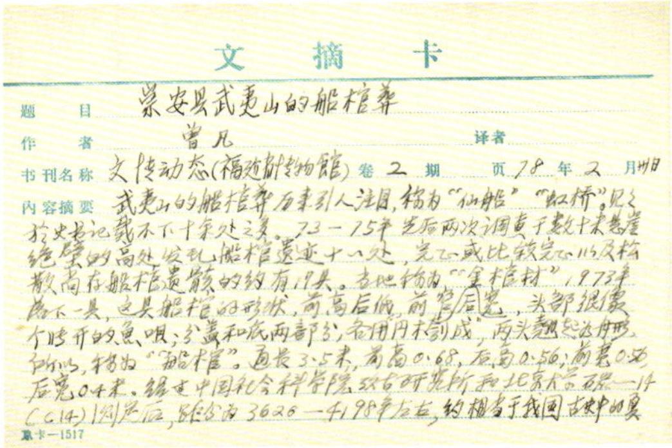

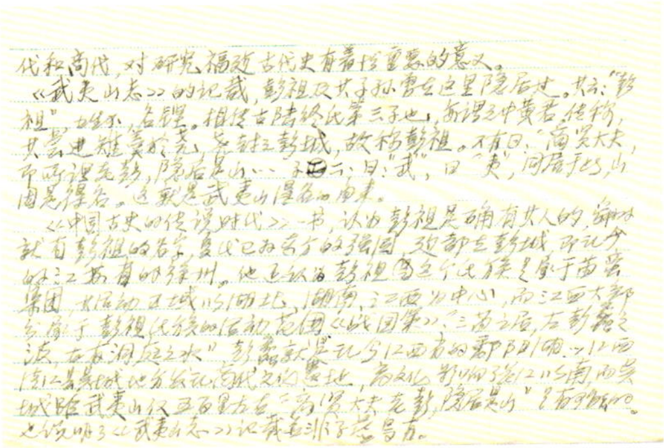

图版九 沈仲常所写文摘卡
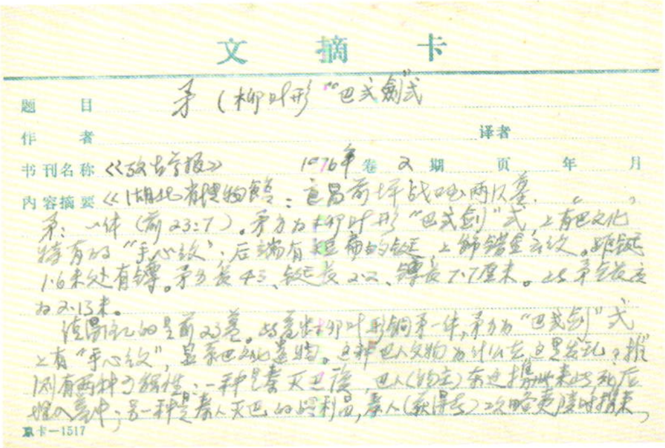

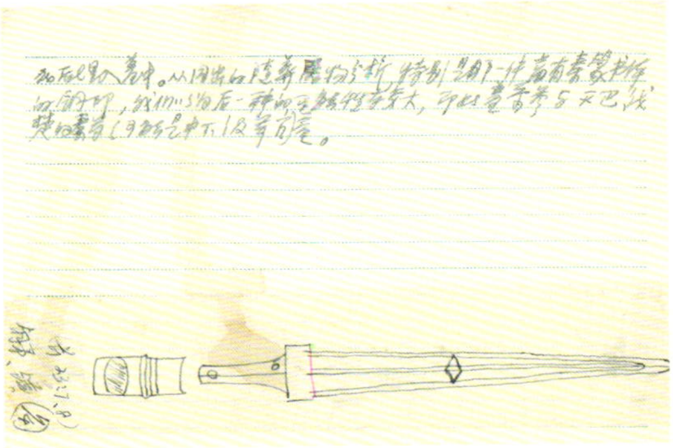

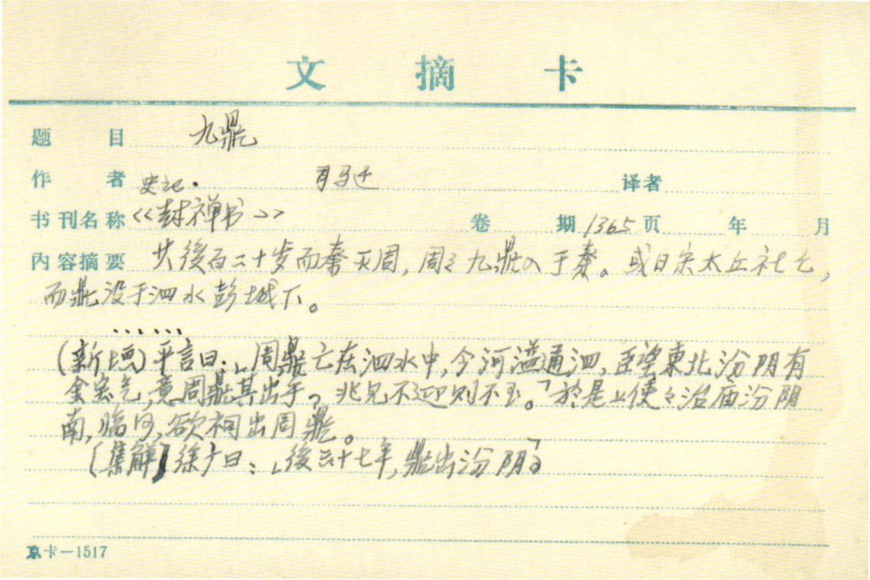

文摘卡

题目 九鼎

作者 史记· 司马迁 译者

书刊名称 《封禅书》 卷 期 1365 页 年 月

内容摘要 其後百二十岁而秦灭周，周之九鼎入于秦。或曰宋太丘社亡，而鼎没于泗水彭城下。

……

(新垣)平言曰："周鼎亡在泗水中，今河溢通泗，臣望東北汾阴有金宝气，意周鼎其出乎？兆见不迎则不至。"於是上使使治庙汾阴南，临河，欲祠出周鼎。

〔集解〕徐广曰："後三十七年，鼎出汾阴"

京卡—1517

图版十 沈仲常所写文摘卡

图版十一　1941年与中学同学游死青城山时偶遇张大千（右三沈仲常、右四张大千）

图版十二　　1981年在四川省文物考古讲习会上讲话

图版十三　　1981年四川省文物考古讲习会合影

第一排：夏虹（左一）、李复华（左二）、沈仲常（左三）、唐嘉弘（左五）、
　　　　吴天墀（左六）、秦学圣（左七）
第二排：李昭和（左一）、陈显双（左二）、赵殿增（左五）、朱小南（左九）

图版十四 1983年5月于郑州

第一排：安志敏（左三）、王仲殊（左四）、佘德璋（左五）、沈仲常（左六）

图版十五　1984年3月9日在王建墓石翁仲前

（左起：赵殿增、沈仲常、苏秉琦、夏鼐、马得志、郭昌澜、袁金泉）

图版十六　1985年与贾兰坡视察沙溪遗址发掘现场

图版十七　1986年冬和赵殿增在四川省文物考古研究所库房

图版十八　1987年5月在"三星堆、十二桥古遗址现场座谈会"上

（左起：沈仲常、邹衡、俞伟超、赵殿增、陈德安）

图版十九　1980年代与陈宗祥（左）、吴天墀（中）在四川省博物院

图版二十　与贾兰坡

图版二十一　与唐嘉弘

图版二十二　1991年庆祝重庆市博物馆建馆四十周年

第一排：李复华（左一）、余德璋（左三）、沈仲常（左四）、王家祐（左五）

图版二十三　1992年和孙华在江油李白纪念馆

图版二十四　1999年8月在四川省文物考古研究所家中书房，著名画家袁运生为沈仲常作肖像画

　　图版二十五　著名画家袁运生为沈仲常所作肖像画（1999年8月）

图版二十六　1992年与大女沈允进在江油

图版二十七 1995年与小女儿沈允庆在四川省文物考古研究所

图版二十八　1998年与二女儿沈宁在绵阳汉墓发掘现场

图版二十九 与家人（夫人唐玉秀、小女沈允庆）

图版三十　《我的父亲》

（2020年沈允庆用纸材料为父亲塑像）

目　录

文物研究

考古漫记等

附　录

作者自传

一、概况

姓名	现名	沈仲常	院系	文科研究所	性别	男	年龄	30
	别名							
籍贯	四川省成都市		民族	汉				
家庭经济现况	现在家庭的生活是由我及四妹的工资供给，可以勉强维持				家庭出身		地主	
					个人成分		研究生	
家庭通讯及收信人		成都鼓楼南街91号沈仲常敳						
有何嗜好及特长		喜听西洋古典音乐，好读书及做研究。在金文、甲骨方面有初步基础。有鉴定版本的能力，入研究所，又治明史。						
身体强弱	健康	婚否	未	备注				

二、家庭经济状况

  我的祖父沈云衢在成都会府经营古董生意，后又在劝业场做书画生意，置了一部分田、房产业。父亲沈瀚从北京大学毕业，在四川成都各法政学校教十几年的书，又做三年的律师，另又购置一部分产业，所以我家1949年前有田产609亩、房产6处。从前家庭是太封建了，一有余款，即购置田产。中华人民共和国成立后上一九四九年公粮，除现金以外，卖了三处房产才完成了任务，去冬退押，又卖三处房产及家中一切动用的东西来完成任务，押金137436斤，已退70448斤，尚差66958斤。现在家中尚有中国银行股票一张、十股、一千元大洋，是民国六年的投资，当时值米一百余石。因为这银行各方面的投资很多，一时未能清理完毕，此股票无法转移，待清理告一段落，可以转移时，用以完成退押任务。此外成都县仁义乡有水碾一座，现尚不知土改时如何处理。

三、社会关系

我家有十二人。母亲；二哥沈仲时毕业于私立成公中学高中，后在伪四行联合办事处做办事员；二嫂曾在私塾读书，没有工作过；四妹沈仲芬现肄业于华西大学经济系二年级；六个侄儿女，一个外侄儿。现只有大侄儿沈允源读川西石室中学高中，外侄儿马骥读川西列五中学初中，他们都享有人民助学金待遇。其余的几个侄儿女都失学。我家在成都有亲戚两家：一是舅父廖监客，曾做中医，现在本市北门做小本经营生意；一是姨父周晓和，现在川大地学系任教。我读华阳县立初中时的朋友有赖钧铨（现在中江邮局工作）、曾克义（现在川西工业公司工作）、冯国定（曾在伪成都地院工作，现失业），当时这些人和我朝夕相处，因为我们都不喜活动，好静坐读书。我读光华中学时的朋友有田霈（现在上海市人民政府工务局做工程师）、刘修炳（现在济南齐鲁大学医学院当医生）。我读齐鲁大学时的朋友有方诗铭（现在上海市历史博物馆工作）、林光中（现在华阳县中和场中学教书）。我在南京图书馆工作时的朋友有金宝相（现在浙江碌石小学做校长），读中大历史研究所时的朋友有王守一（现在上海圣约翰大学任政治课教师）、邓春阳（现在北京中国人民大学任教）、赵树燊（现在成华大学财经训练班工作）、唐光沛（现在川大历史系工作）。

四、个人简历

我生于一九二一年七月二十三日，一九三○年秋季入成都县立第一小学四年级，这以前家里请有先生教我的书。一九三一年毕业升入本校高小，一九三三年上季毕业，考入华阳县立中学，校长是谭肇文。初中三年我不好运动，终日阅读新旧小说，一九三六年上季华中毕业，入私立成公中学高中，在这里读了三期。因为这学校的教师及设备都不理想，怕毕业后不易入有名的大学，所以一九三八年春季我就另考从上海迁川的光大附中，校长是谢霖。这学校的教师都是江苏籍人，英文、数学都赶得很快，我读初中时英文、数学的基础不太好，读光中又是选的理科，所以整天忙于数学习题及英文练习，同时理化的进度也快，我的英数基础都是这时打定的。一九四一年春季从光中毕业，考入乐山中央技专造纸科。这里的师资及设备都太差，为了早返成都预备升学，没有读满一期就走了。一九四一秋季考入金陵大学化学系，第一学期末因病眼不能工作，在存仁医院医了半年才好，所以一九四二年的上半年就没有读书，在家休养。一九四二年秋季再考齐六历史社会系，系主任是张维华，是专研中西交通史的，同时我们又可以去燕京、华西各大学选课。这时影响我最深的几位教授是徐中舒先生、陈寅恪先生、胡鉴民先生及冯汉骥先生。徐先生教的殷周史及古文字学，是我当时最爱好的功课，有关甲骨金文方面的书籍全是徐先生借我看的。他有关古史的论文是我最爱读的，我佩服他对中国古史研究的精深。而他做学问与对人方面的虚怀若谷，更影响我做学问的方向及态度。陈先生教我们的唐史及唐诗，讲起书来，繁征博引，用科学方法解决历史上的问题。我是读历史社会系的，胡先生、冯先生教的社会学方面的课程是必修的，如冯先生的人类学、胡先生的中国社会史都是我喜读的功课。我那时的兴趣是治古史，要治古史，社会学的基础是必需的，所以常愿与教这些课程的先生接触，以此提高我对这些学科的修养。因此大学时历史学及社会学方面的教授都影响我做学问的方法，我那时治学的态度是为学问而学问。一九四六年上季大学毕业，想到北京考北大文科研究所继续深造，一九四六年冬天就去南京，由京赴沪，准备北上。当时北上交通困难，在上海田需同学家住了十多天，就又折返南京，由徐中舒教授的介绍去中央图书馆（今南京图书馆）善本部工作。我在这里工作一年半的时间，专门整理善本图书。一九四八年秋天，我的工作告一段落，编完了二十余万册善本书。就在这秋天，考入中央大学历史研究所（今南京大学），所长是贺昌群教授，研究明史。在中大读了一期，时局就十分紧张，反动派准备在南京作战，中大师生开始疏散。我就在这时返川，在四川大学文科研究所借读，直至今年暑假毕业。现已完成《明初与朝鲜的关系》一文的初稿，毕业以后更愿在"明清史"方面做专题的研究。

五、思想总结

我性好静，爱读书，不喜做事务性的工作，有点强调个人的兴趣，同时家庭的经济环境也容许我去一心一意的攻读，用不着分心去做其他的工作。进齐大以后，更是专心于学业，想养成我在学业上的专精，如像当时所敬佩的几位教授一样，所以当时我的思想有些纯技术观点的倾向。这表现在治学方面，是为学问而学问的态度，表现在服务方面，是没有阶级的观点，不了解我们应为谁服务，只晓得是为社会服务。我在大学读书时专心的是历史考证问题，喜作小的考证问题，喜读精细的考证文章，总想走入学术的象牙之塔。这也就是我大学毕业后一心要入研究所的动机了。1949年之后，通过了自学及小组学习，我认清了一些从前错误的思想，例如：我治学方面的为学问而学问的态度，是颇有问题的。我虽用社会科学的方法治史，只不过是串连了一些史实、排比了一些史料、考证出了一个问题，而忽略了历史上的大问题，没有用历史唯物论的方法治史，忽略了社会发展有必然法则。即使有了成绩，亦不过是为统治阶级装饰门面而已，对于人民的历史，是完全忽视的。今后只有用新的观点、立场与方法来治史，为人民历史的研究贡献我的力量，这也就是我今后治学的新方向。又如，我在南京中央图书馆（今南京图书馆）工作时，所注意的是古书版本问题，以为图书馆的主要工作是多多收集版本书。现在我认清了当时的思想是不对的，那只是为统治阶级装点门面。我们那时的图书馆是坐在馆内等读者，而现在人民图书馆的工作是主动地找服务的对象，把图书馆送到工农群众中去，这才完全是为人民服务的工作。现在我毕业之后，有了一定的工作方向，不再强调个人的兴趣，而准备走到工作岗位上去努力地再学习，为研究人民的历史而奋斗。

历史研究

从新繁水观音遗址谈早期蜀文化的有关问题①

一、问题的提出

为了探索"古蜀文化",我们还得从四川境内发现、发掘的一些比较重要的遗址或遗迹中去求得线索。从目前考古资料的发掘看,在四川东部的巫山大溪发现了石器时代晚期的遗址。因为这种文化类型的遗址最早发现于巫山大溪,据目前已发表的考古简报及报告等,这种文化类型已定名为"大溪文化"。大溪文化的遗物仅发现于四川巫山县境内,从巫山逆江而上几乎没有发现过同类型的文化遗址,可是顺江而下在湖北的西部、湖南北部如红花套、屈家岭、江陵毛家山等地发掘的遗址多是与大溪文化同一类型的,值得注意的是大溪文化与屈家岭文化在地层上还有叠压关系。我们认为,这种只在川东发现的大溪文化遗址以及顺江而下发掘的与大溪文化同一类型的文化遗址应属于江汉平原的文化。而把它作为四川的一个原始文化类型,并认为其"在四川的原始文化中占有重要地位"的看法或观点是值得商榷的。在四川西南发现的西昌礼州遗址中,出土的文化遗物中包括石斧、纺轮、凿、锥、刀等磨制的石器;陶器的陶质以夹砂陶为主,陶色多是红陶,有少量黑陶和褐

---

① 本文由沈仲常、黄家祥合著。

陶，手制；器形以小口瓶、平底器、壶为代表，带流壶、桶形器、带把罐、双联罐又具有特色；纹饰以锥刺纹和划纹为主①。这与1972年2月和1973年1月之间在云南元谋大墩子发掘的石器时代遗址中的文化遗物有很多相似之处。元谋大墩子出土的文化遗物中石器也以磨制的生产工具为主，计有石斧、石锛、石镞、石纺轮等；陶器的陶质也以夹砂陶为主，制法也均为手制；器形以小底的罐类和形体高大的瓮类为代表，以及壶、瓶、杯等；纹饰有绳纹、蓝纹，附加锥纹、篦齿、乳钉、剔刺纹饰等。这些都与西昌礼州遗址出土的遗物有相似的文化特征。这种"以元谋大墩子遗址和西昌礼州遗址为代表的新石器时代文化，似属我国长江上游即金沙江流域的一种类型文化……"②这种类型的文化只在四川西南部发现而没有进入和影响到四川的川西平原，而云南西部的洱海地区发现的石器时代文化遗物与这类文化的风格近似或接近，关系也较为密切。随着"剑川海门口遗址的清理和宾川白羊村新石器时代遗址的发掘，因而对这一地区的古代文化有了进一步的认识"③。所以"大墩子——礼州文化"不应属于古蜀文化的范畴。

再看四川西北的汶川、理县发现、发掘的一些石器时代文化遗址。早在1947年，华西大学博物馆印行、郑德坤著的《四川古代文化史》的"史前研究"一文中的"遗址种类及分别"记载岷江上游的汶川、理番（县）有石器时代的遗迹。《说文月刊》第四卷里林名均有一篇《四川威州彩陶发现记》对汶川、理县的石器时代的遗址中出土的彩陶有所述及。1965年，四川大学历史系在汶川、理县进行了考古调查。据《调查简报》④介绍，发现有泥质灰陶，质粗、色灰黑，数量多；荔夹砂灰陶次之；还有泥质红陶和彩陶。在汶川县威州镇南古代夯土城址也找到了彩陶和其他文化遗物。这种彩陶质细，火候高，胎色橙红，黑

---

① 《四川礼州新石器时代遗址》，《考古学报》1980年第1期。
② 云南省博物馆：《元谋大墩子新石器时代遗址》，《考古学报》1977年第1期。
③ 云南省博物馆：《元谋大墩子新石器时代遗址》，《考古学报》1977年第1期。
④ 林向、童恩正：《四川汶川理县考古调查简报》，《考古》1965年第12期。

彩手制，"可能是马家窑文化进入西南地区（四川一带），它涉及的范围即后来羌戎等民族居住地区。……四川西北汶川等地发现有同仰韶文化和马家窑文化相同的彩陶片可作为直接和间接的证据"[1]。因此，我们认为西北理县、汶川发现的石器时代文化应属于马家窑类型的文化。

上述四川东部的大溪文化，川西南的礼州遗址，川西北的汶川、理县的石器时代遗址，是四川境内发现的几处比较重要的石器时代遗址。这三处遗址的文化类型，从现在的考古发掘资料和地理环境来看，是三支不同类型的外来文化影响四川周围的边远地区所产生的，而不是四川早期的蜀文化（盆地内的"原始文化"），应似属于目前四川境内所发现的新石器时代文化的几种不同类型。那么四川境内早期的蜀文化究竟应该在哪里去寻找呢？近些年来川西平原内的新繁水观音遗址的发掘，给我们探索古蜀文化以极大的启发。

二、水观音遗址与广汉文化

四川的新繁水观音遗址自1956年发现以来，在1957年和1959年间先后进行了三次试掘。我们从《试掘简报》[2]中得知，在遗址地层的第三层——文化层中出土了大量的文化遗物，这类遗物代表了遗址的年代，反映出遗址的文化面貌。

出土的文化遗物主要是以陶器为主，石器次之，并出有少量青铜器。陶器从颜色上看有灰陶，其中包括胎质灰而器表带褐色及纯灰色；有红陶，其中以橙黄色者居多；此外也有少量黑陶。陶质主要是夹砂粗陶和细泥陶两种，而前者偏多。纹饰以弦纹、绳纹居多，方格纹次之，并有少量镂孔、几何形印纹和划纹等。器形有尖底钵、小平底钵、高柄豆、陶罐、圈足器、盉（《试掘简报》中名为"鬶"）和陶纺轮等。

---

① 石兴邦：《有关马家窑文化的一些问题》，《考古》1962年第2期。
② 四川省博物馆：《四川新凡水观音遗址试掘简报》，《考古》1959年第8期。

遗址中还清理了8座墓葬，早期的有5座，晚期3座。在属早期的4号墓中有器盖、小平底钵等，属晚期的1号墓出土了不少陶器和数件铜兵器。

以上是对水观音遗址出土遗物所作的概述。关于它的时代，其上限以早期墓葬、下限以晚期墓葬来分期，则遗址的上限年代应是属于殷商时代。因为"早期墓出在文化层的底层和生土层中，低于晚期墓约50厘米"，而"早期比晚期墓要早些，可能到殷商时代"[1]。这就是我们认为水观音遗址时代的上限应是殷商时代的理由。而晚期的墓葬是遗址的下限年代，约当于商末或周初。因为这些墓葬中出的铜器是目前四川发现的时代最早的几件铜器，可能比彭县竹瓦街窖藏出土的殷周时代的铜器略早或时代相当。从水观音遗址的各方面情况看，我们就会发现水观音遗址所出的文化遗物，如早期的陶器及晚期的铜器，既然作为四川早期古蜀文化比较典型的代表，也就是说还有与水观音遗址相类似的其他文化遗址。水观音遗址的文化遗物与哪些遗址的文化遗物有明显的继承关系呢？广汉三星堆遗址的发掘和月亮湾的清理，将会使上面提出的问题得到一定的解答。

广汉中心公社的古代文化遗址，从1931年发现以来至现在，陆续地进行了多次调查、试掘和发掘。这对认识早期蜀文化的特点，弄清其与新繁水观音遗址的文化内涵，提供了非常重要的考古资料。广汉三星堆遗址的初步发掘已经能说明这样一个问题：即广汉古代文化遗址与水观音遗址是目前发现的早期古蜀文化遗址，只是这种同一类型的文化遗址分布在两个不同的地点。我们能从广汉遗址出土的文化遗物看出其时代的上限也早于水观音遗址的时代，其中也包括了水观音遗址时代的文化遗物。而水观音遗址的文化遗物主要的就是继承广汉文化遗物而发展来的，它们恰好是相互衔接的同一文化类型的两处遗址[2]。

---

① 四川省博物馆：《四川新凡水观音遗址试掘简报》，《考古》1959年第8期。

② 四川省文物管理委员会考古队：《广汉三星堆遗址发掘报告》。

从历次广汉古遗址调查和发掘出的陶、石、玉器中，我们得知其文化内涵十分丰富，现分别述之如下。

陶器：从陶质看与水观音遗址的陶器类似，也分夹砂陶和泥质灰陶，有粗细两种。陶色与水观音遗址陶器相同，有灰陶、褐陶、红陶（橙黄陶）以及少量黑陶。纹饰与水观音陶器相同的有弦纹、绳纹可分粗细及刻划纹、方格纹、圆圈纹，除上述纹饰一样外，三星堆遗址的陶器纹饰还有"F"纹、云雷纹、波浪纹等。陶器的制法有手制、轮制。陶器器形与水观音遗址所出的陶器相同的有陶钵、圈足器（水观音遗址《试掘简报》称"筒形器"）、小平底罐、豆形器、尖底钵、罐、器盖、高柄豆、盉（即《试掘简报》中的"鬶"）、纺轮等。除此之外，还有陶瓶、圈足盘、碗、碟、网坠、瓮、杯、勺等器形，这些器物是水观音遗址中未出现的，也是广汉古遗址与水观音遗址有所区别的器物。

石器：水观音遗址与广汉遗址中所出的相同的石器有石斧、石锛、石凿等，除此之外广汉三星堆遗址还出有石璧、石杵、石锥、砺石、石矛、石珠、石纺轮，这有别于水观音遗址。

玉器：水观音遗址中未见玉器出土。广汉遗址中所出玉器既多且精，在整个遗址出土的文化遗物中占有一定的比例，有玉琬圭、琰圭、玉圈、璋、琮、玦等。而水观音遗址中的晚期墓葬出有铜器，这又是有别于广汉遗址的。我们从两处遗址中所出的各具自己特点的遗物，不难看出水观音遗址与广汉遗址的关系：水观音遗址的时代晚于广汉遗址，并且是继承广汉文化发展起

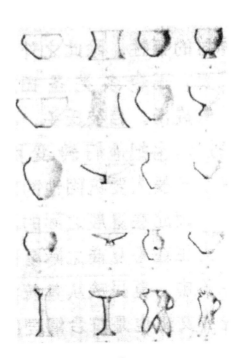

图一

来的一支古蜀文化。众所周知，在我国历史上玉器的使用远比青铜器的发明和使用的时代早，其延续的时间也更长。因此，广汉文化中的玉器和水观音遗址晚期墓中出现的青铜器，正好是区别两处遗址时代早、晚之分的证据之一。

在广汉古遗址中出土的文化遗物中，陶器对认识广汉遗址与水观音遗址的时代先后，以及两处遗址中陶器的演变过程，无疑是有很大的帮助。广汉遗址所出陶器就其器形、质地和纹饰来说，也可略分为早、晚二期。如高柄豆、圈足豆、陶盉、器盖等早晚期区别较为明显。早期的高柄豆，豆柄细长；晚期较早期的豆柄变短并加粗，并出现竹节式豆柄。圈足豆，早期器形高且瘦，腹壁直斜，束腰短；晚期的同类器物器形变矮，腹壁斜缓，并带弧线形，束腰增长加粗。陶盉，早期的器形较晚期的瘦高，束腰细长，裆高，袋形足较晚期的长且瘦；晚期的同类器物器形变

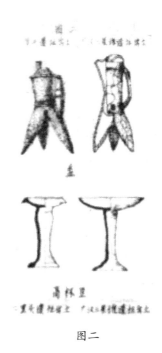

图二

矮，显得粗壮，束腰加粗变短，裆也变矮，袋形足变粗减短。器盖，早期较晚期的形体小，钮与盖身的颈部细短，盖身扁平；晚期的同类器物器形增高加大，钮与盖的颈部变粗增长，盖身呈弧线形。除此之外，其他较早的陶器有鸟头形把的勺、大喇叭形器、小平底和尖底的陶器等。广汉古遗址作为一种文化类型存在，反映其文化类型的器物已有早、晚之别，而水观音遗址所出的器物反映了这种文化类型中较为晚期的文化。当然我们并不是说水观音遗址的所有器物都是从广汉文化晚期的器物发展起来的，可是水观音遗址中具有主要代表性的一部分器物与广汉文化晚期的器物有很多相似的地方。从前面述及的一些相同因素看来，我们可以这样讲：水观音遗址里具有代表性的器物就是从广汉遗址中的

器物发展、演变而来。水观音遗址的早期器物极有可能就是广汉古遗址晚期的器物，二者是能够吻合、相互衔接的。为了进一步说明二者之间的关系，我们可以从图一中观察[①]，就能更进一步地明了二者之间密切的关系了。图中列举的两处遗址出的三种陶罐，广汉遗址中的圈足器与水观音遗址中出的筒形器，广汉遗址中的圈足豆与水观音遗址的豆形器，两处遗址所出的高柄豆、小平底钵、器盖，广汉遗址的陶盉与水观音遗址的陶鬶等都是大同小异。其相异之处正是说明两处遗址时代有早晚的差别。如广汉

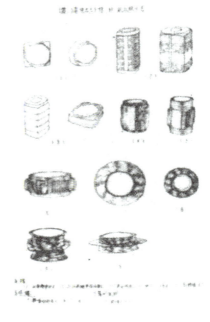

图三

遗址高柄豆的柄就比水观音遗址出土的高柄豆的柄要细、盘口大；陶盉的器身比水观音遗址出的同类器物的器身瘦，流、袋形足、束腰都较水观音遗址的同类器物细。因此，相对地说来水观音遗址的同类器物就显得粗大一些。这里仅举的两种器物亦可窥见其他器物之一斑了。作为一种类型的文化分布在两个不同的地点，又有着时代的早晚之别，因此他们除有较多的共同因素外，也有少数的差异，这当然是符合事物发展的规律。

广汉古遗址与新繁水观音遗址所出的文化遗物，是以陶质的小平底器、尖底器、圈足器、喇叭形器、鸟头形把勺、石璧等器为特点的，并具有地方性色彩，是目前四川盆地内发现的一支较早的古蜀文化。上述的一些遗物正好反映了处于夏、商时代的这支民族的文化特征。这支早期古蜀文化，除具有本民族的地方特点外，当中还有没有外来的文化

①　四川省文物管理委员会考古队：《广汉三星堆遗址发掘报告》。

因素？从广汉和水观音两处遗址出土的文化遗物中去识别，亦可知晓有外来的夏、商文化的一些因素。这两种文化的因素完全能在这两处遗址出土的文化遗物中的陶器、玉器、铜器中找出来。从陶器中看，广汉遗址中出土的陶盉、高柄豆与二里头遗址出土的陶盉、高柄豆在形制非常相似（图二），它与陶质的尖底器、小平底钵、鸟头形把勺、喇叭形器、石璧等为代表的具有地方民族文化特点的器物是不难分别的。这支四川早期的古蜀文化从开始就与中原的夏文化发生了联系，并受到夏文化的影响，不然怎么会有如此类似于中原夏文化的遗物在四川出土呢？但从遗址所反映出的文化特征看，还并不能说明它是夏文化。据考古资料和文献记载两个方面的资料综合来看，广汉三星堆遗址的主要文化特点还不是夏文化的特点，更多的文化遗物也不是夏文化的遗物。如果仅仅根据广汉遗物C14测定的年代也约与夏的年代相当①，就认为广汉文化是夏文化或与夏文化是同一类型，其立论的根据显然是不足的。那么我们又怎样来解释广汉遗址中所出的与夏文化极为相似的陶盉、高柄豆呢？

《史记·六国年表》"禹兴于西羌"，又扬雄《蜀王本纪》"禹本汶山广柔县人也，生于石钮"，及《竹书纪年》"帝颛顼高阳氏，母曰女枢，……生颛顼于若水（今雅砻江）……""颛子鲧生禹于石钮"，上述引文使我们知晓四川的禹迹情况。我们首先检讨一下关于禹在石钮乡等地留下的遗迹的记载，不能不说有些禹迹是历史传说，有些记载可能就是后人根据一些口耳相传的说法记载下来的，而这些记载乃实属附会之说，如禹生于石钮刳儿坪。石钮乡刳儿坪，在今四川汶川县西北，而汶川县从未发现过有关夏文化的遗物，只发现有如前所述的与甘青地区新石器时代马家窑文化有关的一些彩陶片。已故考古学家冯汉骥先生《禹生石钮考辩》②一文中，已详细地检讨了禹生石钮实为后人附会之

---

① 中国社会科学院考古研究所C14测定其年代距今4070±100年，树轮校正为4500±150年。

② 《说文月刊》第4卷合刊本。

说的问题，此不赘述。看来前引文中所谓分布于四川的禹迹并不是指大禹王本人所留下的遗迹，而很可能是夏代文化和夏民族的文化对这些地方有所影响而留下的痕迹。

夏代乃是中国历史上的第一个奴隶制国家，而统治这个国家的夏人实属于西北高原一带的羌人，他们后来到了中原一带的崇嵩、伊洛等地就逐渐强大起来，在阳城和其他几个地方建都并建立了中国历史上第一个奴隶制国家。这些羌人在夏民族中占有相当的成分，可以说就是夏民族的主体，后来出土的商代卜辞中有不少关于羌人的记载。例如："伐羌"（甲2326），"隻（获）羌"（乙865）均见于武丁时代的卜辞。就是说殷人在祭神时，往往杀羌人与牛兰一同作祭神时的牺牲。除此之外，也用羌人狩猎、种田，卜辞中的"多羌隻（获）鹿"（前四·四八）和"贞：王令多羌圣田"（料一二二二）等就是很好的例证。《诗·商颂·殷武》中的"昔有成汤，自彼氐羌，莫敢不来享，莫敢不来王"的诗句，都说明殷人除用羌人作祭神的牺牲外，也把他们转变成奴隶，为殷人服役。为什么殷人与羌人有那样不共戴天之仇呢？就是在于殷人要巩固他的国家和加强其统治，对他的敌国和异族必须采取非常严厉的措施来镇压。因此在夏殷之际的激烈民族斗争中，夏民族就发生了一次很大的民族迁徙和分枝。徐中舒先生在《夏商之际夏民族的迁徙》（先秦史讲稿）一文中曾指出，在夏商之际的激烈民族斗争中，夏民族从其统治的中心向四面八方迁徙。在迁徙过程中留下不少有关禹迹的历史传说也是符合情理的事情。其中一支迁徙的民族给巴蜀地区带来一些夏文化因素，广汉三星堆遗址中出土的陶盉、高柄豆等就表现出了这种与夏有关的文化因素（图二）。同时也说明广汉三星堆遗址出土的与夏有关的文化遗物就不是偶然的现象了。

以上是从陶器上看到的古蜀文化与夏文化有所交往的遗迹，而这种交往从未间断过。广汉月亮湾出土了一些玉器，有玉斧、璋、圭、琮等，它们的时代大约与中原的商代相当。关于这些玉器的来源、演

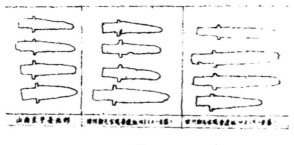

图四

变、作用，有人已作了介绍和研究①。类似于这些器物的玉器在中原的夏商时代遗址、墓葬中亦有出土。譬如玉琮，在二里头遗址中就出有玉琮的残片，而近年考古发掘，还出土了比二里头遗址时代更早的玉琮。山西襄汾陶寺遗址出有完整的玉琮，这可能是迄今发现的时代最早的玉琮②；江苏吴城草鞋山石器时代遗址、广东石峡遗址中的大型墓葬中均出土有随葬的玉琮③。这些玉琮从形制上看，其时代都较广汉出土的玉琮的时代早，而近年殷墟妇好墓和相当于殷代后期的侯家庄殷陵都也出土了一些玉琮④（图三）。特别是殷墟妇好墓出土的大玉琮、组琮、箍形饰与广汉出土的玉琮、玉钏更为相似。更应值得注意的是，山西襄汾陶寺遗址不仅出有玉琮，还出有玉瑗、玉臂环等，与广汉出土的玉圈、玉环，妇好墓中玉瑗、玉环诸器是大同小异的。陶寺遗址正处于晋南"夏墟"的范围，其时代又早于夏的年代，"从地望和出土的材料联系起来看，陶寺墓地的发掘为探索夏文化提供了重要的资料"⑤。这就不难看出陶寺遗址与夏商文化的关系。又不难看出夏商文化和广汉文化的一些关系，就是广

---

① 冯汉骥、童恩正：《记广汉出土的玉器》，《文物》1979年第2期。

② 中国社会科学院考古研究所山西工作队等：《山西襄汾县陶寺墓地发掘简报》，《考古》1980年第1期；《1978—1980年山西襄汾陶寺墓地发掘简报》，《考古》1983年第1期。

③ 南京博物院：《江苏吴城草鞋山遗址》，《文物资料丛刊》（3）；广东省博物馆、曲江县文化局石峡发掘小组：《广东曲江石峡墓葬发掘简报》，《文物》1978年第7期。

④ 中国社会科学院考古研究所编著：《殷墟玉器》，北京：文物出版社，1982年。

⑤ 中国社会科学院考古研究所编著：《殷墟玉器》，北京：文物出版社，1982年。

汉出土的玉琮与夏商文化有间接或直接的联系。广汉古遗址中出土的玉璋，在中原的夏、商文化遗址中较难找到，但也并不是没有遗迹可寻。近年来二里头的墓中也出土过一件，夏鼐先生称为"刀形端刃器"①，"在殷墟西区殷代晚期墓中和小屯北地的殷代晚期房子中都发现有璋，很可能璋的出现时间较晚"②。这是从玉器上说明早期蜀文化与夏商文化的交流和受商文化的影响。

再看铜器。广汉古遗址中虽然还没有发现铜器，可是在与此遗址为同一类型的水观音遗址文化层的上层——即水观音遗址晚期的墓葬出有铜兵器。而铜兵器中的"铜戈与郑州二里冈殷代墓中的戈和湖北黄陂矿水库工地出土的戈相比较，其形制相似"③。不仅如此，也与近年来《山西长子县北郊发现商代铜器》中的四件铜戈极为相似④。（图四）铜兵器中戈的造型不能否认它没有接受商文化的影响，而这种文化因素的影响日渐增多。二十世纪五十年代末和八十年代初在成都郊县的彭县竹瓦街前后两次出土的窖藏铜器中⑤，第一次窖藏铜器中所见的器物有玉罍、一尊、二觯、六戈以及矛、戟、钺、锛各一件或二件。第二次出土的窖藏铜器中的器物与第一次出土的器物基本相同。从这些器物的纹饰、造型上看，不论是罍上的云雷纹、饕餮纹、夔龙纹、涡纹，还是兵器上的蝉纹、变体雷纹等都与陕西出土的西周早期铜器有相同的地方。特别是第一次窖藏中出的二觯，无论是铭文、花纹，还是形制，皆非蜀地所有，其与陕西出土的同类器物没有多大差别。徐中舒先生在《四川彭县濛阳镇出土的殷代二觯》一文中对此作了精辟的考证。这种流行于商末周初的铭为"覃父癸""牧正父己"二觯，为殷人之器应该

① 夏鼐：《商代玉器的分类、定名和用途》，《考古》1983年第5期。
② 郑振香、陈志达：《近年来殷墟出土的玉器》，《殷墟玉器》。
③ 四川省博物馆：《四川新凡水观音遗址试掘简报》，《考古》1959年第8期。
④ 《文物资料丛刊》（3），北京：文物出版社，1980年。
⑤ 四川省博物馆、彭县文化馆：《四川彭县西周窖藏铜器》，《考古》1981年第6期；王家祐：《记彭县竹瓦街出土的铜器》，《文物》196 年第11期。

是没有问题的吧。从中原流入四川，这也说明蜀人在商周之际，至迟在西周早期便与中原的殷周发生了很密切的关系①。《尚书·牧誓》记载武王伐纣誓于牧野时，西土八国庸、蜀、羌、髳、卢、微、彭、濮的军队与商纣王作战，也说明西周时期的蜀国已经是西南的一个较大王国了。《华阳国志·蜀志》中也有这样的记载。殷代甲骨卜辞中有"蜀射三百"（《龟甲兽骨文字》三、三、八），"贞吴弗其代羌蜀"（《铁云藏龟》一〇五、三）。其中提到的"蜀"，有的认为在山东泰安，这种看法是否完全正确呢？我们认为卜辞中的"蜀"也包括了当时地处西南夷的蜀国。"蜀的地望，也可推知，约当在今陕南或者四川境了。"又见于《〈史记〉集解》引孔安国说："羌在西，蜀在巴蜀。"又《〈史记〉正义》引《括地志》："益州及巴蜀等州，皆古蜀国……"也可说明殷代西土蜀国所在②。而1979年5月陕西周原岐山凤雏村西周建筑遗址的发掘，出土的一万余片卜用甲骨中，清理出的有字卜骨三百余片，其中就有"伐蜀"的刻辞（《古文字研究论文集》第399页第一片），当中的"蜀"也应是指古代四川的蜀国。

三、结论

广汉古遗址和新繁水观音遗址所出土的文化遗物，是四川早期古蜀文化的代表。这种具有古蜀文化特征的遗物不仅在成都平原的一些遗址和墓葬中能找到，而且在远离川西平原的汉源、南充等地也能见到一些具有相同因素的文化遗物。例如在成都平原，1956年羊子山土台遗址中出土的石璧与广汉古遗址中出土的石璧，形式基本一致。出土的陶片中，能看出器形的炊罐、残陶器底都与广汉、水观音遗址所出的敛口小平底钵、尖底器基本相同③。1954年和1958年四川省博物馆前后两次

---

① 《商周考古》，北京：文物出版社，1979年。
② 董作宾：《殷代的蜀与羌》，《说文月刊》第3卷第7期。
③ 《成都羊子山土台清理报告》，《考古学报》1957年第4期。

发掘了青羊宫遗址。据《试掘简报》介绍，从三、四层出的文化遗物中"与新繁水观音遗址的器形也很接近。尤其是遗址第四层所出的泥质灰陶的尖底盂，与水观音遗址所出的完全相同"，"至于三、四层文化遗物的堆积时间，根据遗址第二层的时代来推断，大致与遗址三、四层文化遗物所代表的时间同时或相距不远，与水观音遗址可能有联系和某种继承关系"①。说明早期蜀文化的因素到春秋、战国时代也还能在川西平原找到。又如在地处嘉陵江流域的南充地区，阆中兰家坝、南充淄弗寺的石器时代遗址中出土的泥质褐陶及内褐外黑的尖底器和细泥内红外黑的小口高领瓮等在形制上与广汉、水观音遗址中的同类器物相似，这就看出早期蜀文化影响到四川的东北部②。在四川西南部的汉源背后山、麻家山石器时代遗址中出有类似于水观音遗址和广汉遗址的陶器③，如高柄豆、小平底罐、折口罐等。最近在成都方池街也发现有与水观音遗址相同的文化遗存④。上述几处遗存的发现，在考古学上为我们认识早期蜀文化的起源和分布范围无疑提供了重要的线索。

本文原载于《四川文物》1984年第2期。

---

① 《成都青羊宫遗址试掘简报》，《考古》1959年第8期。

② 南充地区文化局、重庆市博物馆：《嘉陵江南充地区河段考古调查纪实》，1959年5月铅印本。

③ 赵殿增：《四川原始文化类型初探》，《中国考古学会第三次年会论文集》。

④ 资料现存成都市文管处。

新都战国木椁墓与楚文化

1980年2月，新都县马家公社发现了一座大型的战国土坑木椁墓。此墓早年被盗，棺椁内的随葬品早已被盗掘一空。难得的是在这墓木椁的垫木之下，发现了一个腰坑，坑内有随葬铜器188件。

这座战国墓为研究巴蜀文化提供了新的考古资料。我们认为这是一座战国时期比较典型的楚文化的墓葬，可以从葬制、出土遗物的组合等方面来分析研究。

关于战国时期的棺椁制度，我们从楚墓发掘的资料中略知其大概情况。属于第一等的木椁墓，是有头箱，左、右边箱和足箱的。俞伟超同志在《汉代诸侯王与列侯墓葬的形制分析——兼论"周制""汉制"与"晋制"的三阶段性》一文中说："墓葬的制度是模仿地上居室制度的。按之周代宫室制度，诸侯有前朝（堂）、后寝（室）、左右房。房的后半部叫北堂，寝之后或有下室。其第一等，头箱当即象征前朝（堂），棺箱象征寝（室），边箱象征左右房，足箱即象征北堂和下室，合乎诸侯之制。信阳长台关M1出大牢九鼎，正用诸侯之制。"[1]这墓的木椁制度与楚墓相同。四川出土的墓葬中带有楚文化因素的墓葬就

---

　① 《中国考古学会第一次年会论文集》，北京：文物出版社，1979年。

有几处，如羊子山172号墓[1]，青川、荥经等地的战国至秦的土坑木椁墓等[2]，都是在墓坑与木椁之间填有白膏泥。新都木椁墓也使用了白膏泥，作为墓室的防腐措施。这情况与湖北、湖南等省出土的楚墓完全相同。

在葬制方面，首先谈谈腰坑问题。腰坑这一制度最早见于殷墓，新都这墓在木椁的垫木下也有腰坑。腰坑亦是仿楚墓制度，如湖南韶山灌区湘乡东周早期墓，即为带腰坑（底穴）长条形土坑墓；湖南湘乡圹冲2号墓，也是墓室窄长，有腰坑或底穴，其中置大陶罐，并出土铜罍[3]。这墓的木椁制度符合王侯一级的标准，可是棺的制度却不是诸侯之制的"三层棺"，而是用整木挖凿而成的独木棺。独木棺这类葬具，曾见于广元（原昭化县）宝轮镇的"船棺葬"中。这种在船椁中所放置的小木棺，《四川船棺葬发掘报告》说："作法系将整楠木四面削平使成长形，再就一面挖凿成长匣形小棺。"这与新都墓内的独木棺在作法上是完全一致的。因此，这可能是属于地方的文化。至于墓道的问题，据已发掘的资料，四川出土的战国墓葬中，仅仅是新都这座战国墓有墓道。这座竖穴土坑木椁墓，方向朝正西，而它的墓道，开于西面正中，上大下小。在"两湖地区的东周墓不是都有墓道的。并且总的说，毕竟还是没有墓道的居绝大多数。可是只要稍大一些的，几乎都有墓道。例如长沙52·826号墓，墓口才3.86平方米，就有一条1.7米宽的墓道；这当然还不一定是有墓道的墓里最小的。……至于诸侯以下，如上面所说楚墓中比较大一些的，就大多数有墓道……"[4]此墓墓道，也与楚制有关。

在考古研究中，用出土陶器的组合来作断代的依据，相对的要准确些。由于此墓被盗，木椁及棺内所余器物极少，陶器仅存罐、豆两

---

① 四川省文管会：《成都羊子山第172号墓发掘报告》，《考古学报》1956年第4期。

② 参见四川省博物馆发掘资料。

③ 参见《湖南韶山灌区湘乡东周墓清理简报》，《文物》1977年第3期。

④ 参见顾铁符：《随县曾侯乙墓无隧解》，《文物与考古》1980年创刊号。

件，这当然会对这墓葬的断代造成一定困难。腰坑出土的铜器计有食器：鼎、敦、壶、豆、罍、釜、甑、甗、盘、匜、铪、鉴、勺等；兵器：戈、矛、刀、剑、斧、钺等；工具：锯、凿、斤、雕刀及乐器：编钟等。将这批铜器与湖南、河南、安徽等省的楚墓出土的遗物进行比较，也可以说明一些问题。中华人民共和国成立三十年来湖南考古工作者已发掘楚墓两千余座，他们研究这批墓葬，找出楚墓分期与断代的规律，认为凡是出土鼎、敦（椭圆形、球形）、壶（或加豆）的是属于战国早期至中期前段的墓葬，出土鼎、敦（平顶合碗形）、壶（或加钫、盘、匜、勺）的是属于战国中期后段的墓葬①。新都战国墓出土遗物中有鼎、敦（球形）、壶（加盘、匜、勺），还出有似平顶合碗形的敦形器。这件敦形器在四川战国时期墓葬中是首次发现。其器盖如浅豆形，器底三足，左右各一耳（图一），共出五件。出土时器盖反扣在器底之上，这现象说明了它是一件器物，而不是两件。

此件器物与河南信阳楚墓中称作"铪"的器物相类似。顾铁符先生在《有关信阳楚墓铜器的几个问题》一文中说："铜器中有一对和西汉陶器中的合相仿的器物，器成半球形，平底，两侧有椭圆形的环。盖略平，上面有三个环纽。过去对类似这

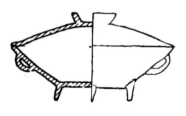

图一　铪

一种形状的器亦称为敦的，但这里已经有了对合成圆形的墩，所以这一对器决不能称它为敦。在竹简208里，有'敪'这一个器名，战国文字里常有把其他偏旁写作'殳'旁的，也有在原字旁另加'殳'旁的，所以这个'敪'字也有可能就是'会'字或金文中的'敪'字。《说文》说'会合也'，所以会与合意思相通，从器名来说'会'也就有可能与'合'有类似之处，或者'合'就是'会'的演化。《仪礼·公食大夫

---

① 参见高至喜：《试论湖南楚墓的分期与年代》，《中国考古学会第一次年会论文集》，北京：文物出版社，1979年。

礼》说：'宰夫东面坐，启簋会，各却于其西。'《士丧礼》说：'敦启会，却诸其南。'《士虞礼》又说：'祝酢礼，命佐食启会。'这几条的注文，都认为'会'是簋的盖，这是值得怀疑的一件事。传世铜器中氒的铭文氒作膳，（《贞松堂吉金图》中，3ç；〈集古遗文〉11，3），既然有器自铭为铪，这明明说'会'是独立的器，并非簋的盖。如'启簋会'一语，说明'会'是与'簋'并用的器，也有盖可启的。如'敦启会'，就可能是'启敦会'之讹，'敦'与'会'也是并用的器，都是属于食器一类里的。从以上许多资料来看，这一对类似合的器，应当就是'铪'，与竹简上'毁'这一器名，也正好相符。"[1]从以上所引证的材料看来，新都出土的这种似平顶合碗形的铜器，似亦应定名为"铪"。其次，这一类形的遗物亦见于湖北擂鼓墩一号墓，为一件金器，简介上定名为"金盏"（附勺），似亦应称为"铪"[2]。这一类器形，可能即是由"敦"演变到"合"的一个过渡的器形。从以上的论证来说，我们认为新都这座墓葬是战国中期后段的墓葬。

这墓出土的五件铜鼎之中，一件盖内有"邵（昭）之飤（食）鼎"的铭文，屈、景、昭是楚之大姓，这鼎就无疑是来源于楚地了。这几件楚器为什么又到了蜀地呢？这是一个值得研究的问题。这次在腰坑中所出土的铜器中，如鼎、敦、壶、豆等为实用器，并且皆为楚器。此外，如罍、编钟等是专为随葬而制作的明器，为四川当地所铸，在出土时均有不同程度的残缺痕迹，系铸造时铜水不足所致。

这座战国墓葬的发掘，是四川田野考古工作中的一个重要发现。墓的葬制、出土遗物表现出较多的楚文化的成分，说明了蜀、楚文化的关系，以及蜀文化的源流等问题。这里使我想起《蜀王本纪》上一段关于蜀国古史中荆人"鳖灵即位，号曰开明帝"的传说。这个有关开明的传说，道出了开明的族属为"荆人鳖灵"，荆人即是楚人。将这次新都

① 引文见《文物参考资料》1958年第1期。
② 湖北省博物馆编印：《随县擂鼓墩一号墓出土文物简介》 图二十五：金盏、金勺，第7页。

发掘的战国中期后段的墓葬，与上引历史传说相印证，我们就不会感觉此墓有如此浓厚的楚文化因素是偶然的现象了。

本文原载于《文物》1981年第6期。

楚国灭巴考[1]

　　巴在商代被称为"巴方"，是距商王朝邦畿不很远的方国之一[2]。西周时，"武王既克殷，以其宗姬封于巴"[3]。从此，巴国成为周王朝的属国，经常输献于周[4]，即所谓"自武王灭商……巴、濮、楚、邓，吾南土矣"[5]。春秋时期，巴人活动于汉水之域，与楚、秦及江汉诸国交往频繁，"虽奉王职，与秦、楚、邓为比"[6]。然而，由于楚国的崛起，江汉诸国为楚吞并殆尽，巴受楚的威胁和压迫，逐渐向西南方向迁徙。鲁哀公十八年（前477年），"巴人伐楚败于鄂，是后，楚主夏盟，秦擅西土，巴国分远，故于盟会希与"[7]，其江汉故地全为楚人所有，巴人只有退保川东，凭藉巴山夔峡之险与楚人抗拒。由此，巴与中原诸国交往不多，历史文献中，有关巴国的记载也不多，战国时期巴国的史迹便少为人知。

---

① 本文由沈仲常、孙华合著。
② 陈梦家：《殷墟卜辞综述・方国地理》，北京：科学出版社，1956年。
③ 《华阳国志・巴志》。
④ 《逸周书・王会解》。
⑤ 《左传》昭公九年。
⑥ 《华阳国志・巴志》。
⑦ 《左传》哀公十八年。

巴国在秦惠文王时（前337—前307年）为秦国所灭①。《华阳国志·巴志》记其事道："秦惠王与巴、蜀为好。蜀王弟苴侯私亲于巴，巴、蜀世战争。周慎王五年，蜀王伐苴侯，苴侯奔巴。巴为求救于秦，秦惠王遣张仪、司马错救苴、巴。遂伐蜀，灭之。仪贪巴、苴之富，因取巴，执王以归。"秦灭巴蜀是战国时期的重要历史事件之一，《史记》《华阳国志》和《水经注》等书都有记述，因而也很早就为人们所熟知。正因为如此，人们往往注意秦人灭巴而忽视了楚人灭巴，注意巴蜀与秦的关系而忽视了巴蜀与楚的关系，从而使战国时期在巴蜀地区发生的许多重要的史实长期隐而不显，许多问题一直未得到合理的解释。

楚国灭巴一事，不见于正史，却明见于一些地志之中。《十道志》说："楚子灭巴，巴子兄弟五人流入黔中，汉有天下，名曰酉、辰、巫、武、源等五溪，各为一溪之长，号为五溪蛮。"《太平寰宇记》卷120也说："五溪谓酉、辰、巫、武、源等五溪。故老相传之，楚子灭巴，巴子兄弟五人流入五溪，各为一溪之长。"这些采自"故老相传"的旧说，当是可信的，可惜关于楚子灭巴的时间，它们却未说明。《舆地纪胜》卷159引《益部耆旧传》说："昔楚襄王灭巴，封废子于濮江之南，号铜梁侯。"这段文字谓楚国灭巴在楚襄王时，而楚襄王时（前298—前263年），巴国早已经在数十年前就被秦国所灭，所以有学者以为楚襄王灭巴子的说法并不可靠。楚国灭巴的史实究竟如何？楚国灭巴究竟在什么时候？楚灭巴与秦灭巴二者关系怎样？要解决这些问题，就需要先对楚开拓西南地区的前因后果作一番全面的考察。

巴蜀地在黄河和长江两大流域之间，秦楚两国的西面，地理位置对秦、楚两国（尤其是楚国）都十分重要。如果巴蜀归楚国所有，楚就将江汉地区和巴蜀地区连成一块，进攻时可兵分两路（西路出蜀陇，沿嘉陵江而上，顺渭水而下，威胁秦国的雍都故地；北路出武关，沿丹水而上，顺灞水而下，进逼秦都咸阳）；反之，如果巴蜀为秦所有，秦国

---

① 关于秦灭巴之年，《史记》和《华阳国志》多有异辞，但都不出秦惠王时。

就控制了楚国的上游，进攻时也可以兵分两路（西路"蜀地之甲，轻舟浮于汶，乘夏水而下江，五日而至郢"；南路"汉中之甲，乘舟出于巴，乘夏水而下汉，四日而至五渚"①），这两路都直接威胁着楚都鄢、郢的安全。因此，秦楚二国都很注意巴蜀地区的归属。"秦惠王与巴、蜀为好"，其目的正如楚威王说："寡人之国，西与秦接境，秦有举巴蜀、并汉中之心。"对此，楚国在秦灭巴蜀以前就采取了一系列重要的措施向西南地区扩张。

《史记·楚世家》载："肃王四年，蜀伐楚，取兹方，于是楚为扞关拒之。"楚肃王四年为公元前377年。"兹方"，据《正义》引《古今地名》，地在"荆州松滋县古鸠兹地"，也就是今湖北松滋县。"扞关"，《太平寰宇记》卷147记长阳县："废巴山县，在县南七十里，本佷山县地，即古扞关，楚肃王拒蜀处。"对于这条史料，前人多有怀疑，或以为蜀在巴国之西，蜀不当越巴攻楚，"蜀伐楚"当为"巴伐楚"之误，或以为当时蜀国已为巴的一支所征服，巴蜀两国族属相同，"蜀伐楚"当为巴蜀两国联合伐楚②。这些看法都是毫无根据的。战国中期以后，巴国已至为衰弱，蜀人趁巴匡衰弱伐巴至楚是完全可能的。《华阳国志·巴志》说："周之季世，巴国有乱，将军有蔓子请师于楚，许以三城，楚王救巴。"这段记载，尽管没有交待巴国有乱的性质及时间，但根据其后楚国势力进入巴地的情况看来，这次事件当与蜀伐巴有关。楚国受巴国之请出兵救巴，趁机占据了巴国长江沿岸的大片国土，将巴国置于自己的控制之下。《史记·秦本纪》说："孝公元年，河山以东强国六……楚自汉中，南有巴、黔中。"《正义》说："（楚）南有巴、渝，过江南有黔中。"秦孝公元年为公元前361年，这时仅距蜀伐楚兹方不过十六年，楚国就已经占据了包括巴、渝、黔中在内的大片巴国领土。这就证实了楚在这期间向巴地大举用兵的史实。

---

① 《战国策·燕策》。
② 童恩正：《古代的巴蜀》，成都：四川人民出版社，1979年，第25页。

前人由于带有巴灭于秦的成见，不仅看不到楚国在秦灭巴蜀前曾攻占巴地的史实，反而毫无根据地怀疑《史记》的记载。顾观光校《华阳国志》时就怀疑"巴、黔中"一语，以为"巴"当为"巫"之误，故径改"巴、黔中"为"巫、黔中"。蒙文通先生也认为秦孝公时巴国尚存，楚不能有巴，故读"巴、黔中"为"巴黔中"（意思是巴国之黔中），以为黔中有巴黔中和楚黔中之分，楚国夺取巴国的只是长江以南的乌江一带的黔中地，而不包括巴地和湘西一带的楚固有的"黔中地"①。这些看法都是不正确的。楚国的"黔中地"与秦国后来设置的"黔中郡"是范围大小相差颇大的两个名称。楚的"黔中地"范围较秦的"黔中郡"小，秦的"黔中郡"实际包括了楚国的商于之地、巫郡、江南地和黔中地几部分。《华阳国志·巴志》说："涪陵郡，巴之南鄙。析、丹、涪水，本与楚商于之地接。秦将司马错由之取商于之地为黔中郡。"是秦之黔中郡包括了楚之商于。又《史记·秦本纪》说："（秦）取巫郡及江南为黔中郡。"是秦之黔中郡包括了楚之巫郡及江南。至于楚之黔中地的范围，后人由于将其与秦之黔中郡等同起来，并由于唐代的黔中郡地在今四川彭水一带，而不在湖南常德一带，因此，有人便误为楚黔中地在唐的黔中郡（如《通典》《十道志》及颜师古注《后汉书·西南夷列传》等）。关于这一点，唐代的李吉甫已辨之甚明，他的《元和郡县志》说："黔州本汉涪陵县地……晋永嘉后地没蛮夷。经二百五十六年，至宇文周保定四年涪陵蛮帅田思鹤其地内附，因置奉州，建德三年改为黔州，隋大业三年又改为黔安郡。因隋州郡之名，遂与秦汉黔中郡犬牙难辨。其秦黔中郡所理，在今辰州……汉改黔中为武陵郡……今辰、锦、叙、奖、溪、澧、朗、施等州实秦汉黔中郡之地。而今黔中及夷、费、思、播，隔越峻岭，东有沅江水及诸溪并合东注洞庭湖，西有巴江水，一名涪陵江，自牂牁北历播、费、思、黔等州北注岷江。以山川言之，巴郡之涪陵，与黔中故地炳然分矣。"秦的

① 蒙文通：《巴蜀史的问题》，《四川大学学报》（哲社版）1959年第5期。

黔中郡是在楚的黔中地基础上合并周围一些地方建立起来的，汉之涪陵水东一带不属楚之黔中地而属于秦之黔中郡是不奇怪的。

　　楚国占据了巴、黔中之地以后，巴国的宗支就逃到四川东北靠近秦、蜀的阆中一带，另建了一个巴国。《华阳国志·巴志》说："巴始都江州，或治垫江，或治平都，后治阆中。"江州即今四川巴县，《舆地纪胜》卷175记江州古城："在巴县南五十步，东西十五步。《地理志》云：'周武王克商，封同姓为巴子，遂都此地，因险固以置城邑，并在高岗之上。'"江州作为巴都当然不在周初之对，但巴在四川最早定都江州是毫无疑问的。垫江即今四川合川县，《史记·张仪列传》正义引《括地志》记垫江古城有："巴子城，在合川石镜县南五里，故垫江县也。"平都即今四川丰都县。《水经·江水注》说："江水东迳东望峡，东历平都，峡对丰民洲，旧巴子别都也。"江州、垫江、平都相距不远，是巴国的中心，楚人入川，巴渝及黔中地都为楚国所有。因此，垫江、平都作为巴都与江州一样，都在楚有巴、黔中以前，而不可能在楚有巴、黔中以后。阆中，也就是今四川阆中，《舆地纪胜》卷185记阆中张仪城："《九域志》云：阆中古城本张仪城也。《图经》云：秦司马错执巴王以归阆中，遂筑此城。"秦人将巴王执归阆中，分明秦灭之巴即建都于阆中之巴，而不是建都于江州之巴。《后汉书·南蛮西南夷列传》说："及秦惠王灭巴中，巴氏为蛮夷君长。"巴中在古时为一地理区域的统称，而不是郡县的名字，巴中的大概范围，根据《水经·江水注》《太平寰宇记》（卷186）引《三巴记》等书，当在嘉陵江和渠江之间。这一带是楚有巴、黔中后巴王宗支建都阆中时仅存的区域，也是秦惠王并巴中时所有的区域。王由于秦灭巴蜀时所得巴国的土地仅限于以阆中为中心的巴中地区，江州以下的长江沿岸地区到后来才为秦国所有，所以秦灭巴以后，在相当长一段时期内都是以蜀统巴，并未设立巴郡，巴郡的设置要晚于蜀郡的设置[1]。

---

① 孙华：《巴蜀为郡考》（未刊稿）。

楚国"南有巴渝",过江南有黔中以后,形成了楚地"西包巴蜀"的有利形势。在这种形势下,楚国进一步向西南用兵。"楚威王时,使将军庄蹻将兵循江上,略巴、蜀、黔中以西。"①巴国的残余和伐楚失利的蜀国在楚的威胁下,都交好于秦国,企图借助秦国遏制楚国的势力。《华阳国志·蜀志》说:"周显王二十二年(此有误),蜀侯使朝秦,秦惠王数以美女进,蜀王感之,故朝焉。"秦惠王不失时机地"与巴蜀为好",并趁巴蜀相斗之机,"卒起兵伐蜀,十月,取之,贬蜀王更号为侯,而使陈庄相蜀"。紧接着,秦又"贪巴、苴之富,因执其王以归"②。从此,秦楚两国为了争夺西南地区又展开了更加激烈的斗争。

秦楚争夺西南地区的情况,史籍记载简略且错误不少,造成了许多混乱。《华阳国志·巴志》说,秦灭巴亡蜀之年"司马错自巴涪水取楚商于之地为黔中郡"。《蜀志》却说,蜀侯受封之年(前308年),"司马错率巴蜀众十万,大舶船万艘,米六百万斛,浮江伐楚,取商于之地为黔中郡"。《史记·秦本纪》和《楚世家》未记有秦取商于之地一事,但却记有秦取楚黔中。《秦本纪》说,昭王二十七年(前280年)"司马错发陇西,因蜀攻楚黔中,拔之"。在这些记载中,《华阳国志》将秦取商于之地与秦取黔中地两件时间不同的事混淆起来,《史记》则漏记了秦取商于之地一事。商于之地,《华阳国志·巴志》说:"涪陵郡,巴之南鄙。从枳南入,溯舟涪水,本与楚商于之地接。"晋代的涪陵即今四川彭水,涪水即今乌江,可见楚商于之地即今乌江以东,长江以南的地区,相当于汉晋时涪陵郡所辖的区域。它与黔中地相邻,但并不是一回事,秦夺楚商于之地虽不见于《史记》明文,但楚怀王十六年(前313年),秦使张仪说楚怀王的说辞中就有"王为仪闭关而绝齐,今使使者从仪西取故秦所分楚商于之地六百里。如是则

---

① 《史记·西南夷列传》。

② 《华阳国志·巴志》。

齐弱矣。是北弱齐，西德于秦，私商于以为富，此一计而三利俱至也"的言语，足见在这以前，商于之地已沦于秦手，故楚怀王才急于"复得吾商于之地"而见欺于张仪。过去的注家由于不知道在楚黔中地以西有商于之地，因而误以为陕西商县南的商城就是商于之地，以为"商城，在于中，故谓之商于"。这种看法是不正确的。陕西商县的商城在武关以内，距秦都仅150公里左右，且此地早属于秦，秦国如何肯以此地与人，楚怀王怎能对此地有觊觎之心。《史记·张仪列传》记载，楚怀王被张仪欺哄后，楚发兵攻秦，大败而归，"秦要楚欲得黔中地，欲以武关以外易之"。秦与楚易地，尚不用武关以内之地，显而易见，张仪诈许楚商于之地是本为楚有、后为秦夺去的与楚黔中地相邻的商于之地，而不是秦的商城。《战国纵横家书》（马王堆汉墓帛书之一）记载苏秦言于燕王章说："自复而足，楚将不出睢（沮）章（漳），秦将不出商闹（于）。"秦得楚商于之地，如果还想继续进取，当然就要出商于，取黔中；如果不想再进取，"自复而足"，则用不着再出商于。苏秦死于公元前284年，其说燕王当在公元前300年[1]，可见秦在灭亡巴蜀的同时或其后不久，的确就略取了楚的商于之地，并且在以后相当一段时期内，秦都是在商于与楚对峙。秦既取得商于之地，自然就想进一步取得黔中地，公元前299年，秦昭王将楚怀王扣留于秦，"要以割巫、黔中地"，楚怀王不许。公元前280年，秦昭王"又使司马错发陇西，因蜀攻楚黔中。拔之"[2]。秦楚争夺西南之举至此达到高潮。

《战国策·燕策》记苏代对燕王曰："楚得枳而国亡，齐得宋而亡。"这里的"国"系指国都，枳是指巴地重镇涪陵。齐灭宋之事发生在公元前286年，乐毅攻取齐国的国都临淄在公元前284年，前后相差仅两年；楚得枳一事其他史籍不载，但白起攻破郢都是在公元前278年，楚得枳一定在其前不久，否则就不能形成对峙。而秦在公元前280

① 马雍：《帛书〈战国纵横家书〉各篇的年代和历史背景》，载《战国纵横家书》，北京：文物出版社，1976年。
② 《史记·秦本纪》。

年曾伐楚取黔中，楚得枳也一定不能早于此年。是知楚国在公元前280年至公元前278年之间曾组织了一次大规模的反攻，夺回了被秦兼并的商于、黔中之地，并一度占领了过去巴国先王陵所在的枳。不过，就在楚反攻得枳以后不久，公元前278年，秦将白起大举攻楚，楚国动，鄢郢举，"楚襄王兵散，遂不复战，东北保于陈城"。在蜀地的秦军在蜀守张若的率领下，于公元前277年又"伐取巫郡及江南为黔中郡"①。这次战役，秦不仅又夺得黔中地，并且还夺得了楚之巫郡及江南地，秦在这块广袤的土地上建立了黔中郡。《史记·楚世家》记此事说："秦复拔我巫黔中。"这一"复"字从一个侧面证实了楚在这以前曾反攻夺回黔中地的史实，同时也说明了黔中地对楚国的重要性，故要反复争夺之。

《史记·秦本纪》载秦昭王三十一年（前276年）"楚人反我江南地"，《楚世家》也载"（楚）襄王乃收东地兵得十余万，复西取秦所拔我江旁十五邑以为郡拒秦"。《正义》释江南地说："黔中郡反归楚。"由此看来，似乎楚人这次又夺回了黔中和商于故地。其实，楚国的江南地并不是楚国的黔中地，也不等于秦国的黔中郡，它只是秦国黔中郡的一部分，其地大概在楚巫郡以南长江南岸的险要之地。楚国这时只有依险阻拒秦，而没有力量再去争夺黔中、巫郡了。

纵观整个楚经营西南的过程及秦楚二国间的交往，人们不难看出楚灭巴与秦灭巴之间的关系。楚国在怀王以前，"南有巴、黔中"。怀王时，商于之地沦于秦手，顷襄王时，黔中地、巫郡、江南地又陆续为秦人所有。显而易见，楚国灭巴只可能在怀王以前，不可能在怀王后，"周显王七年（前362年），楚自汉中，南有巴、黔中"。楚国灭巴的事件当发生在这时。楚灭巴以后，对巴地似乎也采取的是与秦对巴蜀相同的羁縻政策，即利用巴王这个傀儡来统治巴人，因而巴国虽灭，尚不绝祀，巴王仍然存在。湖南常德曾收集到一件虎纹铜戈，戈的形制为中

① 《史记·白起列传》及《春申君列传》皆言为白起取之。

胡二穿，直援方内式，援后部铸有虎头纹饰，其形式和纹饰与在四川郫县、万县等地所出的铜戈一致，该戈援上铸有"伯命曰：献与楚监王孙袖"的铭文。有的研究者认为，此戈应为巴人铸造，铭文中的"伯命"应当是巴王族的首领，"王孙袖"则应当是楚在巴地的监管。这种看法是有道理的①。不过，到了楚顷襄王时，由于楚经营西南的失败，巴、黔中等地陆续为秦人所有，巴王这个傀儡已失去了其价值和作用，故"楚襄王灭巴子，封废子于濮江之南，号铜梁侯"。而原先依附于楚人的巴族的一支——廪君之属，也随着秦人的东进和楚人的败退而迁徙到了楚地五溪地区，成为后世所谓的"五溪蛮"。《后汉书·南蛮西南夷列传》说："巴郡南郡蛮本有五姓：巴氏、樊氏、曋氏、相氏、郑氏。皆出于武落钟离山。"以巴氏为首的"五姓"，疑即流入黔中的"巴子兄弟五人"，他们在楚灭巴后迁入楚地，大概是楚国为了便于控制的结果。今湘鄂西一带多出土与巴地巴人器物类似的较晚的巴式兵器——錞于之类②，应当就是这些迁徙的部族的遗物。

本文原载于《贵州社会科学》1984年第6期。

沈仲常卷

---

① 高至喜等：《楚人在湖南的活动遗迹概述》，《文物》1980年第10期。

② 林奇：《巴楚关系新探》。

从出土的战国漆器文字看"成都"得名的由来^①

      国务院列为全国二十四个历史文化名城之一的成都，是今四川省省会的所在地，也是历史上古蜀国曾建都的地方，位于川西平原的中部。自秦并巴蜀置蜀郡，"蜀守李冰凿离堆避沫水之害，作都安堰，穿二江成都之中，溉田亿万顷……"，"于是沃野千里，号为陆海……水旱从人，不知饥馑，时无荒年，天下谓之天府也"^②。此乃说明秦汉之际的成都，在都江堰水利工程完成之后，遂有"天府之国"的美称。在汉代，因织锦业的发达，曾有"锦城"之称；到五代，后蜀主孟昶提倡城内遍植芙蓉，又有"蓉城"的称谓。这些名称是秦汉以来"成都"在不同时代的几种名称，关于这些名称的由来，史书多有记载。除此之外，我们准备利用一些近年来在四川出土的考古发掘资料，对"成都"得名的由来进行讨论。

      秦灭巴蜀以前，祖国西南的四川主要是巴和蜀两个较大的王国统治的地方。巴人主要活动于川东，蜀人居住于川西。当时的成都乃是在蜀人活动的区域内，只是在先秦以前是不称为"成都"的。按史书记

---

① 本文由沈仲常、黄家祥合著。

　② 《史记·河渠书》《华阳国志·蜀志》。

载，则应视之为"西南夷"的一部分。《战国策·秦策》中载司马错论伐蜀时讲到："夫蜀，西僻之国，而戎狄之长也……"说明当时蜀地亦是西边的小王国之一。而今成都的地域理应属于蜀地，也是在属于"戎狄之长"的区域内。商周之际的蜀地，当然也是存在的，亦称蜀。殷墟出土的卜辞和陕西周原出土的有字卜骨，都发现有"蜀"字和与蜀有关的刻辞。那么"蜀"与"成都"有什么关系呢？因为先秦以前没有"成都"一名，能见到的只有"蜀"，当时"成都"之地域亦处于蜀人活动的范围内，鉴于此种情况，我们只有先从"蜀"这个大的范围来讨论了。《华阳国志·蜀志》载蜀"世为侯伯，历夏商周"，说明蜀与中原夏、商、周三代皆是共存的。经过考古发掘的具有古蜀文化特点的文化遗物，如广汉古遗址和水观音遗址出土的遗物，证实了蜀的存在。但是在这种早期的蜀文化遗物中并没有发现古蜀文字的遗迹，而后来相当于商周时代的彭县竹瓦街窖藏出土的有"覃父癸""牧正父己"铭文的铜觯，实非蜀地所造，乃中原殷人之器而输入四川者。徐中舒先生在《四川濛阳镇出土的殷代二觯》一文中已有很详细的论述。1981年新都马家公社战国木椁墓中出土一件铭为"邵之飤鼎"的铜器，亦是南方的楚器而输入蜀地者[1]，这是战国中偏晚期的事情，这些有铭文的铜器俱非蜀地所造。可以理解为早期蜀文化从其发生的时代便与中原的三代文化有所交往，并逐渐受到影响罢了。1972年郫县出土了铜戈，次年在万县采集到了铜戈，这些铜戈从形制、纹饰的风格上观察，都是战国晚期的东西。戈上的铭文至今无法辨识，它们也不是早期蜀文化的器物，而是"巴蜀文化"发展到一定阶段的产物。除此之外，在"巴蜀文化"的一些墓葬中常有所谓含有巴蜀符号的铜器和印章出土。这些铜器和印章上的符号，可以说它并不是文字，除极个别的一两个符号像汉字外（例如："巴蜀"印章中有像汉文字"王"字的符号，这种像"王"字的符号究竟是不是作为汉字的"王"字意义理解，还有待讨论），其他均不

---

① 徐中舒、唐嘉弘：《古代蜀楚关系》，《文物》1981年第6期。

具汉文字的特点。不论是按东汉许慎《说文》中关于文字的"六书"说还是按当代古文字学家唐兰先生的"三书"说去辨识解读，均无法释读这些铜器、印章上的符号，它们与上面提及的铜戈上的铭文一样，至今还不能解释它的含义。文字是记录语言的符号，而上面提及的铜戈铭文固然是巴蜀文字，但还无充分的证据说明铜戈便是早期巴蜀文化的遗物，它与其他"巴蜀式"铜器、印章上的符号一样，迄今尚不能辨认释读。故在这些遗物上更没有发现"成都"一名的文字或与"成都"一名有关的铭文了。

出土的战国漆器铭文摹本

一	二	三	四	五	六

我们认为"成都"一名，在周秦以前不存在的可能性极大，它是在秦汉之际出现，并在秦汉以后才普遍流行起来的。为什么这样讲呢？近年来的考古发掘中，出土了大批战国至秦汉之间的漆器。先秦时期的蜀地，即为漆和漆器的重要产区，《华阳国志·蜀志》载蜀有"漆、麻、纻之饶"。这些地下出土的漆器亦与文献记载相吻合。荥经战国土坑木椁墓出土的漆器和乐浪郡发现大量著名"蜀郡工官"的两汉时期的漆器，则从一个方面表现出从春秋末或战国早期至两汉时代这段时期的巴蜀文化的特点。在这段时期，这个特点是巴蜀文化特征中比较突出的一个方面。这批漆器的出土，不仅为我们研究这段时期的漆器工艺，巴蜀文化中的漆器工艺对楚国漆器工艺的影响，以及巴蜀文化、楚文化、秦文化之间在漆器工艺方面互相交流、融合提供材料，而且为认识

"成都"一名的来源、"成都"在先秦时期的称谓，提供了极其重要的线索，并给予我们极大的启示。

1980年，四川省的文物考古工作者在荥经发掘的战国土坑木椁墓中出土了一批漆器，漆器均无纹饰，髹以黑漆。关于出土这批漆器的墓葬的时代，经测定，M12的碳十四测定的结果为距今2580±75年（前630±75年），树轮校正为2642±125年；M1碳十四测定结果为公元前475±60年，树轮校正为公元前505±70年。这些测定的数据说明，这批墓葬的时代约在春秋战国之际。墓葬出土器物的类型学等方面考察结果，亦基本上与所测定的数据所对应的时代相吻合。因此，所出漆器也当在春秋战国之际了。1982年四川省文管会考古队又在此清理出了一座土坑墓，据清理者介绍，这座墓的时代与上述两座墓的时代相当，出土的漆器也极为相似。可喜的是，在漆器（漆盒）上面发现有刻画的"成、口草"的文字（见附图《出土的战国漆器铭文摹本》，以下简称"摹本"）。就其文字的书体说来，可能属于唐兰先生的古文字四系说中的"六国系"文字的范畴，字体古朴，带有很浓厚的"刀笔"韵味，这些风格也正是春秋战国之际的文字风格之一。《文物》1980年1期刊载的《〈青川县出土秦更修田律木牍〉——四川青川县战国墓发掘简报》介绍，青川县战国墓出土了大量的漆器，占随葬器品的41%。这批墓葬的时代，据《简报》介绍，其"早期相当于战国中期，晚期相当于战国晚期"。在相当于战国中晚期的墓葬中，出土的漆器（漆厄、漆奁）上也发现有填朱的"成亭"烙印和戳记（"摹本"二）。其文字书体具有铜器铭文、刻石、碑刻的风韵，乃属"秦系文字"的范畴。1977年荥经古城坪秦汉墓中出土的漆器上面也发现烙有"成亭"二字的漆圆盒，它与云梦睡虎地秦墓中出土的漆器上烙有"亭""咸亭"戳记的铭文相似，具有秦汉时代的文字风格。荥经漆铭"成亭"和云梦睡虎地秦墓的漆铭"亭""咸亭"，字体的特点是方中寓圆，方整谨严，有自然的风趣。这些特点是秦汉篆文字的特点，也与秦汉印章上的文字体例一致。睡虎地秦墓中的漆器，如双耳长盒（M3：20）、漆扁壶

（M6：1A）、漆厄（Mall：10）、漆圆奁（M11：69，M7：12）、漆
圆盒（M3：12，M7：7）等，与荥经秦汉墓、青川战国墓出土的双耳长
杯（盒）、漆扁壶、漆厄等同类器物的形制一样，纹饰大同小异。我们
认为云梦睡虎地秦墓中的一部分漆器应该是战国秦汉之际巴蜀所产的，
而漆器上的"咸亭"的"咸"可能是"成亭"的"成"字的笔误所致，
因为战国秦汉之际正是处于历史上的大动荡时期，其文字的变化也是复
杂多样的。除此之外，"咸亭"的"咸"字与战国玺印文字中能见到的
"成"字也是相像的，况且商代甲骨文字中的"成"与"咸"二字本身
也没有区别。据上述荥经发掘的春秋、战国秦汉之际的墓葬，青川战国
墓群、睡虎地秦墓中出土的针刻、烙印的有铭漆器，按时代先后，其铭
文的顺序应是：

成、口（成）草→成（咸）亭→成市（草、饱）→蜀郡工官。

因此，我们又可以把巴蜀漆器的生产上溯到春秋末或战国早
期了。那么"成、成草、成（咸）亭，成市，成市草，成市饱"与
"成都"一名又有什么关系呢？《说文》里讲"成，成就也，方十里
曰成。"（阮元《经籍纂诂》）草，《尔雅·释言》："造也。"
"亭，每十里一亭，亭有亭长，以禁盗贼。"（《后汉书·臧宫传》
注）"成草"之"草"即作动词"造"字讲，那么"成草"即"成
造"。"成市"之"市"，《说文》曰：市，"买卖所之也"；《史
记·项羽本纪》："市，贸易也"；《吕览·仲夏》："市，人所聚
也。"看来"成草""成亭"之"成"与"成亭"之"亭"都具有地
域范围、距离的意思。此外，"亭"与"市"一样还具有商品交易、地
区性市场的意义。"亭"字在甲骨文中已经存在，铜器矢方彝、班簋二
器铭文中均有"亭"；春秋战国时期有"亭"字的陶文出土不少。《周
礼》中记有"宿亭"，并记有市场设"旌"以"令市"，郑玄注："上
旌者，以为众望也，见旌则知当市也"，与汉代"旗亭"有类似之处。
《史记·三代世表》集解说："旗亭，市楼也，立旗（市楼）上，故取
名（旗亭）焉。"可以说春秋战国之际，亭、市已结合为一体，它是自

由形成的商品交易的中心，是一个地区性市场。说明成都在未得此名以前的春秋战国时代，其范围虽不能准确地说"方十里"，但仍可得知在当时是在很小的范围内就有小规模的手工业作坊进行漆器生产，并在漆器上面针刻或烙印其产器的地名。与此同时，自由形成的商品交易的地区性市场也随之出现。因此，我们可以推知，针刻、烙印有"成草""成亭"的戳记铭文，就应当是成都未得此名以前的"成都"名，即春秋至战国中晚期时"成都"一名的前身。到汉初，蜀地内农业、手工业、商业发达，从四川出土的汉代画像砖上可以看到反映这种发达场景的繁荣场面。以前由小手工业作坊生产的漆器，此时已成为官营的行业。马王堆一号汉墓中出土的有"成市"的戳记，此外还有"成市草""成市饱"的戳印，与此墓时代相当接近的凤凰山八号墓中出土的漆器也有类似的戳记（"摹本"五、六）。这说明汉代成都官府漆器手工业生产是相当著名的。有"成市（草、饱）"戳记的漆器，不仅表明汉初官营漆器生产规模的扩大，而且还有其地域范围比春秋战国时期生产烙印有"成草""成亭"戳记的漆器的地域范围大的意思。同时，自由的商品交易市场也不断扩大。因此，尽管成都这个地方在汉初时已经有"成都"一名了，但在当时的社会一般阶层可能还是较为流行"成市草"和"成市饱"之名。《华阳国志·蜀志》："开明尚自梦郭移，乃徙治成都"，《太平御览》卷88引《蜀王本纪》："蜀王据有巴蜀之地，本治广都樊乡，徙成都。"这是文献中"成都"一名出现的时代，但从相当于记载中的时代的考古材料中，还没有发现刻、铸、烙印有"成都"一名的文化遗物。所以"成都"一名的由来，我们推测是人：

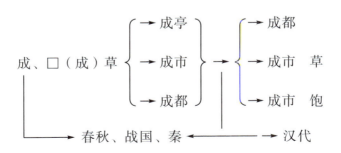

演变而来。可以看出"成都"一名与"成亭""成市"同时存在于战国晚期至秦。睡虎地秦墓竹简中发现有"成都"一名的文字，今摘录如下："令吏徒将传及恒书一封诣令史，可受代吏徒，以县次传诣成都，成都上恒书太守处，以律食。"①竹简上的"成都"一名，则应该算作目前所能见到的最早的实物资料了，它为本文推测"成都"一名可能是在战国晚期至秦出现的，增加了一个有力的实物证据。而在秦汉时期的漆器上为什么又没有见到烙有"成都"一名的铭文呢？我们推测，可能因为"成都"一名出现不久，或许还只在官府机构中或少数人中使用，随着时间的推移，"成都"一名才逐渐流传，后来普遍使用，所以，在漆器或其他器物上面没有见到烙印或刻画有"成都"一名的文字。将睡虎地秦墓出土的漆器、竹简与青川战国墓葬群中出土的漆器、木牍相比较，可知青川出土的烙印有铭文的漆器比睡虎地秦墓出土的漆器早，青川出土的秦武王二年的木牍，显然比睡虎地秦墓出土的秦简早约八十年。从字体上观察，虽然都属秦隶，但青川木牍的字体较之睡虎地秦简的字体也略为古朴，是目前所见之最早的秦隶。这些材料直接或间接地说明了"成都"一名是由"成亭"逐渐演变而来的。

随着汉代手工业、农业、商业的发达，交通和贸易的方便，当时的"成都"商贾贸易市场扩大，区域远远超过了"成草""成亭"的范围。《华阳国志·蜀志》等书籍中载蜀王开明建国定都中，有徙居成都的记载。因此，在秦汉之际便有了"成都"一名。"成都"的"都"，《左传》庄公二十八年载："有宗庙先君之主曰都。"成都羊子山土台遗址的发掘②，可以为我们理解上述记载提供线索，"都"很可能与蜀王徙居建都成都有关。所以"成都"一名的含意应包括从很小规模的小手工业生产作坊（如漆器的生产作坊等）发展为具有一定规模的商贾自由贸易市场（已具有都市的一些特点）。随着秦灭巴蜀，以李

---

① 《睡虎地秦墓竹简》，北京：文物出版社，1978年，第261–262页。
② 《成都羊子山土台遗址清理报告》，《考古学报》1957年第4期。

冰为蜀守，他"能知天文地理"，"凿离堆，穿二江成都之中"，"灌三郡，开稻田，于是沃野千里……"由小手工业作坊发展到初具规模的商贾贸易市场，和"沃野千里"的出现，为建都奠定了基础。《华阳国志·蜀志》《史记·张仪列传》中载张仪城成都，更筑新城"周回十二里，高七丈"，这样的自由都市就比战国之际或以前的"成草、亭、市"的范围更大了，蜀王开明也曾建国定都于成都。因此，从这几个方面来认识"成都"一名的来源和得名的由来，也许略近于历史的真实。

本文原载于《四川文物》1985年第4期。

东汉石刻水塘水田图像略说

——兼谈我国古代中耕积肥的历史

1977年四川省博物馆在峨眉县清理东汉砖室墓中，出土了刻有石俑、猪、鸡及水塘、水田的石料。这件文物长81厘米、宽49厘米、高10厘米。这件石料分为两部分：左面雕刻水塘；右部再中分为二，上部分为水田，水田内有俯身的两农夫正在薅秧；下部分田内有两堆堆肥，这种积堆肥的情况，至今在四川备耕的农田中仍常见。左边水塘雕刻较为复杂，有青蛙、龟、鸭、鲢鱼、鲫鱼，一鸭正浮游在水面上，追赶着一尾小鱼。蟹正在用双螯夹住一条鱼的尾部，在靠近田埂处作一矩形缺口，是进水、放水之处。在水口前面有一篾编的竹笼，竹笼前端附着一田螺。当水田进水时，这种竹笼可免塘中鱼类顺水流入田内，水田放水之际又可网捕从稻田中流入塘内之鱼。在四川的丘陵地区，水田进、放水口的情况，至今仍然如此。另一田螺附在一

图一　四川峨眉东汉水塘水田石刻

条船边，田螺附近有一莲斗。这类水塘在四川浅丘地带比较多，既可蓄水，又可养鱼或种荷，实为一幅东汉川南农村真实小景也（图一）。

右边的上下两块田的田埂上，皆留有水口；上面的一块田的水口在左边田埂上，下面一块田的水口在上面的田埂上。从这两处水口来看，我们认为两块田是水田。这两丘水田在刻工上也较为细致，细节表明这两块水田显然是各有不同的。仔细地观察两块田地底部的雕刻，上面的一块田的底部，尚能清楚地分辨出所刻禾苗的情况；而下边一块积有堆肥的田，从底部线条来看，给我们的印象就是一块备耕的农田。两块水田底部线条处理的不同，与这两块水田的情况是完全符合的，这也就看出了石刻艺人的刻工之精细了。

现在首先引起我们注意的问题，是上面一块水田中的两个农夫的劳作形象。他们两人匍匐弯腰，上体赤身，裤脚上挽，正在田中操作，似为用双手在稻田中薅秧。在今四川部分地区，比如出土这"水塘水田"文物的川南峨眉、乐山、眉山等县至今仍用双手薅秧。这件东汉时的"石水塘水田"在目前要算是我国古代用手薅秧的一件最早的实物例证。就出土这件文物的峨眉县来说，时间已过去了一千八百多年，但此俗至今仍未变革。薅秧这种中耕农活到底起源于何时？这是本文要重点讨论的问题。

农作物的中耕技术，殷代已存在。殷武丁时卜辞有"𦫵田"如：

（1）甲子卜，𦫵，贞令受𦫵田于□，叶王事。（前七，三，三）

（2）癸□□，□、贞□□令𦫵𦫵于先侯。十二月。（前六，一四，六）

（3）戊子卜，□令□𦫵画。（京一四三三）

"𦫵"字是动词，其后即为"田"字，是与农业有关之卜辞。胡厚宣先生说："田上一字，武丁时作𦫵𦫵𦫵𦫵，从两手持用，在土上有所作为。两手或作⺕，或作⺕，用字或作⺕⺕⺕，皆相同。廪辛、康丁时作𦫵𦫵，用字变作由，土旁或加小点，其两手持用，在土上有所作为之意，更为明显。"又说："武丁时𦫵字又或省去，用字作𦫵。到武乙、文丁时则作👐。两手或在上作👐，或在土下作👐。"两手在土上或在其下，其实一也①。

武乙、文丁时有一片牛胛骨卜辞说：（据《书道全集》一卷，1957）

（1）癸亥，贞于罖👐□。

（2）癸亥，贞王令多尹👐田于西，受禾。

（3）癸亥，贞多尹弜□，受禾。

（4）癸亥，贞其秦禾自上甲。

（5）乙丑，贞王令👐田于京。

（6）于珑👐田

（7）戊辰，贞秦禾自上甲其奠。（京大研究所藏骨）

"田"字，胡厚宣先生释为田②，其说甚是。而上引通版卜辞，残存七节，皆贞👐田秦禾之辞。先👐田而后秦禾：👐之后，继而有受禾之贞。倘非土田耕稼之事，还能是什么呢③？由此看来，这"👐"字是像人以双手作用于农作物上的形象。而甲骨文的这一字有"👐👐👐👐👐👐👐👐"数种不同写法，实为一字的变异。

👐、田字，余永梁释为"氐"④；郭沫若先生释为"圣"⑤；杨树达先生并读圣为"掘之初文"⑥；徐中舒老师释"贵"，"读为隤或蒉"，即"聩田"。徐中舒老师说：

"贵字篆文作👐。其偏旁👐即《说文》"蒉"字古文；《汗简》遗字下引《古孝经》作👐，其偏旁贵又作👐。👐👐并与甲骨文👐为

---

① 胡厚宣：《说贵田》，《历史研究》1957年第7期。

② 胡厚宣：《卜辞中所见之殷代农业》，《甲骨学商史论丛》二集，1945年。

③ 胡厚宣：《说贵田》，《历史研究》1957年第7期。

④ 余永梁：《殷文字考》，《国学论丛》一卷一号，1926年。

⑤ 郭沫若：《殷契粹编考释》，一五八叶，1937年。

⑥ 杨树达：《甲骨文中开矿的记载》《开矿文字后记》，俱收入《耐林庼甲文说》。又《卜辞求义》九叶田字条，1954年。

近。"①

其说甚是。徐中舒老师更进一步解释"畟田"说："《汉书·食货志》云：'苗生叶以上，稍耨陇草，因隤其土，以附苗根。'隤田正与隤土义同。"②胡厚宣先生更进而论证"贵田者，贵亦读作溃。《说文》："溃，一曰散也。'……溃田者，谓以镈叒田器锄地，使土地崩溃散乱；土地崩溃散乱，则田间杂草，自然就会除掉。贵田者，盖犹言耨田"③。由此可见殷代中耕锄草，称为贵田。"贵字从用，用为铧锄，贵田者正是耨田之义。"④

关于耨田除草，周代的《诗经》里也有记载，《诗·周颂·良耜》："其镈斯赵，以薅荼蓼。荼蓼朽止，黍稷茂止。"《说文》："镈，一曰田器。"《毛诗传》："赵，刺也。"疏："《士相见礼》注：刺，犹划除也。"用什么工具来划除田中杂草呢？即是用镈。胡厚宣先生说："武丁时𦥑字，像两手持用以锄土。廪辛康丁时𦥑字，用作由，锄形益肖。土旁并有小点，亦锄土的碎块，其形象更为显明。"此乃殷代用铜制农具以锄草之证。此外，"武乙文丁时卜辞有残文说：田𦥑（宁一，三六四）𦥑𦥑犹言𦥑田。田作田，……𦥑字疑亦为𦥑，𦥑即贵字的异文。从两手自土中拔草，即去草除秽之意"⑤。这又是殷代用双手除草之证也。

《诗毛氏传疏》正义云：荼，亦秽草，非苦菜也。王肃云：蓼，水草。孙炎注亦谓：泽之所生。这就是说用镈之类的除草工具，以划除田间杂草，杂草除尽，则黍稷之类的农作物，即因草朽土肥而苗茂盛也。《诗·豳风·鸱鸮》："予手拮据，予所捋荼。"拮据，《玉篇》："手病也。捋，取也。"用手除去田间杂草，以致双手因之而

① 徐中舒：《试论周代田制及其社会性质》，《四川大学学报》1955年第2期。
② 徐中舒：《试论周代田制及其社会性质》，《四川大学学报》1955年第2期。
③ 胡厚宣：《说贵田》，《历史研究》1957年第7期。
④ 胡厚宣：《说贵田》，《历史研究》1957年第7期。
⑤ 胡厚宣：《说贵田》，《历史研究》1957年第7期。

病也。又《诗·小雅·甫田》："或耘或耔，黍稷薿薿。"《毛诗传疏》：耘，《释文》作芸。《说文》：损，除苗秽间也，或从芸作薅。耔，当作秄，或作芓。《说文》：秄，雍禾本。……《广雅》云：薿薿，茂也。《玉篇》：穊穊然，黍稷盛貌。《汉书》作僛碍。《汉书·食货志》：后稷始畎田，以二耜为耦，广尺深尺曰畎，长终晦，一晦三畎，一夫三百畎，而播种于畎中，苗生三叶以上，稍壮，耨陇草，因隤其土以附苗根。故其诗曰：或芸或芓，黍稷薿薿。芸，除草也。芓，附根也。言苗稍壮，每耨辄附根，比盛暑，陇尽平，而根深，能风与旱，故薿薿而盛也。由此可知殷代、西周及春秋时期，农作物中耕时除部分使用农器而外（如《诗·良耜》"其镈斯赵，以薅荼蓼"是也），大量的中耕除草工作还是用双手来完成的。（如《诗·鸱鸮》"予手拮据，予所捋荼"是也）。

《淮南子·泰族训》说："稆先稻熟，而农夫耨之，不以小利伤大获也。"（稻米随而生者为稆，与稻相似，耨之为其少实。）注：稂，水稗也。《尔雅》注：楚谓之蔨，晋谓之薑，齐谓之茝（音齿）。《说文》："薅，拔去田草也。"所谓拔去田草者，似可理解为用双手除草。即是说汉代除了石刻图像中两农人用双手薅秧外，在文献中也有用手拔去田间杂草的记录，出土文物与文献相结合，就更足以说明事实的真相了。另外，《淮南子·氾论训》又说："古者剡耒而耕，磨蜃而耨，……民劳而利薄。"蜃为蚌属，似又为用蜃器之类的工具，以除田间之杂草。当然在东汉时铁制农具已大量出现，所以，除蚌器外，定有大量铁农具参与中耕除草的情况。此件东汉石刻水田中的两农夫在田间弯腰操作的形象，殆为用手薅除田中秽草的一幅最早的实物例证了。再从上引《淮南子》的两条史料来说，《淮南子》是西汉时代的一部私人撰集的丛书，可以证明汉代仍然为既用双手，同时也用农具以薅除田间杂草也。

公元六世纪后魏贾思勰的《齐民要术》一书，对农作物中耕除草、放水、晒田等农活技术作了全面的、科学的总结，他说："稻苗长七八寸，陈草复起，以镰侵水芟之，草悉脓死。稻苗渐长，复须薅。薅讫，决去水，曝根令坚。量时水旱而溉之。将熟，又去水。"这套多年积累的种植经验，经过实践的检验，至今仍然行之有效。不过从文义上来理解，贾思勰所介绍的操作方法是第一次锄草是用镰刀在水下割掉杂草，这也许是华北地区的操作方法。当稻苗慢慢长大之后，要再薅，拔草为薅，疑再薅时可能是用手薅。薅完后，放去水，让阳光把稻的根部晒硬，依着天时的水旱，再酌情地灌些水。当稻将熟时，又放去水。这是一整套农业技术，目前四川地区的稻田耕作仍然如此。

图二　耘荡（采自《王祯农书》）

元《王祯农书》关于中耕除草工具有钱、镈、耨、檡锄、铲、耘爪、耘荡等，其中耘荡甚似四川薅秧的农具秧耙。《王祯农书》说：耘荡（图二），江浙之间新制也，形为木履而实长尺余，阔约三寸，底列短钉二十余枚。篝其上以贯竹柄，柄长五尺余。耘田之际，农人执之，推荡禾垅间草泥，使之溷溺，则田可精熟，既胜耙锄，又代手足。（注：水田有手耘、足耘）况所耘田数，日复兼倍。

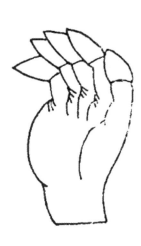

图三　耘爪（采自《王祯农书》）

尝见江东等处农家，皆以两手耘田，匍匐禾间，膝行而前，日曝于上，泥浸于下，诚可嗟悯。真西山言幽诗农事之叙，至耘苗，则曰暑曰流金，田水若沸，耘耔是力，稂莠是除。爬沙而指为之戾，伛偻而腰为之折，此耘苗之苦也。"这里提出了在元代江浙一带薅秧除了使用农器之外，还有手耘与足耘。明代徐光启《农政全书》所记中耕除草工具，全为沿用元代之旧，可见到了明代仍用此法。所谓手耘者（图三），也正如四川峨眉东汉砖墓中出土的石刻水塘、水田图像中两农人在水田中薅秧的形象，三是"匍匐田间，膝行而前"的真实写照。此外，在四川亦常见足耘，即手执一杖，以双足耘田，其劳动不如伛偻而腰为之折的手耘艰苦。

　　其次，再谈谈我国古代农家积肥的问题。在这件石刻水田下部，有一块待耕的田土，田中有两个土堆，疑即所谓农村的堆肥。我们准备从这两堆堆肥，试谈我国古代农业上积肥的历史。关于古代农田积肥的问题，徐中舒老师说："西周的施肥问题是在休耕的基础上逐渐发展起来的。休耕的菑田，只是耕后不播种子，并不是不耕。《尔雅·释地》孙炎注：'菑，始灾杀其草木也。'灾杀草木就是积肥的初步。……因此，古代菑田的耕作，比新、畬更要重视。《左传·隐公六年》载：'为国家者，见恶，如农夫之务去草焉，芟夷蕴崇之，绝其本根，勿使复殖。'古代农夫最重要的事是除草积肥。……根据以上所述，我们知道周代堆肥是有长足的发展。若用人粪尿为肥料，那是大都市发达以后的事，古代家畜犬豕，人粪便随为犬豕所食，是不会用作肥料的。"[1]根据我们在前文所讨论的殷周两代的薅秧除草的情况，徐老师的这一对古代的积肥情况的论断，是可信的。胡厚宣先生在《殷代农作物施肥说》一文中认为："由甲骨文字看来，卜辞里确有极清楚的施用人工粪的资料……（武丁时）卜辞说：'庚辰卜，贞翌癸未屎（屎）西单受里（有）年。十三月。'意思是在闰十三月的庚辰这一天占卜，问由庚辰起到第四天癸未这一天，打算在西单平野的田地上施用粪肥，将来能够得到丰收么？这是一条极清楚的施肥的卜辞，而且这样的卜辞也还不只一见，武丁时卜辞又曰：'屎（屎）里（有）足乃田。'疑读为郊，乃田就是乃郊田。这是占卜所储备的粪屎是否足够于郊田的使用。又：'辛未□□屎（屎）□单……。'这一条也是武丁时所卜，文辞虽有残缺，然由屎字单字看来，毫无疑问，一定也是占卜施粪于某单之田的文字。如此说来殷人已知施用粪屎于田亩，应该是不成问题了吧！"[2]虽

---

①　徐中舒：《试论周代田制及其社会性质》，《四川大学学报》1955年第2期。

②　胡厚宣：《说贵田》，《历史研究》1957年第7期。

然胡先生的殷代已经使用粪屎于田亩的论断，已把恒用粪屎为肥料的时代提到了殷商。周因于殷礼，殷周两代相隔甚近，何以在周代文献中却又少见使用粪屎为肥料的记载呢？《诗·周颂·良耜》："其镈斯赵，以薅荼蓼，荼蓼朽止，黍稷茂止。"可见西周施肥的情况，也不过是勤除田中杂草，因此，我们认为殷周两代的积肥，可能主要还是堆肥。至于甲骨卜辞反映的使用粪屎，是否为王城附近的个别特殊现象？这个问题很值得我们研究。

战国时代，都市已经兴起，所以，生产也必然会有较大的发展。在农业方面，从文献的记载来看，也有较多的使用人工肥料的情况。如《荀子·富国篇》说："多粪肥田，是农夫众庶之事也。"《韩非子·解老篇》也说："积力于田畴，必以粪灌。"这时除了积粪肥、用粪灌之外，还进一步知道根据各类土壤的不同，使用不同种类的畜粪以改变各种土壤。《周礼·地官·草人》："掌土化之法，以物地，相其宜而为之种，凡粪种：骍（色赤）刚（土强）用牛，赤缇（赤黄色）用羊，坟（润）壤用麋，渴（涸）泽用鹿，咸潟用貆，勃（粉解）壤用狐，埴（土黄而细密）垆（黑刚土）用豕，疆𪗉（坚）用蕡（麻子），轻爂（脆也，读如剽）用犬。"所谓"粪种"，江永《周礼疑义举要》说："种字皆当读去声，凡粪种，谓粪其地以种禾也。"《周礼》一书可能是战国时的作品，从此可以推知，当战国之世，已知利用各种不同的兽类粪肥，以改造各类土壤的科学知识了。

后魏贾思勰《齐民要术·耕田篇》引《氾胜之书》："凡耕之本，在于趣时，和土，多粪泽。"《氾胜之书》又说："树高一尺，以蚕矢粪之；树三升，无蚕矢，以溷中熟粪粪之，亦善。"《氾胜之书》要算是我国最古的一部农书，成书于西汉末年（公元前一世纪之末），这书可反映出西汉时及两千年前关中地区农业技术上的成就。如从上引文中的"以溷中熟粪粪之，亦善"中的"溷"字可知当时已知积人畜粪，而且已知使用熟粪了。所谓"溷"者，即是大的粪坑。从这条材料得知，当时农业上施肥除使用绿肥外，还知使用粪坑积肥，当坑内粪肥已腐熟过后才使用，这样肥效更高，与我们现在农业上用人畜粪肥的情况已完全相同了。这也是在积肥上的一个进步。

上述的从殷周至战国时有关积肥资料，多为文献的记载，从考古发掘资料来看，我国中原河南地区的汉墓中发现了许多的陶厕猪圈等随葬品。陶厕何以每每与猪圈连在一起呢？程树德《说文稽古篇》"养豕在溷中"条说："古人养豕辄在溷中。《说文》：'溷，厕也，从口，象豕在口中，会意。'按《一切经音义》九引《苍颉篇》：'圂，豕所居也。'《晋语》：'少溲于豕牢。'韦注：'豕牢，厕也。'《汉书·五行志》：'豕出圂。'颜注：'圂者，养豕之牢。'《武王子传》：'厕中豕群出，坏大官灶。'颜注：'厕，养豕圂也。'《三国志》引《魏略》：'高离国王侍婢生子，王捐之于溷中，猪以喙嘘之。'是古皆以养豕之牢为厕，迄汉魏犹沿此俗。"这种积人畜肥的情况，在出土文物及文献中皆可以得到证明。由此我们可以推知，我国古代施肥的情况，可能是以使用绿肥为较早，而到了汉代，在积人畜肥方面才可以得到地下出土文物与文献资料的相互印证。也可以说到了汉代，农作物上的施肥的方法可能是在耕作时先施底肥。所谓底肥，即是我们在这件东汉石刻田土中所见的"堆肥"。至于猪圈及厕中所积的人畜粪，则可能是作为对农作物的追肥之用。

《淮南子·本经训》所说"粪田而种谷"，又可能包括两层意思。一则为先施绿肥的底肥，后施人畜肥的追肥。虽然在中原汉代出土文物中有很多的陶厕猪圈等随葬品，可是在四川汉墓出土文物中却没有陶猪圈。有人举出新津汉代崖墓中有带猪圈的陶房[①]，但我曾到省博物馆库房复查这件文物，仅见在这陶房二层楼房后有一似厕的小屋而无猪圈。因此，我们认为这可能与当时四川农村养猪还是敞放有关。至今西昌地区的冕宁等县农村养猪，仍然是放敞猪。白日放至山野寻食，夜间则集中于一土屋中，在猪舍内地上铺上谷草一层，群猪在此屋内数日。

① 《考古材料所见的四川农业》，《文物》1978年第12期。

粪便与谷草混合在一起，待一段时间后，收集一次猪舍内地面所积之肥，堆集在一起，即是所谓的堆肥了。这种积肥的方式，也可以说就是《齐民要术》中所记载的"踏粪法"的继续。四川有的地方，还用铲草皮及收集在野外的人畜粪等来制造堆肥。当春耕之际，即将这类积肥运至田间堆放，甚似我们在"石刻水塘水田"中所见的两堆堆肥的实况。这件文物所描绘的东汉田间的堆肥，又应当算是古代积堆肥的最早的实物例证了。

到了宋、元之时，对农作物用粪肥的重要性就更为清楚了。宋陈旉《农书·粪田之宜》说："用粪犹用药。"他把用粪肥对庄稼的作用提到了这样的高度。元代《王祯农书·粪壤篇》说："惜粪如惜金。"又说："田有良薄，土有肥硗，耕农之事，粪壤大急。粪壤者，所以变薄田为良田，化硗土为肥土也。"从上面的引文中，可见在宋、元两代，于农业上使用粪肥已有了很高的地位。由多年的耕作经验人们认识到，要提高农作物产量，必须在田土上下功夫。要达到"变薄田为良田，化硗土为肥土也"，就得改良土壤，改良土壤就必须施肥，所以说"用粪犹用药也"。

最后我们认为，这件"石刻水塘水田"的文物标本，提供了东汉时的"薅秧"及"堆肥"图像。在已发表过的出土文物中，关于这类农活的图像，这是第一次发现，所以这件文物标本应该算是我馆所藏有关古代农业科学技术方面的一件重要文物了。

本文原载于《农业考古》1981年第2期。

四川广汉发现的东汉雒城遗迹^①

　　1983年以来，广汉县城关镇曾发现了几处有"雒城"字砖的建筑遗迹（图一）。1983年底至1984年元月，广汉县南门附近的导航站在修

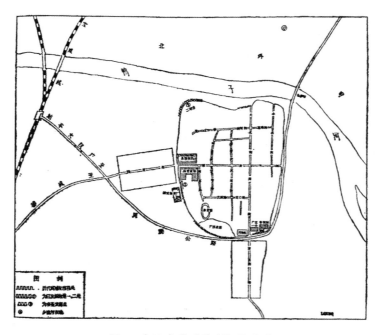

图一　广汉城关"雒城"位置图

---

①　本文由沈仲常、陈显丹合著。

建围墙时发现了古城遗迹，四川省文物管理委员会办公室的考古队会同广汉县文化馆的同志一道进行了清理。古城墙遗迹残长约55.6米，残高约0.3—0.8米，宽约2.5米左右，墙体系用泥土分层夯筑，外部用砖包砌。砖长约45厘米、宽22厘米、厚9厘米。砖上多印有"雒城"和"雒官城墼"等铭文。铭文篆书，从铭文字体分析显系同模翻印，成批制作（图二、三）。在遗迹的填土中还发现汉代的方格纹折肩卷唇罐、绳纹筒瓦、云纹瓦当、陶豆及东汉五铢钱等，从而可以认为这一遗迹的时代应属东汉。

图二　雒官城砖铭

1984年7月，广汉西门国营旅馆在基建施工中也发现了铭有"雒

图三　广汉县南门外导航站雒城南墙

图四　广汉县国营旅馆雒城西墙

图五 广汉县国营旅馆雒城西墙

城""雒官城壄"的字砖。我们配合这一工程进行了清理，发现这些砖乃是宋以前的古城墙上的建筑遗物（图四、五）。城墙遗迹残高0.8—1.4米，残宽2.6—8.9米，已经清理出断断续续长约百余米的城墙（图六）。古城墙用泥土夯筑而成，一般夯层厚约6—8厘米。城墙的横断面略呈梯形。由于破坏较严重，从残存的部分推

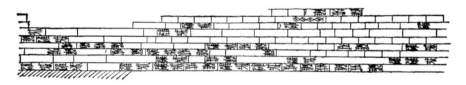

图六 广汉县国营旅馆雒城西墙

知城墙的底宽至少在8.9米以上，但高度和顶部的宽度不详。通过发掘清理后，得知其筑法：中部（主城墙）是层层平筑，内壁近于垂直。主城墙的两边砌以十层有"雒城""雒官城壄"铭文的砖。根据初步调查和发掘，了解到该古城的城墙的四周不成直线，但也没有急转弯，城墙的四角，已知有呈三角或圆角形的，平面布局略呈椭圆形，城墙的总周长在7350米左右。这种以泥土层层夯筑和在夯层外包砌一层有"雒城""雒官城壄"铭文的字砖的古城墙，在我省尚属首次发现。

上述发现的两处古城墙遗迹，其建筑方法及用材均完全相同，显然是同一时期的建筑物。为了弄清这些遗迹的范围，今后拟在广汉县城西北面的二炮台明清时的城墙遗迹处做一些试掘。因西、南两面发现的古代墙基的遗迹皆在旧的广汉县城墙之下，即明清以前的城墙皆是压在

有"雒城"字砖的墙基之上的。所以，我们准备选择鸭子河边的二炮台这一地点的旧城墙遗址作一些探索。最近在广汉南门导航站已清理过的地点以东的县城东街口处，也有"雒城"砖的墙基的发现，我们也准备在这里做些试掘。在以上两处试掘工作完成之后，如果也有"雒城"砖的墙基发现，那么，我们即可以证明，东汉雒城的遗址就在鸭子河以南、今广汉县城所在地。

关于汉代雒城的位置，历来众说纷纭，莫衷一是，大都认为东汉时期的雒城县治在今广汉县北外乡五里巷。《广汉县志》（油印稿）亦云："根据可靠的历史文献记载……西汉时期的雒县城治在今广汉县北外乡五里巷、玉皇观至韩家包一带。"并引《汉州志·补遗·雒城砖考》说："嘉庆中贾次裴于汉州北官庄获雒城砖，砖厚三寸、长七寸、博五寸许，……旁有雒城二字，又一砖字缺，……今五里巷左右，败瓦磷磷，……今复得此砖，则雒之在州北者，确而有据矣。"东汉时的雒城历代皆有破坏，例如明清的城墙皆修建在东汉雒城城墙基础之上。我们发现的西、南两处墙基的遗迹，墙基内、外所砌的砖皆有所破坏，南面导航站一处墙基仅存墙基面所包砌的几层砖。所以，在清代鸭子河北的北外乡发现有"雒城"字砖，就不会感觉意外了。

又《广汉县志·名胜古迹》说：房湖"为唐代房琯所凿。唐肃宗上元元年（760年），丞相房琯因陈涛斜兵败被贬，后为汉州刺史，于州西郊凿池百顷，称为西湖，后名房湖。西湖堇成之际，房琯曾作诗说：'高流缠峻隅，城下缅邱墟……'"可知房琯在主持西湖开凿工程中，曾挖到过建筑物的遗迹，故有"城下缅邱墟"之句。这一遗迹不是别物，而应是比唐代更早的古城遗迹。再结合我们在广汉几处的发现，以及西、南两处包砌在墙基内、外的雒城砖，而这遗迹也很可能是东汉时的古雒县城墙的一部分。这西湖的旧址西起今广汉公园，北至火车站一带。这个位置，又恰恰是雒县城址的西、南城墙所在地。

东汉雒县城的地理位置，有什邡、德阳、罗江、广汉等几种说法，迄无定论。《元和郡县志》说："汉州……禹贡梁州之域。秦为蜀郡地，汉分蜀郡为广汉郡，今州即广汉雒城也。"雒县在今广汉是对的，但《元和郡县志》在雒县的具体位置上却又弄错了。如《元和郡县志》剑南道上说："雒县，本汉县也，属广汉郡，县南有雒水，因以为名。"这将雒县的位置错放到雒水之北去了。近年出版的《中国历史地图集》第二册，也将雒县置于雒水以北。

近两年来我们在广汉县的多次实地调查及两次田野发掘，得知东汉雒县城址的范围，大致与现存的明清城墙一致，它北不跨过鸭子河，南至川陕公路边缘，西至广汉县城关制药厂、国营旅馆，东至小北街。南北长约1.8公里，东西宽约2.4公里。

根据目前汉代城址的考古资料，汉代城墙一般用土夯筑，土墙外面不用砖包砌。从文献记载来看，东汉晚期的城墙，也有"饰表以砖"的。《水经注·浊漳水》说："左思《魏都赋》曰：其城东西七里，南北五里，饰表以砖。"上述田野考古中发现的"雒城"城砖以及文献资料表明，东汉时的城墙确有"饰表以砖"的[1]。

这次出土的字砖有两种：一为"雒城"，另一为"雒官城墼"。从砖上的铭文和历代砖的名称的演变，再佐以城墙夯土和层中出土的东汉陶器残片及五铢钱等，可以认定这类砖以及城墙遗址都是属于东汉的，在西汉时称为"瓴壁"，也作"令甓"或"令辟"。据《汉书·酷吏传》记载，成帝时酷吏尹赏曾用砖来修砌地牢的壁，"永始、元延间，……赏以三辅高第选守长安令，得一切便宜从事，赏至，修治长安狱，穿地方深各数丈，致令辟为郭，以大石覆其口，名为虎穴"。颜师古注："令辟，瓴砖也。"东汉时仍将砖称为令甓。《隶续》卷20说阳朔四年砖上面有"尉府灵壁"等十二字。东汉时也称砖为墼。《后汉书·袁闳传》注引《汝南先贤传》："闳临卒，敕其子曰：勿设殡棺……亲尸于板床之上，以五百墼为藏。"有墼字的砖在四川曾有几处发现，均属东汉时期。1954年四川宜宾出土的墓砖上有"永元六年（94

---

① 这一文献材料系赵殿增同志提供，书此致谢。

年），宜世里宗甓，利后安乐"等字样①。《隶续》记载南宋时眉州人掘武阳故城，得到不少汉砖，砖上有"永初七年（113年）作官甓"等铭文。砖上铭文字体均系篆书，砖的规格（44×22×9厘米）亦与汉砖相同。

《说文解字》段注云："甓：令适也，一曰未烧，从土甂声。又一义谓：又烧之砖曰甓。厽部，垒下曰甓也，盖亦谓未烧者。今俗语谓未烧者曰土甓。"由此可知，已烧和未烧的砖皆可称为甓。

四川广汉县中兴公社的古文化遗址是一处可供探讨古蜀文化的重要遗址。近年广汉三星堆的发掘证明，这个遗址的范围很大，很有可能这里就是古蜀国的一个重要的政治中心。经研究，广汉月亮湾出土的玉斧、玉璋、玉圭、玉琮等器物的时代，约与中原商代相当。这说明广汉地区在殷商时已经有了制造玉器的手工业作坊②。

《汉书·地理志》说："广汉郡，高帝置。……有工官。县十三……雒，……有工官。"汉高帝设广汉郡、设工官于雒县的史实也从一个侧面反映出，此地的手工业在汉代以前就有相当基础。1916年，朝鲜平壤附近古墓中曾出土一批蜀郡和广汉郡的漆器。这批漆器中最早的有西汉纪年③。所以，东汉雒县城也能如中原东汉晚期魏都城墙一样，在墙的土基之外还"饰表以砖"，看来还不是偶然的，有其历史条件及较为发达的地方手工业为基础。

本文原载于《中国考古学会第五次年会论文集》（文物出版社，1988年）。

沈仲常卷

① 《四川宜宾市翠屏村墓清理简报》，《考古通讯》1957年第3期。
② 冯汉骥、童恩正：《记广汉出土的玉石器》，《文物》1979年第2期；沈仲常、黄家祥：《从新繁水观音遗址谈早期蜀文化的有关问题》，《四川文物》1984年第2期。
③ 见梅原末治：《支那汉代纪年漆器图说》。

从考古资料中所见使用石灰的历史
——发掘孟知祥墓札记

    1971年在成都市磨盘山发掘了后蜀皇帝孟知祥和他的妻子"福庆"长公主的合墓，出土的文物有残哀册、谥册、福庆长公主墓志铭、玉花、青瓷碗、碟及铜镜等。这是一座规模较大、结构独特的陵墓，墓内有三个并列的圆锥形墓室，主室较大，两侧耳室较小，都是用青石砌成穹窿顶，主室高8.16米，直径6.5米。墓室之外有周长74米的青石护墓围墙，皆大量使用石灰作为粘接的材料。因此，发掘之初，许多同志发现护墓围墙使用石灰作粘合料，便认为这是一座明墓，理由是明代墓葬中才大量使用石灰作粘合料。我们在墓内发现孟知祥的残玉哀册之后，主张这是一座明墓，议论才最后平息。这里，我试利用考古资料来探索一下我国使用"石灰"的发展历史。

    先秦时，为了解决墓葬内的防潮问题，当时采取的措施是使用蜃炭。《周礼·地官·司徒》记载："掌蜃，掌敛互物（蚌蛤之属）、蜃物，以共闉圹（墓穴）之蜃。"郑玄注云："闉，犹塞也。将井椁，先塞下以蜃御湿也。"这是说，在圹（墓穴）中未放置椁之前，先施蜃炭（烧蚌蛤类之壳成灰），以便抵御潮湿侵入椁室。此外在除墙屋之虫害时，也使用蜃炭。《周礼·秋官》说赤发氏，"掌除墙屋，以唇炭攻之，及灰洒毒之"。郑玄注云："除墙屋者，除虫、豸藏逃其中者。"

由此可知，唇炭的作用有二：一以除湿，一以除虫。

从资料中所反映的情况来看，西汉时已经发现有在墓内使用石灰的事例，到东汉时就更为普遍了。我们以《洛阳烧沟汉墓》一书中发表的225座汉墓为材料，作一初步的论述。洛阳烧沟的汉墓，从形制上尚可分为五型。第一、二型墓是属于西汉时期的墓葬。这里，我们首先来谈谈这两类墓中使用石灰的情况。第一、二型墓皆属于西汉中期稍后，第一型的57座墓中，仅发现两墓有使用石灰的痕迹，一墓有铁钉。这第一型墓是平顶墓，包括平顶空心砖墓以及与之同型的土坑墓。清理墓具时"板灰中发现铁钉及白灰的只墓98的右棺（墓属一型三式）墓中出现筒瓦的有3（墓11左棺、309左棺、1568），皆出自人头之下"，而在墓180中只发现白灰①。

第二型墓葬（弧顶墓）的"例六，弧顶双棺室小砖券墓"（墓17—郭忠墓）。此墓"砖室之内刷以白灰，墓室长5.26米，宽2.12米，高2.0米"。这种第二型墓共88座，其中墓室内刷白灰者1座，棺底垫白灰者5座（据表3《第二型墓葬形制分述表》）。再从清理葬具时得知，"62个墓室，能辨出确为棺木的有36，内中使用棺钉者10，铺垫白灰者2，棺木加漆者1"②。可知在这类墓葬中，使用棺钉还不普遍。

以上的第一、二型两类墓，使用白灰的情况是比较少的，一种是以之垫棺底，另一种是以之刷墓室。

时代比较晚一点的墓（西汉末—东汉），为第三、四、五型墓，在墓内使用白灰的情况就比较多了。清理第三型墓（单穹窿顶墓）的葬具，可见"这些墓葬的木棺已普遍用棺钉，少数例外。棺内大都铺上一层白灰，最厚的达4厘米（墓19）至6厘米（墓146），这是在第二型墓中未见的。棺的长短从残迹来看，尺寸不同，墓1026棺木前宽后窄"。这类40座墓中，有22墓内有白灰痕迹可寻。

---

① 《洛阳烧沟汉墓》，第17页及表2。
② 《洛阳烧沟汉墓》，第33页。

其次，在四、五型墓葬中发现白灰垫棺底的例子就更多了。首先看第四型的墓葬，这类墓是砖室双穹窿与土圹抛物线顶墓。例如墓1029（双穹窿顶砖室墓）："后室死者头南足北，棺木之内，葬时铺白灰一层，白灰似经水后凝固，虽棺木早已腐朽，但棺底所铺之白灰仍异常坚实，依此测量白灰长1.92米，后宽0.46米，前宽0.49米，但依白灰边沿痕迹观察，此种白灰当时实只铺于棺内，故所得之尺寸，仅能说明棺内之长宽范围。绕白灰一周，散布铁钉16，白灰之上，由显明之草荐遗迹，知殓时在白灰之上更加草荐一层，然后将死者放于草荐之上。"①

又如例十三墓47（抛物线顶土圹墓），初平元年（190年）墓。这座东汉献帝时墓，"棺木已损坏，留有白灰一层，白灰性质与1029墓中所见相同，长1.88米，宽0.44—0.46米，厚有6—8厘米不等，灰边四角极为光匀，随当时棺木内部印有木理痕迹，人架停置于白灰之上，人头偏对西南"②。

在第四型墓葬的"葬具"中木棺、棺钉使用极为盛行，棺下存有较厚的白灰，亦为此类墓葬中的普遍现象。第四型墓的23座墓中，有11座墓内有白灰③。

再以第五型墓葬（前堂横列墓）为例（原书例十八），横前堂双后室土圹墓，墓1037—建宁三年（170年）："后三室内，保持器形者有匋壶6、匋仓1。后二室内已翻乱，白灰铺满，其中出匋筒杯1、铁刀1、铜刀环1、瓦当及铜钱数枚。墓室正中砖台北侧地下埋匋罐1，罐壁涂粉，上有'建宁三年'等记铭。"从清理第五型墓的葬具，可见"木棺之外普遍采用棺钉及白灰垫棺底，与第四型墓同，此外常用朱砂染天然卵石放于前室四角，用石有大小，每角一至二块不等，疑为镇墓用"④。

————————

① 《洛阳烧沟汉墓》，第63页。
② 《洛阳烧沟汉墓》，第63页。
③ 据《洛阳烧沟汉墓》表与《第四型墓葬形制分述表》。
④ 《洛阳烧沟汉墓》，第81页。

在第五型墓葬中，用白灰垫棺底已经较为普遍，所以在这类13座墓葬中，已有8座使用白灰垫棺底。所以，到了东汉末（第四、五型墓葬），用白灰垫棺底已逐渐普遍使用了。其次，河北燕下都发现的东汉砖券墓亦有用石灰于棺底的，"券墓，有棺椁痕及白灰底"[1]。

根据以上引证的《洛阳烧沟汉墓》一书，有关汉代墓内用白灰（即石灰）有两种情况：一为大多数将白灰放置棺底，再将尸体放在白灰之上；一为个别的以白灰刷墓室，可推知当时将白灰放在棺底，可能是起防潮及避虫的作用。晋葛洪《抱朴子·内篇》说："古大墓中多石灰汁。夏日行人有疮者，见墓中清水，用自洗浴，疮自愈。于是诸病者闻之，悉往洗之。传有饮之以治腹内疾者。"两汉时墓内用石灰，到晋时仍沿用此法，葛洪所记乃汉晋以来墓内以石灰防潮驱虫的实际状况。梁陶弘景《名医别录》说："石灰，生中山，属代郡。今近山生石，青白色，作灶烧尽，以水沃之，即热蒸而解末矣。……古今多以构冢，用捍水而避虫。"《图经》石灰："生中山川谷。今所在近山处皆有，此烧青石为灰也。"石灰，有"风化""水化"两种。从这里可知当时已经"作灶烧尽"，人们已掌握了烧制石灰的技术，并已广泛使用于墓葬之中，以"捍水避虫"也。又《神农本草经》说："石灰……一名希灰，生中山川谷。"《神农本草经》为战国时人根据先秦流传下来的医疗与药物知识而编写成的。《淮南子》已提到神农尝百草，东汉时人已正式提到本草书，今本《神农本草经》乃三国时人辑录而成的。所以，在两汉已知利用石灰来构冢，就是完全可能的了[2]。

东汉时，除了上述用石灰于棺内以避潮湿及虫害之外，还有开始用作墓室的建筑材料，即涂石灰于砖室墓的砖与砖之间，以加固墓室。例如河南洛阳东汉墓："墓的建筑材料，以灰色小砖为主，兼用少量石

①　河北省文物工作队：《1964—1965年燕下都墓葬发掘报告》，《考古》1965年第11期。

②　见《抱朴子》《名医别录》。此系四川大学历史系唐嘉弘同志提供，书此致谢。

料；砖与石间和砖与砖间的接缝，均用石灰涂抹加固。"①又如河北望都出土的一座东汉晚期的砖室墓，即采用灌注石灰浆以加固墓室："墓顶：除中室和后一室的东西耳室及北壁小龛的顶部保存完整外，其他各室顶部均已塌毁。从中室的东耳室已经暴露的顶部断面，及其他各室残存结构观察，知墓的各室顶部均砌作双层圆拱券，全部均用打磨过的扇形砖，以横排并列相错对缝砌法筑起。在双层拱券之间，约有10厘米间距空隙，两侧往下，间距逐渐缩小，下至与墓壁相接处，双层拱券完全贴拢。每层券顶上，均灌注白灰浆，其作用是使券顶结构更加牢固。全部共13个墓室组成，室与室之间均有过道相通。从整个墓室规模看，的确是一座工程浩大的砖室墓。由墓道至北壁小龛全长32.18米，中室及东西耳室通宽13.4米。墓的范围要比第1号墓约大一倍，为河北地区现已发现的汉墓当中规模最大的一座。"②

洛阳东关东汉殉人墓及望都2号汉墓，皆为比较大型的墓葬，因此方采用比较新的建筑技术，用石灰浆以加固墓室。而河北望都汉墓"宝顶与壁抹有一厘米厚白灰"③，以作绘制壁画之用。

汉墓中的壁画亦绘制于墓壁表面石灰层之上。此外，西安地区隋唐墓内壁画及敦煌"莫高窟壁画制作方法和阿旃陀相似。即以黄泥和以麦秸、麻筋敷于壁上，外面涂以石灰。画即施于白灰上"④。在四川万县唐墓的"墓内壁，原抹一层平整石灰泥，上绘彩色壁画，惜大多脱落，仅有几幅尚能依稀识其形体。在内甬道两壁绘有青龙、白虎"⑤。

至于石灰的烧制方法，前面引证《名医别录》仅言"作灶烧尽"。而明宋应星《天工开物》燔石云："凡石灰，经火焚炼为用。成质之后，入水永劫不坏。亿万舟楫，亿万垣墙，空隙防淫，是必由之。

① 余扶危、贺官保：《洛阳东关东汉殉人墓》，《文物》1973年第2期。
② 河北省文物工作队：《望都二号汉墓》，北京：文物出版社，1957年。
③ 姚鉴：《河北望都县汉墓的墓室结构和壁画》，《文物参考资料》1954年第12期。
④ 沈康身：《丝绸之路与石窟艺术》，《百科知识》1980年第6期。
⑤ 《四川万县唐墓》，《考古学报》1980年第4期。

百里内外，土中必生可燔石，石以青色为上，黄白次之。……燔灰火料，煤炭居十九，薪炭居十一。先取煤炭泥和成饼，每煤饼一层，垒石一层，铺薪其底，灼火燔之。最佳者曰矿灰，恶者曰窑滓灰。火力到后，烧酥石性，置于风中，久自吹化成粉。急用者以水沃之，亦自解散。凡灰用以固舟缝，则桐油、鱼油调厚绢、细罗，和油杵千下塞舱；用以砌墙石，则筛去石块，水调粘合；甃墁则乃用油灰；用以垩墙壁，则澄过入纸筋涂墁；用以襄墓及贮水池，则灰一分，入河沙、黄土二分，用糯米粳、羊桃藤汁和匀，轻筑坚固，永不堕坏，名曰三和土。其余造淀造纸，功用难以枚述。凡温、台、闽、广海滨石不堪灰者，则天生蛎毛以代之。"

　　在四川，明代墓葬及城墙已经大量使用石灰作建筑的粘合料，而且作法与《天工开物》中所记的方法相同，石灰中渗"用糯米粳"，所以我们发现明墓及明代城墙所用的石灰中夹有糯米，至今仍清晰可见。我们发掘五代后蜀孟知祥墓（和陵）时，发现墓室的建筑大量使用石灰粘合料，但细审所用的石灰中未夹有糯米粳，所以当时认定它不是明代的遗物。由于四川唐、宋、五代、元等时代的墓葬中，皆未曾发现大量使用石灰来做粘合料的，骤然一看，墓内大量出现用石灰作为建筑墓室的材料，就认为墓是属于明代的。如果我们将石灰的发现及使用的历史加以整理，可知在两汉时已经有用石灰为墓室建筑的材料，以加固墓室建筑，那么几百年后的五代后蜀皇帝孟知祥的"和陵"大量地利用石灰这一建筑材料来加固他的这座规模较大、结构独特的墓室，就不会感觉很突然了。

　　最后，根据近年来考古新发现，"在山西境内，龙山文化中出土石灰也是第一次，这又是一项值得重视的发现。石灰的出土，不仅东下冯一处，相继在山西襄汾陶寺、娄烦石城峁、河南汤阴白营、安阳后岗和永城王油坊等处龙山遗址中均有出土，并发现石灰窑两处，说明当时石灰的烧制和使用已经普遍。过去对龙山'白灰面'究竟是用什么原料做成的，有过讨论。自龙山石灰出土后，'白灰面'又经过炭14测定，证明它确系用石灰涂抹而成的。据目前发现，不仅山西境内，而且在河南白营、后岗、王油坊等处的龙山遗址中的‘白灰面’都是石灰面。同时，也说明至迟在龙山时期已经人工烧制石灰，并把它使用在建筑上，为中国建筑史增添了一项新资料”[1]。由此可见，我国使用石灰的历史，可谓源远流长矣。

本文原载于《成都文物》1984年第3期。

---

[1]　中国社会科学院考古研究所等：《山西夏县东下冯龙山文化遗址》，《考古学报》1983年第1期。

张献忠乱后的四川

张献忠三次入川，所经之地，皆被屠戮。四川全省九府一百廿州县，只有遵义、黎州、武隆等处，幸免于难。广安欧阳直的《欧阳氏遗书》说：

> 大清蜀乱暂定矣！自乙酉（顺治二年，1545）以迄戊子（顺治五年，1648），计九府一百廿州县，惟遵义、黎州、武隆等处，免于屠戮。上南一带，稍存孑遗，余则连城带邑，屠尽杀绝，并无人种，且田地荒废，食尽粮空。未经大剿地方，或有险远山寨，间有逃出三五残黎，初则采芹挖蕨，继则食野草、剥树皮，草本俱尽，而人遇且相食矣。

这段是乱后四川的大概情形，惨痛凄绝，不堪卒读。若是我们再把四川分成川东、川西、川南、川北四部来看，更可以洞悉明末清初四川的实情了，《欧阳氏遗书》说：

> 明宗室朱容藩，自夔东而南上，招安摇黄贼，封争天王袁韬定西伯，行十万呼九思镇西伯，联络王祥、李鹞子、余大海等，恢复重庆。未几，官兵不和，各散去，城无人烟，草本荒塞。

这记的是川东的情形。又娄东沈荀蔚《蜀难叙略》说：

（顺治）十七年庚子（1660）……自逆贼尽屠川西而北也，各州县野无民，城无令，千里无烟者已七八年。

同书又说：

（顺治三年，1646）时（杨）展等闻荣贵将至，议以成都难守，各引兵归。及荣贵至成都，见千里无烟，无所设施，旋亦还龙安。

又说：

时（顺治三年，1646）贼久聚成都，除川西平原皆成空地，其余皆建义旗。

费密《荒书》说：

丙戌（顺治三年，1646）献贼未出成都时，焚蜀王宫室石柱庭栏，大不能毁者，聚火烧裂之，成都一空，悉成焦土而后遁。

这记的是川西的情形。又《南充县志》卷五《舆地志·文林郎王乘六墓志铭》说：

明末流寇肆毒，阖族陷危城，无一脱者。公适先一日赴乡为乳母寿，得匿山谷，茹草食木，以度朝夕。本朝定鼎，寇乱削平，然室庐瓦砾，田园榛莽，孑然一身，重来乡井。

同书《冉平川主事墓志铭》说：

会蜀寇刬平，乡路通。岁庚子（顺治十七年，1600）奉母妇故庐，葬祖母于祖穴之旁。返父枢自石阡，葬祖茔之左，葬伯父城西别阡。两世三丧，宛窆无憾。盖崎岖窜伏于戎马剑戟之场者，几二十年，初不自意其生还，以得有今日也。爰卸寓籍青衫，仍应南充童子试，再拔入泮。时兵燹甫定，白骨撑天，狼籍（藉）道路。君率僮仆为掩胔埋骨之举，不惮勤瘁。乃披荆棘，躬奋筑，构茅舍，逼虎狼而居之。

彭遵泗《蜀碧》卷四说：

曹椿，明末名士也。献逆后，奉永明王命，来宰夹江。其时四野萧条，烟户鲜少。椿至，招流亡，抚余烬；又急收士人，以时训练。

这是记的川南的情形，又李馥荣《滟滪囊》卷三说：

王师入朝天、广元，极目荒郊，尸骸遍野。王问：何惨苦至是？对云：经摇黄蹂躏，献忠屠戮所致。

这是记的川北乱后的情形。从上面的引文看来，乱后的四川，全是一片荒凉的景象，既有一二遗民，也不过苟延残喘于这样凄惨的环境中。而且"大兵之后，必有瘟疫"，四川这次也没有例外，在兵灾之后，又遭受瘟疫的侵害，《叙州府志》卷二十三《祥异》说：

戊子年（顺治五年，1648）大荒，邑中被难者人相食。是年，瘟疫大作，人皆徙散，百里无烟。

这只说叙州府地方瘟疫大作，关于这些瘟疫的严重情况，《蜀碧》卷四说：

　　（顺治五年，1648）其时瘟疫流行：有大头瘟，头发肿赤，大几如斗；有马眼精（睛），双目黄大，森然挺露；有马蹄瘟，自膝至胫，青肿如一，状似马蹄。三病中者不救。

关于马蹄瘟，《滟滪囊》卷三也说：

　　更可异者，足胫生疮瘟，名马蹄。传染流传，百药不效。后遇道人，令患疮者盛小便于木桶，泡之数次即愈，民赖以生全颇众。

瘟疫之外，再加上饥馑，就酿成人相食的惨剧了。《荒书》说：

　　丁亥（顺治四年，1647）正月王应熊为长寿伯，四川大饥，民互相食，盖自甲申（顺治元年，1644）为乱以来，已三年矣！州县民皆杀戮，一二孑遗，亦皆逃窜。而兵皆务战，田失耕种，粮又废弃，故凶饥至此。时米皆土司、雅州，尚有大渡河所越巂卫接济。米一斗银十余两，嘉定州三十两，成都、重庆四五十两，保宁赖大清运陕西之粮，亦有十余两。成都残民，多逃雅州，采野菜而食，亦有流入土司者，死亡满路，尸才出，臀股之肉少顷已为人割去，虽斩之不可止。

当时人食人是常事，因粮食的缺乏，只得食人肉以充饥。最初还是食死尸，后来渐渐食活人的肉了。不但食"路人"的肉，就是父子兄弟夫妇之亲，亦互相贼杀。其食人之法亦有数种名目，《蜀碧卷》四说：

　　顺治五年（1648）蜀大饥，人相食。先是丙戌（顺治三年，

1647)、丁亥（顺治四年，1647）连岁洊饥，至是弥甚，赤地千里。粝米一斗价二十金，荞麦一斗价七八金，久之亦无卖者。蒿芹木叶，取食殆尽。时有裹珍珠二升易一面不得而殂，有持数百金买一饱不得而死，于是人皆相食。道路饥殍，亝取殆尽，无所得，父子兄弟夫妻转相贼杀。其食人之法，亦有如下羹羊、饶把火、和骨烂等名目。

是蜀民之不死于兵者，又死于饥馑及为同类所食。《泸县志》卷第八《杂志附蜀难纪实》说：

> 时（顺治三年，1646）蜀土不耕，已二年余。粮罄竭，民惟食橡谷，采野蕨以充腹，已有人相食者。而诸兲搜劫无已，民不能出而求食。故不死于兵，则死于饥饿。蜀难至斯转剧，民存十不能一矣！

同书卷第五《人物志·忠义》：

> 钟子英，庠生。崇祯末兵燹后，继以饥馑，蜀中人相食。子英叹曰：吾读圣贤书，忍见此世乎！与其妻携三沉于江。（见《胜朝殉节录》）

蜀中因大饥而人相食，这些记载我们现在都不忍读下去，宜乎钟子英不忍见此惨象，遂与妻自沉于江。当时全川是一片荒凉，千里无烟。就在这荒凉的土地上，虎患又发生了。《明史》卷三百九《张献忠传》说：

> 川中自遭献忠乱，列城内杂树成拱，狗豕人肉若猛兽。虎豹啮人，死辄弃去，不尽食也。民逃深山中，草衣木食久，遍体皆生毛。

不仅是虎豹食人，恶犬也能如虎豹般地攫人。《滟滪囊》卷三说：

（顺治五年，1648）自是流寇始不敢窥保宁，其时土寇各据一方，每以强凌弱，互相贼害。寇盗未息，虎豹纵横，三五成群，不分昼夜，或飞腾升屋，或浮水入船，觅人而食。更有恶犬，攫人如虎。总由劫抢后尸骸遍野，远近之犬，百十成群。夜或值之，一犬声吠，众犬皆起。曳踣行人，须臾毙命。食人恶犬，牙挟风毒，中其毒者必死。是以逃荒之人，非多结伴，莫敢往来。然道无人烟，虎豹肆出，父子兄弟，俱不相保。……是时农废耕稼，民用乏食。或以劫夺为活命计，甚且同室之人，亦暗相谋害。荆棘满途，人迹稀罕。往往自引子女于无人之地，谋死密埋，以为轻身无累，便于逃窜。岁愈凶荒，贼掠野无获，捕民而食。最堪怜者，饥疲余民，孤踪潜匿，剐树皮、觅野菜、采蕨根、苟延残喘。而黠贼深夜登高，遥望烟火起处，潜往劫戮，屠以充饥。于是二三遗黎，自计必死，何敢与贼斗力！农必携兵，无贼乃耕，遇贼即战。出入作息，负薪汲水，既防盗贼，又畏虎狼，无时不有死亡之患。至于耕种之际，以人代牛。种麦种豆，艰苦倍常。禾稼将登，饥民窃获以去，又有束手待毙者。米斗万钱，五谷翔踊。以人易粮，不过数升。夫以杀戮频仍，荒疲连岁，昔之城郭宫室，今惟蓬蒿荆棘；昔之衣冠文物，今为虎狼兔所；称沃野千里者，满目荒烟蔓草而已。

这段记载了乱后四川的实况，较《明史》所记，更为鲜明。川中的虎患，几乎遍于全川，今再分别考之。川东的虎患，据《内江县志》卷十二《外纪》说：

杨氏老人，本邑人，未传名字，自言生于万历二十四年（1596）。初随平寇伯曾英营，继出入戎幕，屡濒于危。述乱难事颇详，有为鼓磬泉大史《蜀碧》未及者。……其言饥人相食之惨，虎害之充斥。历历亲睹，令人惊魂骇目。

《欧阳氏遗书》说：

> 蜀中升平时，从无虎患。……内江溃溃，余途次草中，月下见四虎过于前。

《滟滪囊》卷三说：

> （顺治四年，1647）先是流贼以献忠注成都，不敢掠川西。曾英拒大江，不敢过川南。惟川北、川东诸州县恣意去来，山溪寨硐，十存一二。都鄙士兵，千存一二。久之，数百里寂无烟火，燕巢林上，虎入城市，贼掳掠无所得。

这是记的川东、川北的虎患。川西的虎患，也是见于记载的。《蜀难叙略》说：

> （顺治八年，1651）八月……时成都城中绝人迹者十五六年，惟见草本充塞，麋鹿纵横。凡市廛闾巷，官民居址，皆不可复识。诸大吏分处城楼，盖前四镇所茸者也。……城中豹虎熊猵，时猎得之，而故蜀府内二三年后犹然。

又《荒书》说：

> 丁亥（顺治四年，1647）……自（张）得胜死，成都空残，民无主。强者为盗，聚众掠男女为脯，继以大疫，人又死。是后虎出为害，渡水登楼，川县皆虎，凡五六年乃定。

上引两条是叙述川西的虎患。此外川南亦有虎患，而以川东下南一带尤盛。《蜀难叙略》说：

（顺治八年，1651）辛卯春，川南虎豹大为民害，殆无虚日。乃闻川东下南尤盛，自戊子（顺治五年，1648）已然。民数十家聚于高楼，外列大木棚，极其坚厚，而虎亦入之。或自屋岭穿重楼而下，啮人以尽为度，亦不食。若取水则悉众持兵杖，多火鼓而出，然亦终有死者。如某州县民已食尽之报，往往见之。遗民之得免于刀兵饥馑疫疠者，又尽于虎矣！虽营阵中亦不能免其一二。迨甲午（顺治十一年，1654）、乙未（顺治十二年，1655）前后七八年，其势始少衰云。

叙南、泸州亦有虎患。《欧阳氏遗书》说：

蜀中升平时，从无虎患。自献贼起营后三四年间，遍地皆虎。或一二十成群，或七八双同路。逾墙上屋，浮水登船爬楼。此皆古所未闻，人所不信者。……又于叙南舟中，见沙际群虎如牧羊，皆大而且多。过泸州舟中，见岸上虎数十，逍遥江边，鱼贯而行。前一虎浑身纯白，头面长毛，颈上披须，长径尺。大抵蜀人死于贼者十之八，死于饥者十之二，仅存者又死于虎之口，而蜀人几无噍类矣！

最后再看一看川北与川南附近的情形。《保宁府志》卷五十三《杂类志》二余闻引《莼乡赘笔》说（又见《南充县志》卷十六及《四川通志·杂类志·外纪》）：

蜀保宁、顺庆二府多山，遭献贼乱后，烟火萧条。自春徂夏，忽群虎自山中出，约以千计，相率至郭，居人移避，被噬者甚众。县治学宫，俱为虎窟。数百里无人烟，南充县尤甚。

《南充县志》卷一《舆地志·城市》：

　　明末，治城遭献逆之祸，焚毁无遗。城口杂树成拱，野草蔽地。虎豹尽出，阒无居人，康熙初年始渐有人聚处。

又《南充县志》卷七《掌故志·祥异》：

　　（顺治）七年（1650）城内豺狼当道，野兽食人，死者不可胜记。

　　由此知川北与川南附近的虎患也是很厉害的。清大臣的奏本中，对于上述两地的虎患，亦有详细的叙述，今征引全文于下。《明清史料》第六本四川巡抚张璿揭帖（顺治七年五月初四日到）说：

　　巡按四川兼管盐法屯田监察御史，为川民至苦虎伤又惨，谨据实上闻事。窃照川中见有保宁、顺庆二府，山多田少，层峦叠嶂，景面原与别地不同。昔年生齿繁而虎狼息，自遭献逆摇黄大乱，杀人如洗，遍地无烟。幸我大清恢靖三载，查报户口，业已百无二三矣！方图培养生聚，渐望安康。奈频年以来，城市鞠为茂草，村疃尽变丛林。虎种滋生，日肆吞噬。职于去冬按驻保宁，闻知老虎横行，食人至惨。即檄行各驻防将领合力捕拿，以除民害。乃驻防之兵，止堪守汛，虽报捕二十余只，未能直捣虎穴，犹觉虎善窥人，而人莫能避。各属处处告灾，因无名数，不敢率尔入告。续据顺庆府附郭南充县知县黄萝卜申称：本县原报招徕户口人丁五百零六名，虎噬二百二十八名，病死五十五名，见存二百二十三名。新招人丁七十四名，虎噬四十二名，见存三十二名，造册具申到职。职闻之，不胜痛惜。夫南充之民，距府城未远，尚不免于虎毒，而别属其何以堪耶！今职巡历顺庆一带，跋涉于荒山危磴之中，目击虎迹。询之人言，有耕田行路被虎白昼吞食者，有乡居散处被虎黲夜入食者，及各州县城垣倒塌，虎亦有径行阑入者。缘民力衰微，故弱肉强食乃尔！呜呼！今日孑遗，皆仅存皮骨之人也。集城无资生之策，居乡乏保障之谋。方逃于贼刃，而又入于虎口。恨职援手无能，罪庚何辞？恭遇我皇上皇父摄政王，视民如伤，轸念蜀祸至极，赋税无征。然问民疾苦，职之专责，有此奇灾异苦而不一以上闻，职则何敢！一面率属修省，再行督将捕拿外，谨会同抚臣李国英合词具题，伏乞睿鉴。施行如此，除具题外，理合具揭，须至揭帖者。顺治七年三月二十四日监察御史张璿。

这篇奏本叙劫后川南北二府的情形，最为详尽，亦知因此两地多山，故虎患或较他郡为烈。另一四川巡按张所志揭帖，亦言川南北各地的实情，如保宁、顺庆、潼川三地。《明清史料·丙编》第十本四川巡按张所志揭帖（顺治十七年四月初一日到）说：

巡按四川兼管盐法屯田试监察御史，为谨陈川北情形，仰慰睿怀事。……至若剑州、南江、通江，虽系简僻，而哀鸿未集，生聚需期。巴州、梓潼，城郭丘墟，人民远窜。职正在严督有司，多方招集，近亦渐有头绪。就其间而较之，南郡广元首魁川北，此而外俱不堪言矣，此保宁之情形若此也。南部以南，是为顺庆，而顺城之与顺属，其萧条景象，更难言绘。职自去秋放舟南下，一入蓬界，目不忍睹。雉堞金汤，故鞠为茂林丛麓。而乡堡村镇，亦成石田荆棘。职泊舟其地，猿啼虎啸则闻之，而鸡鸣犬吠则未也。及入郡城，遵义之镇兵已去，土著之残民未归，荒凉之状，较之保郡，不啻天渊。岂岂名郡，何残败一至此也。……其外属县为西充、南充，一居据郡之上游，一系水陆之冲要。邮使羽书，往来络绎。供应之烦，莫此为甚。其东则为广安、渠县，界连东达，邻警时闻，户口差愈他邑。而犬多夜吠，残黎之枕尚未高也。营山、仪陇虽稍僻，奈亦城郭倾圮，官居村聚。大竹、邻水久作贼巢，正在开复。岳池户丁无几，已奉旨久并南充。今士民因兼辖不便，纷纷控诉。寥寥户丁，未便擅请设员，当俟殷繁再行另议，此顺庆情形若此也。至如潼川一州，虽隶川北，实邻省会。盐亭、蓬溪粗亦可观，中江凋疲不堪，射洪归并潼川，遂宁归并蓬溪，乐至、安岳虽经开复，奈无一民一户。石田空城，有名无实，久成旷土，此又潼川之情形也。其民风土俗，虽各颇淳朴，奈汤火遗黎，救死之不赡也。川北二府一州，所辖州县二十有七，地方不为不广。自开复至今十有余载，入版图不为不久。而凋疲难起，荒残如故者，总由羽檄交驰，夫役之累，十居八九。所以流移者观望而不归，见在者役重而力竭，此疮痍之所以难起也。

这里叙述川北乱后的情形，至为详尽。我们只见一片荒凉悲惨的景象，田地久已不耕，人民亦未重返故园，所以文中说："猿啼虎啸则闻之，而鸡鸣犬吠则未也。"川北本不富庶，遭此兵祸，故至如此之境地。元气之恢复，不是短时可以奏效的。因此，面对杀戮、瘟疫与虎患三重灾祸的遗民，都逃入山中去避难。《明史》三百九《张献忠传》说：

民逃深山中，草衣木食久，遍体皆生毛。

《蜀碧》卷三说：

叙州有人避贼，逃入深山，草衣木食既久，与麋鹿无异。后见官兵，以为贼复至也。惊走上山，行步如飞，追者莫及，其身皆有毛云。

这些水火遗民，不但是遍体生毛、行步如飞，而且有的已舌硬不能言，隐于树上，颇似猿猴。《汉州志》卷四十《外纪》说：

> 李颠者，凉水井人也。……八大王反时已二十余岁，家中男妇大小百余口，尽为流贼所杀，藏树间。逾年虎豹成群，人不敢近。又数年牛马犬豕均能伤人，饥食草根、鸡头芰等物，渴饮塘水，见贼恶兽，即隐树枝。久之舌硬不能旋转，又久之身轻力健，飞跃自如，不火食已三四十年，但不知今为何世，系何年代。

除去上述的那些遍体生毛的遗民，及身轻能飞、舌硬不能言的孑遗之外，就是些五官残缺、割耳截鼻、刖足剁手的残废人。《欧阳氏遗书》说：

> 自入蚕丛，荆棘塞道，万里烟绝，一望凄凉。茂草荒林，惟有马迹。狐游虎逐，罕见人迹。间存一二遗黎，又皆五官残废、割耳截鼻、刖足剁手，如游异域，忽睹罗刹，形不类人。

清朝恢复全川后，见四川太荒凉了，一二残黎，又皆断手残臂，不能操作，乃招徕移民，以实川土。如以泸县为例，可见当时四川人口的稀少，《泸县志》卷第三《食货志·户口》说：

> 泸户口之数，明以前不详也。旧志载洪武初编户六十七里，以一百十户为一里计之，共七千三百七十户，而口数不载。献贼乱后，人口耗散。顺治十五年（1658）始设州牧，土著居民，渐次复业。外来客户，渐就招徕。旧志载清初编户三里，计户三百余，其萧条可以想见。

泸县在明洪武初时，编户六十七里，而一里约有百十户，乱后的泸县只有编户三里，约三百余户。可知人口只有明洪武初的二十分之一二，四川如此的土旷人稀。清人平定献乱后，乃招徕他省人民以实四川，开辟荒地。《四川通志·食货·田赋上》引李先复疏说：

> 蜀省虽地居天末，素称沃野，经明季流寇屠戮，于是民无孑遗，荒榛满目。仰赖我国家休养三十余年，渐有起色。复遭吴逆煽乱，流毒六载，幸皇上赫然一怒，天戈所指，旋即扑灭。而土广人稀，招徕为急。……巴蜀界连秦楚，地既辽阔。两省失业之民，就近入籍垦田，填实地方，渐增赋税。国计民生，岂不两有攸赖？乃近有楚省宝庆、武冈、沅阳等处人民，或以罪逃，或以欠粮罪比，托民开荒，携家入蜀者，不下数十万。

康熙十年（1671），乃定入蜀开垦，准其入籍之例。《四川通志》说：

> 康熙十年，定各省贫民携带妻子入蜀开垦，准其入籍。

《皇朝文献通考·田赋考二上》说：

> 康熙十年，定四川垦荒升用例。时以川湖总督蔡毓荣言：蜀省有可耕之田，而无耕田之民，敕部议定招民开垦之例，以五年起科。如该省现任文武各官，招徕流民三百以上，安插得所，垦荒成熟者，不论俸满即升。其各省候选州同知州判县丞及举贡监生有力招民者，授以署县职衔，系开垦起科，实授本县知县。

康熙时以招徕人民的多少，为升级授官的标准，招徕人民所垦的荒地，即以些地与之，且准其子弟入籍考试，却不许其往别省或返原籍。《皇朝文献通·考户口考一上》说：

（康熙）二十九年（1690）定入籍四川例。四川省民少而荒地多，嗣后流寓之民，情愿在川省垦荒居住者，将地亩给为永业，即准其子弟入籍考试。如中试之后回原籍并往别省居住者，永行禁止。

移民于荒残的四川，是为了开辟荒地，增加生产。可是经过多年兵祸与残杀后的四川，已没有耕牛，耕种之时，不得不以人代牛。《滟滪囊》卷三说：

（顺治五年，1648）至于耕种之际，以人代牛。种麦种豆，艰苦倍常。

政府于此又不得不给移民以牛种。《皇朝文献通考》卷一《田赋考上》说：

顺治十年（1653）准四川荒地，官给牛种，听兵民开垦，酌量补还价值。《南充县志》卷十六《流离传一》韩公讳国相所著《流离外传》说：越明年，辛卯（顺治八年，1651）上轸念民疾苦，给牛给种以贷之，然后子遗卖刀卖剑，渐有起色。

劫后的四川，经过这样一段悠长的荒凉时期，才慢慢地恢复起来。

1939年4月18日夜于成都

民族考古研究

白石崇拜遗俗考^①

在四川西北的茂汶羌族自治县的早期石棺葬中，曾见有用白石随葬的现象，我们认为这是羌族的白石崇拜遗俗^②。这种白石崇拜遗俗存在于"石棺葬文化"中。创造这一文化的民族，是原居于甘青地区后南下的氐羌民族^③。因此要想进一步了解白石崇拜这一问题，应在源于我国西北甘青高原的氐羌民族文化或与其民族文化有关的其他古代文化中去寻根探源。我们从西北的甘青高原的考古发掘材料中得到启发，为了说明这种拜崇的习俗和证明它来源于西北甘青高原，现把四川茂汶别立早期石棺葬，甘青地区氐羌文化或与氐羌有关的文化的墓葬中所发现的用白石、砾石来随葬的材料列举如下。

四川茂汶地区的别立石棺葬的时代，与汶川、理县的秦汉之际石棺葬，以及宝兴县的两汉时期石棺葬相比较，前者是早于后者的，它的时代当在战国之际。茂汶别立的早期石棺葬中所见用白石随葬和白石置放的位置有三种情况：（1）将白石撒在石棺内人骨架的上半部分；

---

① 本文由沈仲常、黄家祥合著。

② 沈仲常：《从考古资料看羌族的白石崇拜遗俗》，《考古与文物》1982年第6期。

③ 沈仲常、李复华：《关于"石棺葬文化"的几个问题》，《中国考古学会第一次年会论文集》，北京：文物出版社，1979年。

（2）较大的白石放置在人骨头部；（3）小的白石就堆放在人头骨的两侧[1]。这是四川西北属于氐羌的民族的石棺葬中所见的用白石随葬的新的考古资料。在与石棺葬关系密切的同属氐羌文化范畴的卡约文化的墓葬中也有用砾石随葬的情况。

卡约文化是羌人文化，已首先由青海省的考古工作者确定。卡约文化的墓葬虽未见有用白石随葬的情况，可是用卵石、砾石随葬的情况是十分明显的。例如青海循化卡约文化的"阿哈特拉类型"的墓葬"在二层台上放置羊角、卵石和葬品"。另外，笔者于1983年有机会去青海参加一段卡约文化的墓葬发掘，亲眼见到十分明显的用砾石随葬的现象。这处卡约文化的墓地是在青海湟源县境内，位于大华公社大华大队。这个墓地发掘的卡约文化类型的墓葬计110余座，用砾石随葬的墓初步统计有36座。在距该墓地不远的塔湾公社的阿家图大队，笔者与青海考古队的同志一道试掘了属同一文化类型的墓地，清理的12座墓中有3座发现用石头随葬，它们是M5、M10、M12。墓葬中砾石置放的情况是：M5砾石放置在墓口以下接近墓底；M10墓口上有砾石，墓底的4块砾石在人骨架的胸部，很明显是与死者同时下葬的；M12砾石置于墓口处。在大华发掘的有用砾石随葬的36座墓葬中，砾石放置的情况有如下几种：M99的墓口南部接近墓底堆放数块大砾石；M100砾石置放情况有两种，一种是在墓口上有两堆砾石共40块，当中夹杂一些烧骨、灰烬，另一种是在墓坑正中放置一块大砾石；M61有砾石24块，从墓口堆置至墓底；M39只有一块较大的砾石，它放置于墓口之外约1米的地方，其情况较为特殊。它的墓制与M61、M99一样，后两座墓的砾石置放于墓内，而M39可能因有两件牛头占据放置砾石的位置，所以只好将一大砾石放于距墓口不远的地方。这4座墓砾石放置的位置，可以代表大华卡约墓地中有砾石随葬的36座墓葬内砾石放置位置的基本情况。这是卡约文化中用砾石随葬的一处很有代表性的墓地。除此之外，在甘、青地区

---

① 沈仲常：《从考古资料看羌族的白石崇拜遗俗》，《考古与文物》1982年第6期。

与卡约文化有关的一些其他古代文化墓葬中也有用砾石、白石随葬的现象，如寺洼文化、辛店文化、齐家文化，以及半山——马厂文化①。

寺洼文化墓葬用砾石随葬的情况，我们可以从夏鼐先生早年在甘肃临洮寺洼的发掘中得知。夏先生在《临洮寺山发掘记》一文中记载了用砾石随葬的情况，在"第一号、第二号墓葬中，都曾发现大块的砾石。裴文中氏在寺洼山所掘的一墓，在人骨旁边及下面，也有排列的大砾石很多，裴氏以为'或与墓葬有关'。加上我们的两个例子，这些大砾石似乎确实与之有关。但是排列凌乱无次，我们不知道放置这些砾石的意义是什么"②。

在辛店文化墓葬中，我们从青海乐都柳湾原始公社墓地清理的为数不多的辛店文化墓葬中看到编号M837、M1189、M1248三座墓中有用砾石随葬的情况。M837号墓内有较多的砾石，凌乱无次，M1189号墓有3块砾石，M1248号墓内有10块青灰色石头③。

齐家文化的墓葬随葬白石、砾石的现象非常明显，如甘肃永靖大何庄齐家文化遗址，清理的79座墓葬中，有6座（M27、M34、M55、M58、M61、M88）发现有白色石块（片）随葬，M27号放置小石块27块，M34号有小白色石块19块，M55有小石块9块，M61有48块小石，M88有小石16块。这些墓葬中的数目不等的白色小石，大都放在骨架的肱骨或盆骨旁，M58发现的二石片涂红色，放在骨架背部的下面。另外还发现"石圆圈"5处，在它的附近分布有许多墓葬。圆圈的旁边有卜骨或牛、羊的骨架④。在甘肃永靖秦魏家齐家文化葬地清理的114座墓葬中，M13有小石8块，M19有小石35块，M23有小石40块，M27有小石块12块，M40有小石36块，M42有小石18块，M50有小石62块，M52有小

①　《兰州土谷台半山——马厂文化墓地》，《考古学报》1983年第2期。
②　夏鼐：《考古学论文集》，北京：科学出版社，1961年。
③　材料由青海文物考古队尚民杰同志见告，书此致谢。
④　中国科学院考古研究所甘肃队：《甘肃永靖大何庄遗址发掘报告》，《考古学报》1974年第2期。

石4块，M56有小石13块，M131有小石9块，M138有小石35块。这19座墓随葬的砾石或小白色石块在墓中放置的位置不是一致的。例如M19号墓中的35块白色小石放于盆骨旁，M56号墓中的13块白色小石放于右手旁，M32号墓无其他随葬品，只在头部附近放有5块小石，M60号墓的5块大石块分别压于骨架的头部和腹部，M42号墓的18块白色小石置放在肱骨和尺骨旁①。另外青海柳湾原始公社墓地的齐家文化墓中也有数十座墓的石室放置有砾石。砾石放置的位置、数量也是不相同和不相等的。譬如M1168号墓，棺的档头有2块砾石，底放一石头，M875号墓的棺南放有2块石头，M877号墓的封门处放有2块石头②。

半山——马厂文化的墓葬也有用砾石或小白石随葬的情况。例如在近几年青海民和新民发掘的130余座马厂早期的墓葬中③，有的墓葬在墓口处堆放砾石，有的在骨架脚的部位置放砾石，还有的在墓坑中放一二块砾石。总之，在这处墓地的墓葬中，随葬石头也是较为普遍的现象，这种情况在整个发掘的墓葬中占有一定的数量④。另外柳湾原始公社墓地的半山、马厂类型的墓葬中也有用砾石、小白石随葬的。在属半山类型的编号为413、470、496、497、624等号的6座墓中，均随葬有石头1块。属马厂类型的第1269号墓中，在头骨、脚下及棺外有白石头，第1168号墓棺外放7块石头，第228号墓中出土的陶罐内也放有2块石头⑤。这里仅举的是少数几座半山——马厂文化的墓葬随葬石头的情况。

上面列举的寺洼、卡约、辛店、齐家诸文化和半山——马厂文化的墓葬皆有用白石或砾石随葬的情况，这一系列的考古材料说明四川茂汶

---

① 中国科学院考古研究所甘肃队：《甘肃永靖秦魏家齐家文化墓地》，《考古学报》1975年第2期。

② 材料由青海文物考古队尚民杰同志见告，书此致谢。

③ 卢耀光：《略谈我队一九八〇年田野考古的重要收获》，《青海考古学会会刊》1981年第2期。

④ 曾经参加过该工地发掘的青海文物考古队的贾鸿健同志见告，书此致谢。

⑤ 材料由青海文物考古队尚民杰同志见告，书此致谢。

别立战国早期的石棺葬中随葬白石和对白石崇拜的习俗源于西北甘青高原氐羌民族文化的观点，是可以使人信服的。卡约文化无疑是羌人的文化，而寺洼、辛店和齐家文化均与卡约文化有所联系，半山——马厂文化是氐羌先民的文化[①]。因此，白石崇拜的遗谷，很可能就是从半山——马厂文化的墓葬中随葬砾石、白石的习俗逐渐发展来的。由于白石或砾石常常在上述诸类型文化的墓葬中交错出现，早期的马厂、齐家文化的墓葬中已经有用白石随葬的现象，但时代稍晚的卡约、辛店、寺洼又常用砾石随葬，到战国时代的四川茂汶别立石棺葬中又出现用白石随葬的现象，即"白石崇拜"。这种崇拜现象，可能只是其中的一个阶段。看来羌族不仅仅是对白石产生崇拜，而应是对包括白石、砾石在内的一种崇拜石头的习俗。这种对石头崇拜的习俗，源于、并长期存在于我国新石器时代的原始社会中，当然处于原始社会晚期阶段的半山——马厂文化的墓葬并不是时代最早的随葬砾石、白石的墓。我们认为这个时期的墓葬中随葬石头的现象逐渐增多，到了齐家文化时期，随葬砾石、白石的情况就较为明显了。那么比半山——马厂文化墓葬随葬石头的时代更早的墓葬又在何处呢？从目前的考古资料看，元君庙仰韶墓地第457号墓的西南角堆放着许多砾石，与该墓相似的453、458号墓也有这种堆放砾石的现象[②]，这可能是迄今所见的考古材料中时代最早的用砾石随葬的情况。我们认为，它很可能就是处于新石器时代原始社会的人们对石头崇拜的萌芽，发展到后来在西北的石器时代晚期的墓葬中，随葬石头的现象逐渐增多，以至延续到战国时期的石棺葬中也能见到其习俗。西北氐羌先民接受了对石头崇拜的习俗，他们的后裔羌人沿袭并使之成为固定习俗。我们有理由"认为齐家墓葬□随葬小白石子如果不是为了避除不祥的话，那么它可能是作为战胜敌人的神器随葬的，这可以从小孩墓不见伴葬的白石子的现象得到启发。这就是说，古羌人的白

---

① 《兰州土谷台半山——马厂文化墓地》，《考古学报》1983年第2期。
② 《元君庙仰韶墓地》，北京：文物出版社，1983年。

石崇拜至迟在齐家文化时期就已经形成了"①。换句话说，对石头的崇拜在齐家文化以前就已经出现，前面述及半山——马厂文化的墓葬中随葬有砾石、小白石的现象恰是一个很好的证据。羌人对石头的崇拜可上追到新石器时代晚期的半山——马厂文化，当这种对石头的崇拜成为羌人固定的宗教习俗后，在进入青铜器时代的卡约、石棺葬文化中就保存下来，以后便留下很多与石头崇拜有关的民间传说。例如羌人奉白石为最高的天神："羌民除以太阳神为主外，还崇拜天神、火神、羊等数十种神灵，所有的神皆以白石为代表，人们把石头供在山上、地里、屋顶和庙中。以屋顶白石为天神，是万物的主宰。传说身带白石可以减轻重负，巫师要在白石石神前举行驱邪与祝殖仪式"。藏族的支系甲绒也奉白石为神，在居址四角、窗门壁上无不供以白石。西康"番人"屋顶有直立杉木条，下置白石，视为家神；"番地"沿途都有"麻呢堆"，凡高山脊顶必见，此为尊贵的山神，行人至此必致敬意，一般要拾白石投于堆上，并连呼"谢神灵保佑"②。说明除羌人崇拜白石之外，藏族、"番人"中也有崇拜白石的习俗。另外还有一些民族也有崇拜石头的习俗。例如"四川甘洛县和越西县居住着一种耳苏人，自称'布尔友'，意为白石。传说在东海有一块巨大的白色石头，耳苏人就是从白石里出来的。他们用白石刀杀羊，因此，每家都在神龛上供一块白石。""贵州省三都县的水族遇到妇女不育，也入山林祭石。这种灵石崇拜十分古老。"③世界其他地区的材料中，也有一些民族曾有崇拜石头的习俗。譬如"在澳洲中部，扁平木头或石头代表一个男人或女人的灵魂，在出生以后就立即准备好。每个土著居民都有这种'灵魂木'或'灵魂石'，称为'哲仑加'。虽然死者灵魂回到另外地方去了，'哲仑加'

① 张广立等：《黄河中上游地区出土的史前人形彩绘与陶塑初释》，《考古与文物》1983年第3期。
② 张广立等：《黄河中上游地区出土的史前人形彩绘与陶塑初释》，《考古与文物》1983年第3期。
③ 宋兆麟等：《中国原始社会史》，北京：文物出版社，1983年。

仍保持灵魂的某些内容。因此之故，活人搜集从祖先直至新近死的人的'哲仑加'，看着神圣的财富。这些祖先的灵魂石，全部搜集起来，藏在部落区域之内，为了举行神圣仪式时使用"[1]。考古发掘中发现的用石头随葬的古代墓葬可为佐证。这些民族中所见的对石头崇拜的材料，又可反过来证明古代墓葬中随葬石头的习俗，应解释为对石头的崇拜是可以令人相信的了。如果认为卡约文化的墓葬随葬的石头完全是用作祭祀或作为标志的话，那是不全面的。为什么这样讲呢？卡约文化的墓葬中有的墓葬随葬的石头显然是与死者同时入葬的。例如前面提到的湟源塔湾公社阿家图卡约墓葬第10号就是如此，湟源大华卡约墓葬第104、61、32、99、100号正中一大砾石等。这些墓葬随墓的石头一般置放于墓底，如果作为标志来解释，是说不通的。用石头祭祀的话，皆与灰烬、木炭、烧骨一类的东西在一起出现。例如第4号、第100号等墓口上面的石头、灰烬、木炭烧骨皆出自一起。甘肃永靖大何庄齐家文化遗址发现5处"石圆圈"与湟源大华卡约墓地所发现的一处砾石堆，其作用和所包含的意义，显然是相同的。在"石圆圈"周围发现有卜骨或牛、羊骨架，在卡约墓地发现一处砾石堆中夹杂有砸碎的动物骨骼和烧骨等，其中有一件特大砾石做墩，周围散布着大小不等的砾石，这些砾石就是砸碎动物骨骼的工具。所以，这两处遗迹，估计是当时举行祭祀或其他宗教仪式的场所。总之，卡约文化墓葬中随葬的砾石，应是羌人对石头的崇拜而置放于墓葬之中的，不可能是专门用来作标志的。这种石头崇拜在它们的发展过程中，除去宗教和巫术的意义之外，可能附带的寓有纪念性和标志的意思。

综上所述，我们可以看出石棺葬文化中的白石崇拜习俗，显然是来源于甘青地区。临洮寺洼墓葬随葬的砾石，卡约、辛店文化墓葬中随葬的砾石，齐家文化墓葬中随葬的白石，半山——马厂文化墓葬随葬的白石、砾石，以及元君仰韶文化墓葬随葬的砾石，这一系列的考古资料

---

① ［德］利普斯著：《事物的起源》，汪宁生译，成都：四川民族出版社，1982年。

表明，石头崇拜的习俗源远流长。考古材料与民族学资料的互相参证，也为说明石头崇拜是存在于我国古代羌族和其他一些民族中的一种习俗增加了说服力。

本文原载于《文博》1985年第5期。

关于"石棺葬文化"的几个问题①

1938年，冯汉骥教授曾去川西羌族聚居区做民族及考古调查，于汶川县发现并清理了石棺残墓一座，其清理简报《岷江上游的石棺葬文化》已于1951年在成都《工商导报》的副刊《学林》上发表。

1949年后，在茂汶、宝兴、石棉、巴塘等县，陆续发现了"石棺葬文化"的墓葬，主要的有：1964年四川大学历史系在调查茂、汶、理地区中，清理石棺墓二十八座②；1978年宝兴县清理石棺墓七座③；1978年四川省博物馆在茂汶县城关发掘石棺墓四十八座，在甘孜藏族自治州清理九座④；1979年茂汶县文化馆清理石棺墓十座⑤。

一、墓制

我们认为，"石棺葬文化"这一命名并不完全确切，不能概括这一文化遗存的内涵，目前暂且沿用旧名。统称为"石棺葬文化"的墓

① 本文由沈仲常、李复华合著。
② 冯汉骥、童恩正：《岷江上游的石棺葬》，《考古学报》1973年第2期。
③ 宝兴县文化馆：《四川宝兴县出土的西汉铜器》，《考古》1978年第2期；宝兴县文化馆：《四川宝兴县汉代石板墓简报》（待刊）。
④ 甘孜考古队：《记四川省甘孜藏族自治州的古葬墓》，四川大学历史系科学讨论会论文（油印本）。
⑤ 茂汶羌族自治县文化馆：《1919年茂汶营盘山石板葬清理报告》（待刊）。

葬，就其形制和结构可分为石棺墓和土坑墓两类。

（一）石棺墓

棺室全用石板构成，石棺头大足小，一般两侧用两三块石板，头足各用一块石板。从茂汶发掘的资料得知[①]，有的石棺墓的结构比较规整，如果两侧各用三块比较规整的石板砌成，中间的一块石板则是紧贴在前后两块石板之外。这类石棺墓的棺盖亦很整齐，用四到六块石板不等。棺底一般无底板，但个别地区有的也有底板，如宝兴县五凤公社的三座[②]，凉山彝族自治州木里县雅砻江两岸台地上有的石棺墓[③]，都是用石板作底的。此外，有的是两墓共用一隔墙，且有窗格相通[④]。茂汶的几座石棺墓，棺盖仍用石板，而四壁用石块砌成；墓室砌成之后，再在墓内用石块作隔墙，将这墓分为两室。这类双室墓，可能是夫妇合葬墓。茂汶县有的石棺另有头箱，有的头箱还分两层[⑤]，用以放置随葬品。不过，有的墓虽有头箱，但随葬品并不放于其中，而仍放在棺内。还有的地区，用大小不同的石块垒砌成长方形墓室，石块之间不用泥浆抹缝，石棺底生土之上先铺一层细砾石，上面再铺一层白沙[⑥]，或是在石棺墓底的生黄土上铺一层灰色土。

宝兴县有座石棺墓，其墓室除用石板砌筑外，还用一块东汉几何形花砖作墓门，这是比较特殊的情况。

（二）土坑墓

近年来，在宝兴、石棉等县皆发现了"石棺葬文化"的土坑墓。

---

① 四川省博物馆发掘资料。
② 这条材料系宝兴县文化馆杨文成同志转告，书此致谢。
③ 这条材料系凉山彝族自治州博物馆黄承宗同志见告，书此致谢。
④ 冯汉骥、童恩正：《岷江上游的石棺葬》，《考古学报》1973年第2期。
⑤ 茂汶羌族自治县文化馆：《1919年茂汶营盘山石板清理报告》。
⑥ 冯汉骥、童恩正：《岷江上游的石棺葬》，《考古学报》1973年第2期。

宝兴县的土坑墓属于西汉时代，可能为古青衣羌人的墓葬[①]。此外，1978年甘孜考古队在巴塘扎金顶也清理了八座长方形土坑墓。

在巴塘扎金顶及宝兴县境内，皆是石棺墓与土坑墓共存的，这两类墓葬所出土的器物也相同。如此看来，这一民族的葬制是随地区的不同而略有差异，即使在同一地区，其墓制也不完全一致，这可能与墓主属于不同的部落分支有关。

云南迪庆藏族自治州德钦县，同样也发现这类文化的遗址和墓葬。与德钦县仅有一江之隔的即为四川得荣县。这一文化能在云南发现，并非偶然[②]。据已发表的材料，"德钦、永芝地区的石棺墓砌造简陋，似无顶盖石板，墓室内填土和一般竖穴墓接近。除石棺墓外，还有少量竖穴土坑墓"[③]。

二、葬式

从冯汉骥等《岷江上游的石棺葬》[④]一文得知，石棺葬的葬式有仰身直肢葬、二次葬和火葬三种，以仰身直肢葬为主。该文的《墓葬登记表》列墓葬二十九座，其中仰身直肢葬十三座，二次葬七座，火葬二座，不明葬式七座。宝兴县的七座石板墓，可辨葬式的是仰身直肢葬、屈肢葬各一座[⑤]。巴塘扎金顶的九座墓葬中，仰身直肢葬二座，屈肢葬四座，葬式不明者三座。茂汶县有四十八座石棺墓，其葬式有仰身直肢

---

① 宝兴县文化馆：《四川宝兴县出土的西汉铜器》，《考古》1978年第2期；宝兴县文化馆：《四川宝兴县汉代石板墓简报》。
② 云南省文物考古队：《云南德钦永芝发现的古墓葬》，《考古》1975年第4期。
③ 云南省文物考古队：《云南德钦永芝发现的古墓葬》，《考古》1975年第4期。
④ 冯汉骥、童恩正：《岷江上游的石棺葬》，《考古学报》1973年第2期。
⑤ 宝兴县文化馆：《四川宝兴县出土的西汉铜器》，《考古》1978年第2期；宝兴县文化馆：《四川宝兴县汉代石板墓简报》。

葬、屈肢葬及二次葬三种①。综上所述,可知共有四种葬式,即仰身直肢葬、屈肢葬、二次葬及火葬,其中仅在一处发现火葬墓二座。

夏鼐先生的《临洮寺洼山发掘记》一文关于寺洼期葬俗的论述,对我们认识"石棺葬文化"的来源及石棺墓的族属问题,有极大的启发。临洮寺洼的墓葬有火葬、平放仰卧和乱骨一堆三种葬式。这与四川地区"石棺葬文化"中仰身直肢、二次葬(可能即是寺洼葬俗中的乱骨一堆)和火葬等葬式,几乎完全相同。夏先生说:"洮河流域在古代适在氐羌的区域中,并且由文献方面我们知道由春秋直至唐代,氐羌中有些部落确曾行过火葬制的,这次火葬制遗迹发现,增强了寺洼文化和氐羌民族的关系。"可见氐羌民族的火葬制和全尸土葬制是同时并存的,可能仅是部落中一部分人实行火葬。

目前,在讨论"石棺葬文化"的族属问题时,有的往往认定氐羌民族只实行火葬,而把实行土葬的石棺墓认定为不是氐羌人的墓葬。古代氐羌民族的葬俗既然有上述的三四种不同葬式,而在古代汉族又何以特别注意其中的一种葬式——火葬呢?《荀子·大略篇》:"氐羌之虏也,不忧其系累也,而忧其不焚也。"这正如夏鼐先生所论断的:"因为纵使是两三种葬法同时存在,但是由视火葬为大谬的汉人的眼光看起来,自然特别注意火葬制。"于是乎就不论这一民族流行几种不同的葬式,单单注意其中的火葬,而忽略了其他几种葬式。因此,现在我们就不应该再继续持有古代汉人的偏见,不能认为火葬墓以外的墓葬一概是非氐羌人之墓了。

三、出土遗物的比较

"石棺葬文化"的随葬陶器,以双耳罐较为普遍,是这类墓葬

---

① 此项茂汶县的发掘材料,系我馆参加发掘者范桂杰、胡昌玉等同志及茂汶县文化馆蒋宣忠同志见告,特此致谢。

中期阶段（相当于西汉）比较典型的遗物。它以细泥黑陶为最多，也有细泥灰陶及红陶。器表打磨光滑，轮制，火候较高。纹饰上，有的腹部为半月形印纹，有的腹部为两圈带形旋纹，有的颈部为一圈网状划纹，或者

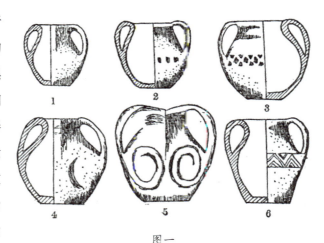

图一

1—3.陶双耳罐Ⅰ式（M107:1、M3:1、M102:1）

4—5.陶双耳罐Ⅲ式（M11:1、M102:1）

6.陶双耳罐Ⅱ式（M2:1）

在颈部作一圈极细的垂直划纹等。还有的器耳上有一至三个圆形凹窝作装饰（图一）。木里石棺墓出土的双耳罐，罐上有乳钉，钉上似有铜饰品，出土时已脱落①。这种陶器上的镶嵌工艺，亦来源于西北甘青新石器时代晚期文化。除双耳陶罐外，四川省博物馆陈列中有铜双耳罐一件，器腹上亦有双涡纹，且较陶双耳罐略大，据调查此器原亦出土于茂汶石棺墓。至于早期（相当于战国）的石棺墓中，则仅出土旋涡纹的陶罐，无双耳，器腹上附加三个乳钉形饰②。

云南德钦县石棺墓的出土遗物有铜剑和陶罐。其铜剑（Ⅰ式），剑身中部起脊，剑格处呈隆起之三叉形，在柄部饰有螺旋形凸纹。永芝所出螺旋凸纹柄铜剑（图二），在柄部饰有螺旋形凸纹。永芝所出螺旋凸纹柄铜剑（图二），在滇西地区亦发现较多，如祥云大波那、大理县洱海东岸，以及宁蒗、楚雄、禄丰等地均有出土③。可见这一文化在云南分布的范围是很大的。这类剑的式样，与川西阿坝藏族羌族自治州的茂

① 这条材料系凉山彝族自治州博物馆黄承宗同志见告，书此致谢。

② 茂汶羌族自治县文化馆：《1919年茂汶营盘山石板葬清理报告》。

③ 大理文化馆：《云南大理收集到一批汉代铜器》，《考古》1964年第4期。

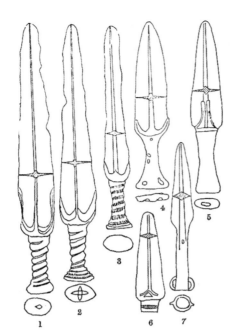

图二 云南德钦、永芝出土的铜剑

汶、汶川等地及雅安专区宝兴县西汉土坑墓、石棺墓出土的铜剑是相同的。唯云南德钦、永芝的铜剑，除M2：7一件为发掘出土的外，其余皆为收集品。宝兴县西汉石棺墓出土的铜短剑，剑把略为弯曲，有的剑格为三叉形，有的饰有三角形图案，这可能是由于地区不同而产生的较小差异，他们为同一文化类型的遗物，则是可以肯定的。

在云南出土的陶器中，有单耳罐、三耳罐、单耳带流罐、无耳罐等，而无这类文化中期典型的陶双耳罐，但这也不过是略有差异而已（图三）。陶器均为夹砂灰陶，手制，一般体形小，多有附耳。它们与茂汶、汶川等地的双耳罐等陶器的主要不同之处，在于陶器的底及耳等部位无汉字刻划纹的出现。出土物的风格及陶器上不带有文字的情况，说明

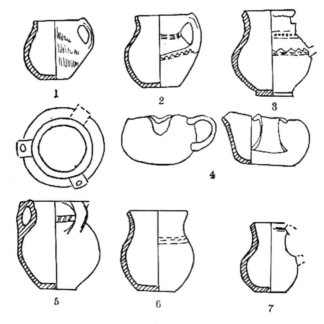

图三 云南德钦、永芝出土的陶器
1-3、7.单耳罐（017、014、M2:4、M2：5）
4.带流罐（016）5.三耳罐（015）6.无耳罐（019）

这类文化或由于其距离汉区较远，以致受汉文化的影响也少了。

茂汶县发掘的石棺墓四十八座，墓坑排列有序，方向大体一致，一般男、女墓的区别是，男的随葬品多为剑、盾，女的随葬品多为贝、蚌饰品及纺轮等。出土的陶器以双耳罐较为普遍，还有单耳罐、三耳罐、豆、小颈壶、纺轮等。陶器上有的有"东""上"等汉字。《后汉书·南蛮西南夷列传·冉駹传》："冉、駹夷者，武帝所开。……其山有六夷、七羌、九氐，各有部落。其王侯颇知文书，而法严重。"由此可知，冉、駹部落可能汉化较深，故"其王侯颇知文书"。结合这地区石棺墓中出土的陶器上常带有文字的情况看来，可以认为这是冉、駹部落中上层人物汉化的证据之一。

这类墓葬出土的典型器物剑可分为两类：一类是铜柄铁剑，出土时铁剑身多腐蚀，剑首作半月形，柄部铸有螺旋形纹。这类剑在茂汶、汶川、木里及理县等地的石棺墓中常有出土；第二类铜剑，一般通长38.5厘米，柄长7—8厘米，宽4.5—5厘米，其特征是剑身中部起脊，剑格呈隆起的三叉形，在柄部饰以螺旋纹凸纹。此式铜剑，在四川茂汶、宝兴、石棉等县以及云南德饮、永芝、

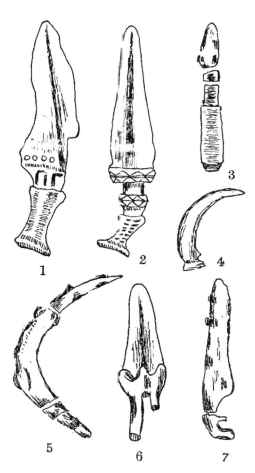

图四 四川宝兴县汉代石棺墓出土器物

1.弯柄铜剑（M2） 2.鱼尾形柄铜剑（M2）
3.铁刀（M7） 4.牙器（M1） 5.铁镰（M7）
6.三叉铜柄短剑（M5） 7.铁刀（M8）

大理①等县也有发现，说明这类文化已越过金沙江而到达云南省境，在云南的滇西等地发现较多，更证明了氐、羌民族是由西北向西南迁徙的。在宝兴县，除在西汉土坑墓中出土螺旋纹柄铜剑之外，还在西汉石棺墓中出土直柄短剑和弯柄铜短剑，一般长31厘米，这种短剑有的无剑格，有的剑身后部饰有三角形图案（图四）。直柄短铜剑也在云南德钦同类古墓葬中发现。此外，在茂汶与宝兴两地的石棺墓中，还各出土了一柄三叉形剑格的短铜剑，其铸造方法、剑式等特征完全相同，可知两地文化相关联的具体情况。

川西的茂汶、汶川、理县等县的墓葬中，常有钱币出土，如半两、五铢等。但在宝兴、木里、甘孜以及云南德钦等地的墓葬中，皆未发现过钱币。这是否与汉化程度有关?这是值得研究的问题。而在宝兴的石棺墓中出土的弯柄铜剑，短柄剑中的〔Ⅰ〕式和〔Ⅱ〕式，以及铁镰、骨锥等（图四），又是茂汶石棺墓中未曾出土过的。再者，宝兴县石棺墓中无陶器随葬，这也可能是属于地区的差异。

四、族属

四川地区的"石棺葬文化"，肯定是少数民族的文化。但它究竟是属于古代哪个少数民族，则有"戈基人"②、青衣羌③，以及白狼、槃木、楼薄等说法④。我们拟对此提出一点不成熟的意见。

首先说岷江上游"石棺葬文化"的族属问题。岷江上游石棺葬分布的地区，在秦汉时期属于西南夷中冉、駹等人的聚居地。《史记·西

---

① 参见《云南大理收集到一批汉代铜器》一文（图二：1、3，图三：1—5、7）。

② 冯汉骥、童恩正：《岷江上游的石棺葬》，《考古学报》1973年第2期。

③ 宝兴县文化馆：《四川宝兴县出土的西汉铜器》，《考古》1978年第2期；宝兴县文化馆：《四川宝兴县汉代石板墓简报》（待刊）。

④ 甘孜考古队：《记四川省甘孜藏族自治州的古葬墓》，四川大学历史系科学讨论会论文（油印本）。

南夷列传》云："自筰以东北，君长以什数，冉、駹最大，其俗或土著，或移徙，在蜀之西。"（《汉书》同）《正义》引《括地志》亦云："蜀西徼外羌，茂州、冉州本冉駹国地也。"《会证》丁谦曰："冉、駹，汉为汶山县，今曰茂州。"当时冉、駹是这个地区许多部落中两个最大的部落。所以《后汉书·南蛮西南夷列传》说："其山有六夷、七羌、九氐，各有部落。"《华阳国志·蜀志》亦记汶山郡"有六夷、羌胡、羌虏、白兰峒九种之戎"。又《史记·将相名臣表》孝惠帝三年（前192年）云："蜀湔氐反，击之。"按西汉湔氐道，即今松潘县地区，当时系氐人聚居之地。三国时期，姜维、马忠和张嶷等均讨伐过汶山郡叛羌。故《元和志》说："本徼外羌，冉、駹之别种也。初蜀将姜维、马忠等北讨汶山叛羌，此其地也。"这样，不难看出，冉、駹地区自秦直到三国时期，始终居住着以冉、駹为首的许多属于氐羌族支系的大小部落。至于茂汶县营盘山十座石棺葬的族属问题，因为它是四川境内年代最早的一批石棺葬，故应是早于冉、駹的氐羌人文化。另外，茂汶县城区石棺葬的各类墓葬，均出土有羊骨，这也许就是羌人为牧羊人的证明。因此，我们认为岷江上游自战国末年至西汉"石棺葬文化"的族属，可能即是包括冉、駹人在内的羌人文化。

其次，谈谈青衣江上游宝兴县"石棺葬文化"的族属问题。青衣江早在秦以前即有其名[①]，后来又称羌江、雅江。至于发现"石棺葬文化"的宝兴县，系1930年新置的，其地当在汉青衣县。青衣县是汉高后六年（前182年）所开[②]，辖地大约在今雅安、芦山、名山、宝兴等县地区，旧城在雅安县北。这些地区早在秦以前便是氐羌人居住地之一，故有蜀保子"帝攻青衣"[③]之说。文中的"青衣"，当指汉以来的

---

① 《竹书纪年》。
② 《华阳国志·蜀志》。
③ 《华阳国志·蜀志》。

"青羌"①和"青氐"②，是青衣羌在这里所建的一个部落，故《水经注·青衣水》说青衣县是"故青衣羌国也"。这个青衣人的部落，在东汉安帝年间即已"内属"③"归义"④，说明这时的青衣人已接受了较多汉文化，这可从考古发现上得到证明。因此，宝兴县"石棺葬文化"属于青衣人之说是正确的。

再次，关于甘孜藏族自治州、雅安专区石棉县，以及凉山彝族自治州盐源县和木里藏族自治县等地"石棺藏文化"的族属问题。《史记·西南夷列传》和《汉书·西南夷两粤朝鲜传》均说："自巂以东北，君长以什数，徙、筰都最大。"徙和筰都，是西汉时期西南夷中两个比较大的部落。当时置有徙县，《一统志》说故城在今天全县东，其地可能即在天全以西包括甘孜州的一大片地区。筰都，因秦灭楚后，徙严王之族以实其地，故又称严道。《方舆纪要》说是今雅安、荥经、汉源三县地，庆县在今荥经县。王先谦《汉书补注》称故城在今雅州府清溪县东南，而徙和严道两县在西汉初年均属蜀郡，至武帝元鼎六年以筰都为沈犁郡，亦领此两县。又《华阳国志·蜀志》载武帝"天汉四年罢沈犁，置两部都尉：一治旄牛，主徼外羌（《后汉书》"羌"作"夷"）；一治青衣，主汉民"。徙人聚居生息的地区当为徙县，即可能在天全以西至甘孜州的雅江、巴塘等县一带，这一带均系"旄牛徼外"的范围。因此，在甘孜州，西汉时期的"石棺葬文化"可能是属于"徼外羌"的徙人。东汉以后，他们便有了《后汉书》上所说的白狼、槃木、唐丛、楼薄等部落名称，有了以他们为首的百多个部落，并先后"举种奉贡，称为臣仆"。至于筰人的聚居地，大约在今雅安专区的荥经、汉源、石棉，也可能远及凉山州的木里、盐源县等地区。筰人应属于何族呢?《括地志》云："筰州，本西蜀徼外，曰猫羌。"王先谦

---

① 四川芦山县《东汉樊敏碑》。

② 《三国志·魏志》注引《魏略》。

③ 《后汉书·安帝纪》。

④ 《东观汉记》。

《后汉书·集解》亦云："《唐书》黎、邛二州之……西有三王蛮、筰都夷、白马氐之遗种。"故筰夷应属于"蜀郡徼外"西南夷中的氐羌种。因此，雅安地区的石棉和凉山州的木里、盐源等县的"石棺葬文化"，可能是属于氐羌族的筰都夷。

从上面初步的论证来看，四川省境内的"石棺葬文化"虽然发现于不同地区，并有不同的名称，但是它的族属，总的说来都可能是属于氐羌人，而不是其他民族。

五、文化的来源和南下路线

四川"石棺葬文化"的来源和南下路线，虽已有文章论及[1]，但仍有必要再结合有关文献谈谈我们的意见。《后汉书·西羌传》云："至（羌无弋）爰剑曾孙忍时，秦献公初立，……忍季父卬畏秦之威，将其种人附落而南，出赐支河曲西数千里，与众羌绝远，不复交通。其后子孙分别各自为种，任随所之，或为牦牛种，越巂羌是也；或为白马种，广汉羌是也；或为参狼种，武都羌是也。忍及弟舞独留湟中。"这段记载说明，羌无弋爰剑后裔之一卬，率领种人离开湟中地区（今青海东部）南下和西进，他们"分别各自为种，任随所之"。其中南下的部分，便是后来西南夷中分布较广、支系复杂、名称甚多的民族。他们南下相对定居后，便会自然地与当地土著文化相融合，并接受了一定的汉文化，从而形成四川省各地"石棺葬文化"大同小异的情况。以湟中地区的卡约文化与"石棺葬文化"稍加对比，可发现它们间存在先后承袭关系。如卡约文化的骨管、铜管、铜泡和常见的双耳陶罐等，与"石棺葬文化"的同类器物相似。因此，我们认为"石棺葬文化"系来源于北方的羌人文化。

至于南下的路线，从文献记载与考古发现来看，可能是由青海的

---

[1]　冯汉骥、童恩正：《岷江上游的石棺葬》，《考古学报》1973年第2期。

东南和甘肃的西南地区出发，经武都到四川的平武和松潘，沿岷江而下直到绵虒，然后溯支流杂谷脑河而上，越雪山南至青衣江流域的宝兴和甘孜州的诸多地区，并经巴塘而远到西藏的茫康和兰觉。另外，又南达雅安的石棉、汉源和凉山州的木里、盐源等一带地区，进而南入滇境，成为云南的外来文化之一。

六、年代推测

关于"石棺葬文化"的年代问题，我们结合近年出土文物的情况，试作推测于后。

茂汶地区：据有关同志介绍，营盘山的石棺墓中出有石器、铸造较为原始的铜短剑以及具有双耳旋涡纹三乳钉的陶罐，未见货币。就此情况而论，其年代可能在秦灭巴蜀（前316年）以前。至于茂汶城区的石棺墓，可分为三类。第一类墓的石棺较小，遗物不多，其中以陶器为主，铜剑仅三件，无铁器和货币。但由于缺乏断代明确的遗物，现在尚难推测其较为确切的时代。目前我们认为，它的上限也许能到战国末年或秦，下限则在秦汉之际。第二类墓，仅就其最能说明年代的各种半两钱来看有秦、八铢和榆荚等三种半两分别单出的墓，有秦和八铢、八铢和四铢、榆荚和四铢等三种半两混出的墓。因此，我们认为这类墓的年代也应略有早晚之别，即应按不同半两的铸行年代先后，来区分各墓的早晚。总的说来，由于没有五铢钱，故它的下限不能晚于五铢始铸的汉武帝元狩五年（前118年）。它的上限，虽然有单出秦半两的墓，但从茂汶地处边远的情况考虑，其上限恐与第一类墓的下限相同，即在秦汉之际。至于第一、二类墓随葬器物数量多少不一，或许表明了两者间的贫富差别，而无时代先后之分。第三类墓，仅从出土有宣帝五铢来看，它的年代上限，自不应早于这种五铢始铸之年，下限则可能不会迟到新莽。

汶川、理县地区：这一地区石棺葬的年代可分为早晚两期。早期的可能在秦汉之际；晚期的因出有八铢和四铢两种半两，故时代当在公元前175—118年之间①。

宝兴地区：这里的石棺葬也可分为早晚两期。早期的墓葬所出遗物器形，与岷江上游西汉前期的相类，故时代应属于西汉初年。晚期的石棺葬中，不出铜器而出铁器，7号墓的墓门上已使用了一块东汉楔形花砖，因此，其时代应到东汉。

甘孜地区：虽然这里的"石棺葬文化"与岷江上游较早的相一致，但由于这类文化在南下时，到达各地的时间应有先后，所以它的时代可能不会早到秦，而仍然是属于西汉时期的文化。

本文原载于《中国考古学会第一次年会论文集》（文物出版社，1979年）。

---

① 冯汉骥、童恩正：《岷江上游的石棺葬》，《考古学报》1973年第2期。

石棺葬文化中所见的汉文化因素初探[①]

1938年秋冬之际，已故考古学家冯汉骥先生在岷江上游羌族聚居的汶川县罗葡砦发现并清理了石棺葬残墓一座。它虽然有一些汉文化的因素，但就其文化的主要方面来看，与汉文化则显然有别，应是某少数民族的文化[②]，故以葬制名之为"石棺葬文化"。这一文化的创造者究竟是哪一种民族呢？我们认为可能是古代的氐羌族人[③]。1949年后，这类文化的墓葬，除继续在汶川县发现外，还相继在茂汶、理县、宝兴、巴塘、雅江等地发现。据不完全统计，清理的墓葬共有116座，计汶川4座、理县24座、茂汶58座、宝兴12座、汉源1座、巴塘9座、雅江8座。本文即就这批石棺葬文化中所见的汉文化因素进行初步的探讨。

一、石棺葬文化中所见的汉文化

为了便于讨论，有必要先明确一下石棺葬文化的主要特征是什

---

① 本文由沈仲常、李复华合著。
② 冯汉骥：《岷江上游的石棺文化》，《成都工商导报》1951年5月20日。
③ 拙作《关于"石棺葬文化"的几个问题》，《中国考古学会第一次年会论文集》，北京：文物出版社，1979年。

么。在陶器中，最有代表性的器物是有隆起的旋涡纹的双耳陶罐，口部的平面多呈菱形（又称"马鞍形"），表面有磨光与未磨之别，陶质为细黑陶和夹砂灰陶等；铜器的代表器物为三叉形（又称"山"字形）格的铜剑和铜柄钢剑。下面我们按不同时期的石棺葬文化发展情况，分为早、中、晚三期予以比较研究。

（一）战国末年的石棺文化

就已清理的资料来看，这是属于最早期的，在茂汶营盘山[①]和城关地区[②]发现。这一时期的石棺葬文化特点是：石棺较小，随葬品除个别墓中较多外，其余的均不甚丰富，以陶器为主，铜器很少，另外无货币和铁器出土。例如营盘山墓葬出土的器物中，虽没有旋涡纹的双耳陶罐和三叉形格的铜剑，但已有其雏形。有一种腹部有三个乳钉，表面磨光的黑陶罐，在三钉之间均饰以轻划的旋涡纹，后来的旋涡纹双耳罐，则显然是由此发展来的。出土的两柄铜剑上有平行条纹，这当是后来"三叉形"剑格的前身。这些器物，就其造型而论，与汉文化有明显的不同，它们有其独特的风格。我们认为，这个时期的石棺葬文化里没有汉文化的因素。这说明了在战国末年时，在这里居住的氐羌族人，由于地处山区，交通不便，或因其他缘故，与汉人没有多少交往，因而在石棺葬文化上也就没有相互交流的遗痕。

（二）秦至汉初的石棺葬文化

这个时期，石棺葬墓的规模较前期的大，随葬品也比较丰富，其中陶器已出现了汉文化中常见的四耳壶、钟、圆底缸等器形；铜器则显著增多，铁器已有一定数量；货币出有秦、汉八铢、榆荚和四铢等半两钱。现按地区予以初步分析。

---

① 茂汶羌族自治县文化馆：《四川茂汶营盘山的石棺葬》，《考古》1981年第5期。
② 四川省文物管理委员会、茂汶文化馆：《茂汶羌族自治县石棺葬发掘报告》，《文物资料丛刊》（7）。

茂汶、理县和汶川等地区的石棺墓，一般长度在2—3.5米之间。除汶川罗葡砦SLMI出土遗物较多外，其余的墓均甚少，其中有陶、铜、铁和琉璃珠等物。此外，还出有八铢半两和四铢半两。以上三地区在这个时期的文化面貌基本相同，又都出土有颇能代表这一文化特征的双耳罐、三叉形剑格的铜剑和铜柄铁剑等具有民族风格的文物。同时亦出有汉文化中常见的铜戈、铜剑、铜带钩，以及铁器中的斧、矛、刀和半两钱等文物。因此，我们认为这期石棺墓文化，一方面其自身已发展到较高阶段，另一方面它与汉文化已发生了密切的联系。如各类半两钱的出土，就是双方在经济贸易上已有往来的证据。另外，还值得特别指出的是，茂汶出土的双耳罐上有的存在文字和符号，如"东""止""十"
"十""↓""↓""井""⊕""茶""T""V""↓""×"
"川""山""由""桼""王""业""𩾌"等。这类有文字和符号的陶器①，1949年前也曾在岷江上游收集了一批②，其中的文字显然是汉字，而符号则有可能是书写变形的汉字，故为我们所不识。这就说明，这一时期在岷江上游居住的氐羌族人已经能够使用汉字，具有一定程度的汉文化水平。当然，能使用汉字的氐羌族人，必不是一般的人，而是有较高社会地位的上层人物。《后汉书·南蛮西南夷列传·冉駹》里说："其王侯颇知文书。"由此看来，是有根据的。

这期青衣江宝兴县石棺葬文化的特点是：墓葬还是土坑墓；在出土文物中，虽尚未发现陶器和铁器，但却有颇能代表这一文化特征的三叉形剑格的铜剑，而其他的錾、镞、刀、环和戒指等文物，则多属汉器的形制。因此，在西汉初年宝兴地区的石棺葬文化中，汉文化因素已是

① 四川省文物管理委员会、茂汶文化馆：《茂汶羌族自治县石棺葬发掘报告》，《文物资料丛刊》（7）；并见冯汉骥、童恩正：《岷江上游的石棺葬》，《考古学报》1973年第2期。

② 郑德坤：《四川古代文化史》第6章《版岩葬文化》，华西大学博物馆印行，1946年7月，第57–58页。

比较显著的了①。

在巴塘、雅江的这期石棺葬文化中，巴塘的墓葬属于土坑墓，雅江的为石棺葬。虽然两地的葬制有别，但结合出土物的特征来看，两者仍应同属于这一文化类型，因为它们均出土有典型的双耳陶罐。其葬制之别，则应是这一文化与当地土著文化融合的体现。其出土的铜剑、刀、手镯和饰物，也具有汉文化的因素②。

（三）西汉昭宣时期至东汉初年的石棺葬文化

这类晚期的石棺葬文化，到目前为止，仅在茂汶城关和宝兴两县发现。茂汶的这期墓葬石棺的四壁已不用石板，而改用卵石砌成，上盖石板；在出土文物中，陶器中已没有最能代表这一文化特征的旋涡纹双耳罐，代之而起的是汉器形制的长颈罐和短颈罐；铜器较前有所减少，没有铜柄铁剑和三叉形格的铜剑，仅保存了少数具有石棺葬文化特征的铜泡和璜等；铁器则略多于铜器，有长铁刀、铁削等物，其形制则多为四川西汉和中原战国末年的墓葬里所习见；此外，半两钱已消失，而出有昭、宣时期的五铢钱了。这充分证明，茂汶地区这期的石棺葬文化中，汉文化因素已经特别浓厚了③。

在宝兴县的这期石棺葬文化中，M7出土有三块东汉几何形花砖，这不仅说明其时代已晚至东汉初年，而更重要的是表明当时居住在这里的青衣羌人，已开始使用汉墓的建筑材料来营造自己的墓室了。这期的出土文物中竟未发现铜器，所出土的铁器主要系汉器中常见的铁、铁刀等生产工具④。另外，宝兴县又于1979年11月清理了东汉石壁砖拱墓，是用自然石块砌成墓壁，用东汉花砖砌其墓顶和底。我们认为用石

① 宝兴县文化馆：《四川宝兴县出土的西汉铜器》，《考古》1978年第2期。
② 甘孜考古队：《四川巴塘、雅江的石板墓》，《考古》1981年第3期。
③ 四川省文物管理委员会、茂汶文化馆：《茂汶羌族自治县石棺葬发掘报告》，《文物资料丛刊》（7）。
④ 宝兴县文化馆：《四川宝兴汉代石棺墓简报》，《考古》1982年第4期。

块砌壁的作法，与岷江上游同期石棺葬的同类作法是一脉相承的，但却使用了更多的东汉花砖①。所以，宝兴地区这期石棺文化中的汉文化因素，也较它的前期增多。这可从有关文献中得到印证，如《东观汉记》中说："青衣蛮夷堂律等归义。"又《后汉书·安帝纪》载元初二年（115年）春正月："蜀郡青衣道夷奉献内属。"《水经注》青衣水条又说："安帝延光元年（112年）置蜀郡属国都尉，青衣王子心慕汉制，上求内附。"

上面我们介绍了三个时期石棺葬文化发展和演变的情况。总的说来，早期的石棺葬文化中，无汉文化的因素；中期的石棺葬文化除其自身的发展外，汉文化因素则已有了不同程度的增加；至于后期的石棺葬文化，其原有的民族特征已大为减少，甚至是很不明显，反之，汉文化的因素已特别增多。这一情况暗示我们石棺葬文化到了东汉中叶以后便没有发展的原因，是它已进一步与汉文化相融合，以致无所发展了。关于这一问题，我们还可以从阿坝州发现的东汉墓中得到证明。

二、阿坝州东汉墓给我们的启示

1975年10月，在四川省阿坝藏族自治州理县朴头公社发现了一座东汉砖室墓，《简讯》说："该墓为砖筑单室墓，由墓室和甬道两部分组成，船蓬式顶，墓室长6.1米、宽2.5米、高1.6米，两壁用鹅卵石堆砌0.6米的墙基，其上用长方形砖错缝平砌六层，在1.1米的高处用楔形砖竖砌起券，后壁亦有0.6米的鹅卵石墙基，其上用长方形砖平砌，出口处用碎石封堵，铺地砖用长方形砖横铺，所用的砖皆为花砖，砖长37厘米、宽19厘米、厚8厘米。砖的侧面阴刻菱形纹饰。"②这座墓对我们探讨石棺葬文化与汉文化的融合问题以极大的启示。

① 宝兴县文化博物馆杨文成同志提供的材料，书此致谢。
② 赵殿增、高英民：《四川阿坝州发现汉墓》，《文物》1976年第11期。

首先，我们从这座汉墓的墓室结构来看，四川30多年的考古工作中未曾遇见过这种类型的汉墓。这座汉墓室的墙基都是用卵石砌成，这种砌墙基的方法，正与1978年四川博物馆在茂汶羌族自治县发掘石棺葬时，清理的一座东汉双室墓中用卵石砌墙基的方法相同①。因此，我们认为在阿坝州发现的这座东汉砖室，可能是石棺葬主人——氐羌民族统治阶级接受汉文化的一个例证。他们对墓室的营造，由全部用石板，发展为用卵石作墓室的下壁，用汉墓使用的花砖砌墓壁的上部和墓顶。四川雅安地区宝兴县东汉石棺墓，也曾采用东汉时汉人砖室墓所用的梯形花砖封墓门，这也是石棺葬文化中可见的汉文化因素之一例。

　　其次，关于这墓的葬具，《简讯》说："该墓未经扰乱，葬具和随葬物品大部分保存完好，墓室内平放四具木板，棺木腐朽严重，棺Ⅰ棺Ⅱ稍小，髹以黑漆，棺Ⅲ棺Ⅳ稍大，髹以红漆，漆大多脱落。棺身用独木凿挖而成，棺盖是一块整板。"②虽然，阿坝地区的石棺墓中未见有使用葬具的，但我们就整个石棺葬文化来看，却使用葬具的情况。如在甘孜藏族自治州，属于这一文化类型的土坑墓的墓顶用石板盖着，多数无葬具，尸体置于坑内生土上。但在个别墓葬中，却有使用一种原始的葬具——用两块半圆形的独木，一块放置在尸体之下，一块放置在尸体之上，周身覆盖一层桦树皮。这类葬具略似阿坝藏族自治州的独木舟式的葬具，唯一的不同是未挖成舟形而已。因此我们认为简讯中提到的"棺身用独木凿挖而成"的葬具，可能与战国时期蜀文化中的船棺葬无关，而是氐羌族人所固有的葬具。"这座墓葬的建筑形式，花砖图案，以及'一圹数棺'的合葬风俗，常见于川西平原东汉晚期的砖室墓。随葬品中，除双耳黑陶罐和单耳罐外，都是东汉中、晚期的典型器物。"③如它的Ⅰ、Ⅱ式陶罐、陶瓮，铜器中的釜、洗、羽觞、五

---

① 四川省文物管理委员会、茂汶文化馆：《茂汶羌族自治县石棺葬发掘报告》，《文物资料丛刊》（7）。
② 赵殿增、高英民：《四川阿坝州发现汉墓》，《文物》1976年第11期。
③ 赵殿增、高英民：《四川阿坝州发现汉墓》，《文物》1976年第11期。

沈仲常卷

103

铢钱，铁器中的釜和漆器等，皆是1978年在茂汶清理的西汉中、晚期石棺墓中常见的器形。而其中的摇钱树和釉陶器等，则是在东汉晚期才开始出现，"所以确定这是一座东汉晚期的墓葬"。从这一墓葬中的汉文化因素如此之丰富，同时也保留了这一地区氐羌民族的遗俗来看，它是氐羌民族与汉族融合的又一个很好的说明①。这也就进一步证明了属于氐羌人的石棺葬文化，到了东汉晚期便已经基本与汉文化融合了。关于这一问题，我们还可以从青海省一座东汉晚期的匈奴墓中得到说明，这座墓不论从墓葬的形制还是从出土的遗物来看，都应该算是典型的东汉砖室墓。可是由于墓内出了一件"汉匈奴归义亲汉长"铜印，最后确定它是一座匈奴上层统治者的墓葬。这也是少数民族与汉族融合的一个证据②。

　　总而言之，阿坝东汉墓虽尚保存有部分卵石砌成的墓壁，用独木凿成的葬具，随葬品中有中期石棺墓内典型的双、单耳陶罐等石棺葬文化的特征。同时又有用汉砖砌墓，用汉式的陶、铜、铁、漆器随葬等很多汉文化的因素。因此，我们有理由认为这是一座少数民族文化与汉族文化融合的例证，是我们研究汉文化与少数民族文化相互交流的珍贵资料。

本文原载于《考古与文物》1983年第4期。

---

① 　赵殿增、高英民：《四川阿坝州发现汉墓》，《文物》1976年第11期。
② 　青海省文物管理处考古队：《青海大通上孙寨的匈奴墓》，《文物》1979年第4期。

"僰人悬棺"岩画中所见的铜鼓

　　四川珙县"僰人"悬棺的岩画，集中在县境西南65公里的洛表公社，是四川省1956年公布的第一批省级文物保护单位。1974年7月四川省博物馆与珙县文化馆共同组成"僰人"悬棺调查清理工作组，清理了悬棺十具，对岩画进行了摹绘，并发表了《四川珙县"僰人"悬棺岩画调查记》（以下简称"调查记"）①。

　　悬棺及岩画就分布在距洛表镇2.5公里的麻塘坝，在这坝内长约5000米的东西岩壁之上。东岩有棺材铺、狮子岩、大洞、九盏灯、猪圈门、磨盘山、龚家沟的硝洞、邓家岩、三眼洞（三仙洞）、玛瑙岩，共十处。西岩有龙洞沟、陋风岩（天星顶）及付大田、白马洞、倒洞、马槽洞、珍珠伞、猫儿坑、九颗印、鸡冠岭、地宫庙、刘家沟（又名棺木岩），共十二处。关于岩画的全部内容，已于"调查记"一文中发表，本文仅就岩画中所见的铜鼓这一题材，作初步的探讨。

　　岩画与悬棺的关系问题，也就是说岩画与悬棺是不是同时代的遗物，是首先要解决的问题。麻塘坝的岩画，有单个的，也有成组的。大多数是画在悬棺周围的岩壁上及岩洞内。岩画多数是朱红色，也有用

---

① 《文物资料丛刊》（2），北京：文物出版社，1978年。

白、黑色颜料绘成的。由于年代久远，又经风雨的剥蚀，所以岩画的颜色已经逐渐地变浅了。仅就岩画大都绘在悬棺的附近这一情况来说，也间接地说明了它们是同时代的遗物。

定居在这里的苗族的传说，亦可证明悬棺与岩画为同时代的遗物。"在四川、云南现在的边境一带，古时候的居民叫作'羿子'（Ngai Ntzi），后来，苗族和倮倮族迁居到这里。'羿子'本性好与天斗，因此又被叫作'屠天'（Tutian）（'屠天'是和上天斗争或进行较量的意思）。在夏天，气候炎热时，他们惯于穿着皮衣，并且烤火取暖。因此，有人笑他们说：'你们五六月间穿皮衣，里外都火热了!'

到了冬天他们都只穿一件单汗衫（很单薄的），手里还拿着大扇子扇风。可是，他们不许任何人偷懒，都要和天斗。他们非常勤于开垦，每户都很富裕。每家都修建石墓来埋葬他们的双亲。活着时，他们成群聚居，死后仍希望在一起（所以墓都靠得很近）。

后来有个名叫罗因（Loyin）的秀才（汉人）想出一个诡计，使人死后其子孙不得繁盛。他造谣说：'屠天只会斗天，还不会斗水，最好先把我们祖先的尸骨入海水中，这样一来，我们就可击溃"羿子"族。'

'羿子'听到这个谣传之后，便把他们祖先的骨头都葬入海中（小湖泊）。可是，他们这样做了以后，仍旧十分兴旺，并且还出现了一个大首领。后来这秀才罗因又想出了一个阴谋，他又造谣说；'羿子'只会斗天、斗地、斗水，那里还有巨大的崖壁哩，难道因为它们太干燥了，他们不想要吗?如果他们采用把他们祖先的尸骨悬在岩壁上的方式来埋葬的话，他们将永远昌盛!岩壁上的祖先就将会像星星和月亮那样看着我们，他们的子孙将来会更加繁盛，还会统治世界哩!

当'羿子'听到这话以后，他们又四处传播，并集合起来全族人讨论说：'起初，有人说到海水，我们已经这样做了，就是说，我们已经把死人葬入海里了，我们仍然昌盛，今天又有人说，我们应当把死者像星星月亮一样悬得高高的，将来我们会统治全世界!'后来，他们雇来泥水匠，先把他们以前使用的弓、矢、刀、剑等等，还有他们骑过的马、马鞍和他们的图记（Reals）都画在岩壁上，在他们死了以后，就把盛他们尸体的棺材悬在岩壁上面。"①以上引证的有关苗族的传说，也间接证明了悬棺与岩画的关系。

在悬棺的岩画中，我们认为是铜鼓图像的，有下列几处：（见附图）

（1）在麻塘坝棺材铺的岩画中有如图1的图案。

（2）在麻塘坝狮子岩有如图2的图案。

（3）麻塘坝九盏灯有如图3的图案。

（4）麻塘坝玛璃坡有如图4的图案。

（5）麻塘坝白马洞有如图5的图案。

（6）石健钟先生《四川悬棺葬》一文，谈到悬棺岩画中还有题有靶环形（图6），在大洞。内容是：在黑底的圆圈里，有一个红圆心点，在黑底外面，又包着一个白圈。

（7）有徽章形如图7，即日光纹形，在大洞。内容是：在一个黑底的圆圈里，包着一颗白色的六角星，这颗星和铜鼓上的日光纹一样。星的中心还有一个红圆点②。

这（6）（7）两项的两个图案，与上面列举的五处岩画图像，实际上皆是代表铜鼓的图案。岩画上绘有铜鼓，不又仅发现于四川珙县，在广西花山崖壁画上，也绘制有铜鼓的图案。黄增庆同志《广西明江、左江两岸的古代崖壁画》一文中解释岩画中的铜鼓图案说："大圆圈中间有一颗"☆"状的星，我认为是铜鼓的形状，这些物体在人像旁边也有，在人像头上也有，有的距离人甚远，假如是藤牌③，应该执在手上才对。"其说甚是。对古代使用铜鼓的少数民族而言，铜鼓就算是他

---

① ［美］葛维汉著：《川苗传说》，陈宗祥译，《华西边疆研究学会杂志》第十卷，1938年。

② 《凉山彝族奴隶制研究》1979年第1期。

③ 《文参》1956年第12期陈双流文。

们的重器了，所以，他们将铜鼓轮廓绘制在岩画之中。四川珙县的悬棺岩画中，同样也绘有铜鼓形象，这对我们研究"铜鼓文化"同样提供了重要依据。

1974年7月，四川省博物馆和珙县文化馆共同取下了悬棺十具，进行了清理，随葬品有青花瓷碗、带鞘铁刀、刻花竹筒、木质漆碗、线编网兜、木梳、竹筷等。最值得注意的是随葬品中有一支红漆竹筷的头部三方皆有汉字：一面是"江山□高"四字，另一面是"日月□长"四字，还有一面是"阿旦沐"三字，这很可能是墓主人的姓名。从出土的遗物中有青花瓷碗来看，这群墓葬最晚的时代是明代了。

再从竹筷上的"阿旦沐"三字进一步的追溯，我国古代民族以"阿"字为首称呼的，又见于《北史·獠传》："獠者，盖南蛮别种，自汉中达于邛、笮、川洞之间，所在皆有。种类甚多，散居山谷，略无氏族之别，又无名字，所生男女，唯以长幼次第呼之。其丈夫称'阿谟、阿段'，妇人'阿夷、阿等'之类，皆语之次第称谓也。依树积木，以居其上，名曰干阑，干阑大小随其家口之数。往往推一长者为王，亦不能远相统摄，父死则子继，若中国之贵族也。獠王各有鼓角一双，使其子弟自吹击之，好相杀害，多死，不敢远行。能卧水底持刀刺鱼，其口嚼食并鼻饮。死者竖棺而埋之。……唯执楯持矛，不识弓矢。用竹为簧，群聚鼓之，以为音节。能为细布，色至鲜净，大狗一头，买一生口。其俗畏鬼神，尤尚淫祀。所杀之美鬓髯者，乃剥其面皮，笼之于竹，及燥，号之曰鬼，鼓午祀之，以求福利。至有卖其昆季妻孥尽者，乃自卖以供祭焉。铸铜为器，大口宽腹，名曰铜爨，既薄且轻，易于熟食。"这段引文对獠人习俗的记载，是颇为详尽的。由此可见，獠人的姓名也是以"阿"字为首的，而仡佬亦有此俗。《苗疆风俗考》里说："仡佬……呼祖曰阿伯，呼祖母曰阿屋，呼父曰阿麻，呼娘曰阿奶，呼伯曰阿波麻，呼叔曰阿幼，呼兄曰阿古，呼弟曰阿己，呼姐曰阿亚。"关于獠与仡佬的关系，近人芮逸夫《獠为仡佬试证》一文中列举了大量的证据，认为獠为仡佬。至今看来，这一结论仍是正确的。

"僰人"悬棺的时代，从已清理的悬棺葬中，可以确认为是明代遗物，最早可能到元代。元、明之际，四川叙南地区的民族是所谓土僚蛮。元李京《云南志略》："土僚蛮，叙南乌蒙北皆是。男子及十四五，则左右击取两齿，然后婚娶。……人死则以棺木盛之，置于千仞之上，以先堕者为吉。"这段文献记录了土僚蛮为"悬棺"葬及"打牙"。至于"打牙"问题，四川珙县清理的十具悬棺的人骨架，经秦学圣同志进行了科学的测定，其结论是：这十副骨架中，有六副（TM2、TM3、TM4、TM5、TM6、BM2）皆为生前打去上颌两个侧门牙，其他四具骨架中，一具为5—6岁的小孩，其余三具上门齿虽已脱失，但齿槽骨质吸收不明显，难于断定其为生前人工打掉。"打牙"者男女都有，全为成年[①]。因而"打牙"的事实，经过科学的鉴定进一步得到了证实。

前引《北史·獠传》说"獠王各有鼓角一双，使其子弟吹击之"，即是说僚人是使用铜鼓的民族。由此可知，僚人主要的习俗，有悬棺葬、打牙及使用铜鼓等。所以，四川珙县悬棺岩画中出现绘有铜鼓的图像，这就不是偶然的现象了。我国古代的民族使用铜鼓，每每用于宗教及战阵之中，同时也是权力和财富的象征，有铜鼓者号为"都老"。《隋书·地理志》说："自岭以南，……并铸为大鼓，……俗好相较，多构仇怨，相攻则鸣此鼓，到者如云。有鼓者号为'都老'，群情推服。"此外，《宋史·蛮夷传》亦云："相攻击鸣鼓以集众，号有鼓者为'都老'，众推服之。"明代《涌幢小品》谓藏二三面铜鼓者，即得僭号寨主，故其对铜鼓尊重而宝贵之也。所以，在明代万历初都掌蛮（俗称九丝蛮）叛，巡抚曾省吾讨平之，俘获铜鼓九十三面，阿大（都掌蛮酋长）因此而痛哭，认为大势已去，不可挽回了。

《明史·刘显传》说："都掌蛮者，居叙州戎县，介高、珙、筠连、长宁、江安、纳溪六县间，古泸戎也。成化初为乱，程信讨平之。

---

① 秦学圣：《"僰人悬棺"人骨初窥》。

正德中，普法恶为乱，马昊讨平之。至是，其酋阿大、阿二、方三等居九丝山，剽远近，其山修广，而四隅峭仄。东北则鸡冠岭、都都寨、凌霄峰三岗，峻壁数千仞。有阿苟者，居凌霄峰，为贼耳目，威仪出入如王者。省吾议讨之，属显军事。起故将郭成、安大朝为佐，调诸士兵，合官军凡十四万人，万历改元三月，毕集叙州，诱执阿苟，攻拔凌霄，进逼都都寨。三酋遣其党阿墨固守。官军顿匝月，凿滩以通漕，击斩阿墨，拔其寨。阿大自守鸡冠。显令人诱以官，而分五哨尽壁九丝城下。乘无备，夜半腰縆上，斩关入。迟明，诸将毕至。阿二、方三以保牡猪寨。郭成破鸡冠，获阿大。请军攻牡猪，擒方三。阿二走，追获于贵州大盘山。克寨六十余，获贼魁三十六，俘斩四千六百，拓地四百余里，得诸葛铜鼓九十三，铜铁锅各一。阿大泣曰：'鼓声宏者为上，可易千牛，次者七八百。得鼓二三，便可僭号称王。鼓山颠，群蛮毕集，今已矣。'锅状如鼎，大可函牛，刻画有纹彩。相传诸葛亮以鼓镇蛮，鼓失，则蛮运终矣。录功，进显都督同知。已而剿余孽，复俘斩千一百有奇。"从上引的这段记载可知，都掌蛮酋长有阿大、阿二、阿苟、阿墨等，与悬棺葬中竹箸上的"阿旦沐"相类，皆以"阿"字冠于名字之首，可知其姓氏略同。这次（1974年）清理的悬棺葬为明代的遗物，又与上述《刘显传》所记征都掌蛮的时间亦相同。征都掌蛮一战俘获铜鼓甚多，这也说明了这个民族是使用铜鼓的，而悬棺葬岩画中又复出现铜鼓的图画，这就绝不是偶然的现象了。从以上归纳的几点情况来看，悬棺葬的主人即是明代聚居于叙州之南六县的都掌蛮，而都掌蛮的族属也就可以认定是属于僚族了。

　　悬棺葬当地称为"挂岩子"，这种人的后代在明以后是否还有留在当地的?抑或迁徙他处呢?当然，经过明万历时"征伐"都掌蛮一战之后，这一民族的成员有的战死，有的可能迁徙他处，但是有的还是留在当地变服从俗，皆已汉化了。关于留在当地的都掌蛮的后裔的问题，芮逸夫《川南民族的悬棺葬问题》一文说："此种人之遗裔，在兴、珙一带犹有存者，但已完全汉化，虽耆老相传谓某处某姓为'挂岩子'（悬棺葬之俗称）之后人，然当其人之面，则皆讳莫如深。"此次笔者等在洛南十里之何家岩访问一何姓老者，他初不肯直言，后经多方说明，知访问之用意于彼并无不利，亦自承认其为"挂岩子"之后人，并述其族人在当初悬棺而葬之传说颇详。据称其始祖何大宁原系九丝都掌蛮酋阿大、阿二之同族，都掌蛮叛时，大宁投军至一何姓将军麾下，因改"阿"之"阝"旁而为何姓云。从这一调查访问的记录中，我们又找到了一些关于悬棺葬的族属，以及都掌蛮在明代以后的情况的旁证。

附图：

图一　　　图二　　　图三　　　图四　　　图五　　　图六　　　图七

本文原载于《民族论丛（悬棺葬研究专集）》1981年第1期。

"僰人悬棺"岩画中的巫师形象

《四川珙县"僰人悬棺"及岩画调查记》[①]一文，在叙述麻塘坝、龙洞沟的岩画时说："龙洞沟距九盏灯约200米左右，岩壁凹凸不平，岩下有一天然溶洞，……在溶洞的右上角约35米左右的岩壁上，有一个经人工开凿的长方形洞穴，穴内置一棺。在棺以下距地面约10米高的岩面，有两人物画像，画的线条粗犷原始，但较为生动，似为写意画。这两个人物画像的双手好像是象征着日月的形象。"（图一）我认

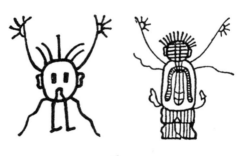

图一

为，像这类人物的画像，不是什么写意画，而是绘的岩画的主人的宗教信仰，是写实画，画的是两位正在作法事的巫师。我们从画面上完全可以看出这两位巫师的头上皆有羽饰，两巫师似乎皆戴有面具，身着法衣，这两幅岩画表现了这一民族巫师作法时的真实情景，是最为难得的研究这一民族习俗的实物资料。

---

① 《文物资料丛刊》（2），北京：文物出版社，1978年。

关于珙县悬棺葬及岩画的族属问题，笔者认为"悬棺葬的主人，即是明代聚居于叙州之南六县的都掌蛮，而都掌蛮的族属，也就可以认定是属于僚族了"①。而僚人又是"俗信妖巫"。明曹学佺《蜀中广记》说："图经卢山县新安乡五百余家僚种也……俗好妖巫，击铜鼓以祈祷焉。"

珙县"僰人悬棺"岩画中，既有铜鼓的图像，又有巫师作法时的写实画。而使用铜鼓，俗信巫术，皆为僚人的遗俗。

又《周书·异域上》说："僚者，盖南蛮人之别种，自汉中达于邛、筰，川洞之间，所在皆有之。……俗畏鬼神，尤尚淫祀巫祝，至有卖其昆季妻孥尽者，乃自卖以祭祀焉。"

我们再从僚族的分支仡佬的情况来看，在早年，他们的宗教习俗中也是有巫师的。《仡佬简史简志合编》说："仡佬族过去崇拜某些自然物，如大树、巨石等，并且很早有了巫师（鬼师）。有的地方的群众还崇拜偶像和秧苗土地等。"

在岩画上绘有巫师的形象，同时文献的记载中也有关于僚族等信奉巫师的记载，古文献与实物（岩画）的双重证据，已完全足以证明僚族的俗信巫术，有巫师。而僰人岩画正反映这一古代少数民族——僚人各方面的风俗，是我们研究土僚蛮的最可靠的实物资料。

本文原载于《历史知识》1980年第4期。

---

① 《"僰人悬棺"岩画中所见的铜鼓》（1980年3月广西南宁铜鼓学术讨论会论文）。

"僰人悬棺"岩画中的珍狗俗

四川省珙县的"僰人悬棺"，是古代川南宜宾地区少数民族岩葬的集中地之一。1954年冬，四川省文物管理委员会就派遣考古专业人员，对这地区的悬棺葬作了详细的考古调查。1974年7月，四川省博物馆派出考古专业人员，对珙县洛表公社麻塘坝的"僰人悬棺"及岩画进行了调查、清理（共清理10具悬棺）和岩画的摹绘工作。

"僰人悬棺"的岩画是十分重要的历史文物，是记录这一民族的生产、生活及其风俗习惯的最可靠的历史资料。对这些岩画的研究，为我们探讨采用悬棺葬的民族的族属问题，提供了许多新的证据。

珙县麻塘坝狮子岩及邓家岩两处的岩画中，皆绘有狗的图案。虽然仅仅在这两处的岩画中得以见到狗的图像，但是，它却真实地反映了珙县"僰人悬棺"岩画中的珍狗之俗，这也就是这篇短文中所要提出来讨论的问题。

珙县"僰人悬棺"附近的岩画，与悬棺葬的时代相同，而悬棺葬墓主的族属，当为东晋、南北朝时期的僚、元代的土僚蛮、明代的都掌蛮。所以，《北史·獠传》说："獠者，盖南蛮之别种，自汉中达于邛、筰、川洞之间，所在皆有。……好相杀害，多死，不敢远行。至于忿怒，父子不相避，唯手有兵刃者先杀之，若杀其父，走避外，求得一狗以谢，母得狗谢，不复嫌恨。……大狗一头，买一生口。"从这段引文中可以了解到僚人即使是杀了亲生之父，只需弄到一只狗，便可以得到社会的谅解，由此可知，狗在当时僚人习俗中的特殊意义。

此外，僚人还有拔牙之俗。张华《博物志》说："荆州极西南界至蜀，诸民曰獠子，……既长，皆拔去上齿牙各一，以为身饰。"有的僚人又在拔牙之后加"狗牙"，以为这是最好的装饰。《寰宇记》卷77"雅州风俗"云："邛雅之夷獠……长，则拔去上齿，加狗牙各以为华饰。"

关于珍狗的习俗，不仅仅是僚人如此，亦为越人之旧俗。凌纯声在其《古代闽越人与台湾土著族》一文中谈到越人的"犬祭"时说："犬祭：'安家之民，父母死亡，杀犬祭之。'犬祭为越人旧俗，《吴越春秋》卷6有云：'生男二，赆之以壶酒，一犬，生女二，赐以壶酒，一豚。'这种以狗为牺牲、同时珍狗，亦为东南亚古文化特质之一，如《台湾使槎录》卷5云：'番人最珍猛犬。……云南的野卡，造成新的木鼓以狗祭，作者的调查记录如下：俟木鼓告成送人草亭，寨长杀黄狗与鸡各一，狗头放在鼓上再以鸡血洒之，狗肉由寨长家亲戚分食之，乃算礼成。'在阿萨姆的西玛·那卡，人死后杀狗祭而殉葬，竹模糜部族送殡人分食狗肉，但死者的族人除外。雀菲糜部族则不问来宾与族人均得分食狗肉。婆罗洲的达雅人祭神时用鸡、猪、或狗为三牲，鸡、猪肉分食，用狗以其血于法术。"由此可见，不仅是僚人有珍狗之俗，越人亦复如此，而这一文化特质传播甚广，东南亚的犬祭，亦为这一文化特质的具体表现。所以，"僰人悬棺"岩画上所见的珍狗之俗，其渊源亦甚远。

本文原载于《民族学研究》1982年第2期。

沈仲常卷

珙县"僰人悬棺"岩画中的球戏

　　洛表公社位于四川珙县县城西南六十五公里，"僰人悬棺"及其岩画皆集中在这里。"僰人悬棺"是四川省1956年公布的第一批省级文物保护单位。"僰人悬棺"的岩画，我们早已作了摹绘，并已发表了《四川珙县"僰人悬棺"岩画调查记》（以下简称"调查记"）[①]。

　　关于"僰人悬棺"岩画的内容，笔者曾作过一些初步的探讨，如《"僰人悬棺"岩画中所见的铜鼓》[②]《"僰人悬棺"岩画中的巫师形象》[③]以及《"僰人悬棺"岩画中的珍狗俗》[④]等，本文仅就岩画中的球戏，谈些个人的看法。

　　在"僰人悬棺"附近的岩画中，我认为是玩球戏的场面有下列数处：

　　（1）棺材铺的岩画，仅从我们临摹时所能辨认的，临摹下来有如下的内容："正面人像二个；骑马像五个，其中一个身佩带刀，一个右

---

① 《文物资料丛刊》（2），北京：文物出版社，1978年。

② 四川省民族研究所、四川省民族研究会编印：《民族论丛（悬棺葬研究专集）》，1981年第1期。

③ 《历史知识》1980年第4期。

④ 未刊稿。

116

手执有三角形物件。"（"调查记"图一）这一骑马的人像右手执的三角形物体，可能是表演球戏时打球所使用的工具。

（2）玛瑙坡是麻塘坝东岩有"僰人"遗迹最末尾的一处。这里的"岩画也不太多，仅有人物画像两个，其中一个是正面站立，右手提一三角形物；一个似作舞蹈状"。（"调查记"图二）

（3）鸡冠岭仅发现一幅岩画，系一单个人物画像。（"调查记"图三）这人物画像的右手持一三角形物体，人像略残。这一人物所持的三角形物体，如与（1）（2）两项列举的图像比较，似亦为球戏的工具。

（4）猪圈门位于九盏灯的东南面，这里的岩画另外"有分散的单个人物画三个，……一人右手持一三角形的物体，左手提一圆形物体，好似提一面铜锣作敲打状……"（"调查记"图四）

在前面，我们认为画面的人物右手所执之物，可能是打球之类使用的工具。从猪圈门的这一人物右手持一三角形物体，左手持一圆形物来看，"调查记"的作者认为这一圆形物似为铜锣，进而认为该人物正在作敲打铜锣之状。我们认为，结合前面所引证的图像，猪圈门人物画清楚地表现了左手所提的圆形物可能为一球，右手所持的三角形状物为一打球之用具，这是一幅用手击球的真实形象。

（5）狮子岩的岩画较多，但有不少岩画已模糊不清。"现在能清楚可辨者有人物画十六个。其中八人似为舞蹈姿势；正面站立人像一个；执刀者三个；一个右手向上举，左手下垂，右足或弓步，前有一个圆球形（实心圆），似作踢球之势。"（"调查记"图五）

狮子岩的这一图像提供了球戏的另一个方式，即是人用脚踢。从以上引证的五条资料看，"僰人悬棺"岩画中人戏球的方式有两种：一是手持三角形工具，以手击球；另一即是如狮子岩的图像所表示的，用脚踢球。

关于四川珙县"僰人悬棺"的主人，根据1974年清理的十具悬棺的情况、对岩画的研究，以及对悬棺的十具人骨架的体质人类学的研究[1]，证明了"僰人悬棺"的主人有使用铜鼓、打牙及岩葬之俗，皆为僚族的主要特征。

1974年，四川省博物馆、珙县文化馆共同清理的悬棺葬为明代的遗物，这与《明史·刘显传》所记万历初巡抚曾省吾征都掌蛮的时间亦略同。征都掌蛮一战，俘获铜鼓甚多，也说明了这一民族是使用铜鼓的。其次，悬棺葬附近的岩画中又有铜鼓的图像。这就不是偶然的现象了。都掌蛮的酋长有阿大、阿二、阿苟、阿墨等，又与悬棺葬中出土的竹箸上的"阿旦沐"三字等相类，皆以"阿"字冠于名字之首。此外，曾水向同志《"僰人悬棺"消理杂记》一文中说："我们在麻塘坝调查访问中，又从一名叫付长泰的老农那里，了解到了一个可喜的佐证。付长泰告诉我们，丙子年（即1936年），那时他才十八岁，家里租种了'三眼洞'下的一块田。有一天，'三眼洞'岩壁上的悬棺掉下一具，他亲眼得见其中一块手掌大的竹片，长尺许，上书黑字正楷汉字'阿光翼'三字。显然，也很可能是死者的姓名。"[2]由此可知其姓氏的略同了。从以上综合的几点情况看来，悬棺葬的主人即是明代聚居于叙州之南六县的都掌蛮，而都掌蛮也就可以认定是属于僚族了。芮逸夫氏早已论证"僚为仡佬"[3]，至今看来，这一论证仍然是正确的。

我们再从有关贵州仡佬文献的记载中来看这球戏的遗俗，可见居住在那里的仡佬族人民，从古至今都有这一人民群众所喜爱的娱乐活动——球戏。球戏在宋时称为飞绽，宋朱辅《溪蛮丛笑》："岁时数日，野外男女两朋，各以五色采囊豆粟往来抛接，名飞绽。"法鲍克兰著《资州仡佬的历史和现状》一文在谈到宋代僚人习俗时说："在庆新年时，举行球戏，球中实以谷物或豆类。这点殊堪注意，因为球戏目前还残存于贵州仡佬，尽管其形式稍有不同。"[4]又说："据打牙仡佬

① 秦学圣：《"僰人悬棺"人骨初窥》，《民族论丛（悬棺葬研究专集）》。
② 《民族论丛（悬棺葬研究专集）》。
③ 芮逸夫：《僚为仡佬试证》，《"中央"研究院历史语言研究所集刊》第二十本。
④ ［法］鲍克兰著：《资州仡佬的历史和现状》，玉文华、方鹏钧译，陈宗祥校。

说，在新年那天老幼在一起玩一种球戏，在圆形竹球中实以铜钱，往来抛掷或棍击，铜钱叮叮响。"上面说过，宋代的湖南部族也流行这种游戏。

从以上引证的材料中，我们已知"僰人悬棺"岩画中有球戏之类的游戏，但尚不知当时球戏中的球是用什么质料的物品制作的。我们从《贵州仡佬的历史和现状》一文中得知，宋代时可能用采囊包装豆粟之类的谷物为球。从时代晚一些的材料中得知，球是使用竹编的，其中实以铜钱，球戏时采用抛掷或棍击。这又与"僰人悬棺"岩画中的球戏是用足踢，或用于持三角形物击球者，又略有不同。

最后我们再看看贵州民族调查中的仡佬族打花龙、打篾鸡蛋的情况。《仡佬简史简志合编》（中国科学院民族研究所贵州少数民族社会调查组编）说："此外，打鸡毛、踢毽子、打花龙、打篾鸡蛋和秋千等，都是仡佬族人民所喜爱的娱乐活动。打花龙流行在遵义、仁怀一带，'花龙'是用细篾编成的小球，比乒乓球稍大，里面装一些碎碗片和一二枚铜钱或小砂石，使其相撞成声。打的时候男女数十人聚集在固定的花龙坡上，两人一组，不论男女老幼都可以打。打篾鸡蛋流行在织金县大营乡一带。篾鸡蛋也是用细篾编织成的球形物，但比花龙稍大，里面塞满稻草。打的时候分成两队，每队三至五人，或用手送，或用脚踢，来去都不能沾身，沾了身便算输了。"又说："有些地方的群众，从正月初一至十五日，要举行各种娱乐活动，如打花龙、打篾鸡蛋和唱地方戏。"

关于仡佬族的打花龙（细篾编成的小球）的情况，《中国少数民族简况》（中央民族学院研究室编）仡佬族说："仡佬族的民间文学有诗歌、故事、谚语等。诗歌多为小调，三言、五言、七言不拘，音韵铿锵，自成一格。舞蹈有《踩堂舞》《芦笙舞》。此外，还有打鸡毛、踢毽子、打花龙（细篾编成的小球）、打秋千等，都是仡佬族人民喜爱的文化娱乐活动。"

上面所引证的民族方面的资料，证明了现今贵州境内的仡佬人至今仍在民族的节日里，举行"打花龙""打篾鸡蛋"等当地兄弟民族所喜爱的娱乐活动。"打花龙"活动是"或以手送，或用脚踢"以细篾编成的小球。这种球戏的方式，又与"僰人悬棺"岩画中的球戏，有用手持三角形物打的，也有用脚踢的，似乎完全相同。只是由于"僰人"善骑（这点由岩画中所反映的骑术可知），所以，似有骑于马上击球者。仅从这一点来说，这较今天贵州的仡佬人球戏，又多一种击球的方式了。

最后再谈谈"僰人悬棺"岩画中的球戏所用的"球"它到底是用什么质料制成的。关于这个问题，我们清理悬棺时所出土的遗物中有竹简、竹篓等竹器的这一事实证明了"僰人悬棺"的主人是善于制作及编制竹器的，这就可以间接地得知他们作球戏时所使用的球，很可能即是用细篾编制而成的"竹球"了。

本文原载于《贵族民族研究》1982年第2期。

岩画、"阿旦沐"、都掌蛮
——关于珙县悬棺葬墓主的族属

　　四川珙县悬棺葬墓主的族属问题值得探讨。悬棺傍崖壁的铜鼓图案、墓主"打牙"的习俗和"阿旦沐"的名字为我们的探讨提供了若干线索。

　　在悬棺的岩画中可以认为是铜鼓图像的，有：

　　（1）麻塘坝棺材铺岩画中的⊛图案。

　　（2）麻塘坝狮子岩的⊛、★图案。

　　（3）麻塘坝九盏灯的◉图案。

　　（4）麻塘坝玛瑙坡的✳图案。

　　（5）麻塘坝白马洞的⊛图案。

　　（6）石钟健《四川悬棺葬》①一文中，还记载大洞有◉、❀图案。

　　在岩上绘铜鼓，不仅四川珙县麻塘坝的岩壁上有，在广西花山崖崖壁上也有。黄增庆同志在《广西明江、左江两岸的古代崖壁画》一文中解释岩画中的铜鼓图案说："大圆圈中间有一颗"★"状的星，我认为是铜鼓的形状。因这些物像在人像旁边有，在人像头上也有，有的距

---

①　《凉山彝族奴隶制研究》1979年第1期。

离人甚远。假如是藤牌，应该执在手上才对。"其说甚是。

把铜鼓的图案画在悬棺傍的崖壁上或住地的崖壁上，可见铜鼓在这些地方居民生活中的重要性了。那么，使用铜鼓的居民是什么族属呢？

1974年7月，四川省博物馆和珙县文化馆共同取下了悬棺十具，进行了清理。随葬品有青花瓷碗、带鞘铁刀、刻花竹筒、木质漆碗、线编网兜、木梳、竹筷等。最值得注意的是其中有一支红漆竹筷的头部三面皆有汉字：一面是"江山口高"，另一面是"日月口长"，还有一面是"阿旦沐"三字。"阿旦沐"很可能是墓主人的姓名。它为我们研究铜鼓岩画作者的族属提供了重要线索。

我国古代少数民族以"阿"字为首称呼的，最早见于《北史·獠传》："獠者，盖南蛮之别种，自汉中达于邛、筰，川洞之间，所在皆有。种类甚多，散居山谷，略无氏族之别。又无名字，所生男女，唯以长幼次第呼之。其丈夫称'阿暮、阿段'，妇人'阿夷、阿等'之类，皆语之次第称谓也。""獠王各有鼓角一双，使其子弟自吹击之。"仡佬族人称呼，也以"阿"发音。《苗疆风俗考》说仡佬"呼祖曰阿伯，呼祖母曰阿屋，呼父曰阿麻，呼娘曰阿奶，呼伯曰阿波麻，呼叔曰阿幼，呼兄曰阿古，呼弟曰阿己，呼姐曰阿亚"。

关于僚与仡佬的关系，据近人芮逸夫《僚为仡佬试证》研究，僚即仡佬。而在元、明之际，四川叙南地区的民族是所谓土僚蛮。元李京《云南志略》说："土獠蛮，叙南乌蒙北皆是。男子及十四五，则左右击取两齿，然后婚娶。""人死则以棺木盛之，置于千仞之上，以先堕者为吉。"土僚蛮活动的地方，与文献记载的僚、仡佬活动的地区大体一致。土僚蛮就是僚、仡佬。

从上引文献看来，僚、仡佬、土僚蛮有着这样一些习俗：称呼的开头用"阿"，打牙，使用鼓角，死后行悬棺葬。珙县悬棺葬的墓主生前也打牙（取出的十副骨架，经秦学圣同志测定，除一副五六岁的小孩骨架外，其他九架都无上下门牙，可以肯定有打牙习俗），死后悬棺而葬。如果竹筷上的"阿旦沐"是死者之一的名字，它与文献记载的僚、仡佬称呼前用"阿"相符。只是随葬品中不见有铜鼓，而文献中只有使用鼓角的记载。上举那些岩画，看作鼓的图案，就应该是合理的了。

现在的问题是，《北史·獠传》中"鼓角"的鼓是不是铜鼓？后来的文献有明确记载。《明史·刘显传》："都掌蛮者，居叙州戎县，介高、珙、筠连、长宁、江安、纳溪六县间，占泸戎也。成化初为乱，程信讨平之。正德中，普法恶复为乱，马昊讨平之。至是，其酋阿大、阿二、方三等据九丝山，剽远近。其山修广，而四围峭仄。东北则鸡冠岭、都都寨、凌霄峰三岗，峻壁数千仞。有阿苟者，居凌霄峰，为贼耳目，威仪出人如王者。省吾议讨之，属显军事。起故将郭成、安大朝为佐，调诸土兵，合官军凡十四万人。万历改元三月，毕集叙州，诱执阿苟，攻拔凌霄，进逼都都寨。三酋遣其党阿墨固守。官军顿匝月，凿滩以通漕，击斩阿墨，拔其寨。阿大自守鸡冠。显令人诱以官，而分五哨尽壁九丝城下。乘无备，夜半腰绠上，夺关入。迟明，诸将毕至。阿二、方三走保牡猪寨。郭成破鸡冠，禽阿大。诸军攻牡猪，擒方三。阿二走，追获于贵州大盘山。克寨六十余，获贼魁三十六，俘斩四千六百，拓地四百余里，得诸葛铜鼓九十三，铜铁锅各一。阿大泣曰：'鼓声宏者为上，可易千牛，次者七八百。得鼓二三，便可僭号称王。鼓山颠，群蛮毕集，今已矣。'锅状如鼎，大可函牛，刻画有文彩。相传诸葛亮以鼓镇蛮，鼓失，则蛮运终矣。录功，进显都督同知。已而剿余孽，复俘斩千一百有奇。"

《明史》所载都掌蛮活动的地区，与元《云南志略》所记土僚蛮活动的地区也大略相同。大约这个民族在元代叫土僚蛮，明代称都掌蛮（僚、蛮都是对少数民族的蔑称）。《明史》关于都掌蛮的记载有两点值得特别注意：一是他们很早以前的祖先包括北朝的僚，就使用铜鼓，用以集众；二是他们酋长阿大、阿二、阿苟、阿墨等名的发音都是"阿"。珙县悬棺已清理的十具棺中，随葬品有明代的青花瓷，证明墓主为明代人，即都掌蛮。由《明史》的记载可知，他们确实使用铜鼓，前举悬棺傍的崖画，当是铜鼓的图案。他们名字的第一字惯用"阿"，竹筷上"阿旦沐"当是墓主的名了。

珙县悬棺葬傍崖画铜鼓、随葬品竹筷头上书写的"阿旦沐"三字，墓主缺上下门牙等情况可与文献中关于僚、土僚蛮、都掌蛮的记载相互印证。珙县悬棺葬的墓主的族属当为北朝的僚、元代的土僚蛮、明代的都掌蛮。

悬棺葬当地称为"挂岩子"。都掌蛮的后代在明以后是否还有留在当地的？抑或已迁徙他处呢？经过明万历时的"征伐"，他们的成员有的战死，有的可能迁徙他处，但肯定还是有留在当地的，变服从俗，逐渐汉化了。芮逸夫《川南民族的悬棺葬问题》说："此种人之遗裔，在兴、珙一带犹有存者，但已完全汉化，虽耆老相传谓某处某姓为'挂岩子'（悬棺葬之俗称）之后人，然当其人之面，则皆讳莫如深。此次笔者等在洛南十里之何家岩地方访问一何姓老者，初不肯直言，后经多方说明，知访问之用意于彼并无不利，亦自承认其为'挂岩子'之后人，并述其族人在当初悬棺而葬之传说颇详。据称其始祖何大宁原系九丝都掌蛮酋阿大、阿二之同族，都掌蛮叛时，大宁投军至一何姓将军麾下，因改'阿'之'阝'旁而为何姓云。"从这里，我们又找到了一些关于悬棺葬的族属，以及都掌蛮在明代以后的情况的旁证。

本文原载于《文物》1980年第11期。

文物研究

三星堆二号祭祀坑青铜立人像初记

1986年8月14日，四川广汉三星堆遗址继发掘一号祭祀坑之后，在东南近30米处又发现了第二号祭祀坑。坑内出土遗物近500件，计有罍、尊、人头像、人面像、鸟、鹿、戈、"神树"以及方座大型立人像等青铜制品；璋、璧、戈、瑗、凿、刀、管、珠等玉石制品；人面罩、鱼、树叶、圆形饰等金制品以及骨、象牙、贝等。

三星堆二号祭祀坑的发掘资料尚未正式发表，但不少出土遗物已引起广泛关注，一件青铜立人像尤为国内外瞩目。这里专就这件青铜立人像作一介绍，并略述个人的看法。

这件青铜立人像形体高大。大眼，直鼻，方颐，大耳，头上戴冠。身躯细长，右臂上举齐额，左臂屈于前。双手握成环状，手中原应执物。着左衽长袍，前裾过膝，后裾及地，长袍上饰云雷纹。赤足佩脚镯，立于方座之上。立人像身高172厘米、冠高10厘米。方座分两层：上层座顶四面各由一倒置饕餮承托，饕餮的角上卷；下层四面光素无纹。方座高80厘米，人像连座通高262厘米（见图）。出土时已从腰下断为两截，下层方座底部残损。

根据地层和出土遗物的特征，我们将祭祀坑断为早期蜀文化，时代相当于商代后期（即殷墟一期前后）。关于早期蜀文化，文献记载甚少。弄清这件青铜立人像的性质以及有关内容，进而联系同出的其他遗物，有可能将古蜀人精神世界的一个侧面展示在人们面前，弥补古史的不足，其意义不言而喻。

这件青铜立人像的双手大得出奇，与身体显然不成比例。当时匠师们为什么过分地夸大铜人的双手，双手所执的原是什么东西，问题耐人寻味。

经多次观察、研究，我认为这件青铜立人像手中所执物应是琮。琮内圆外方，外壁以减地法突出四块长方形凸面。这件青铜立人像手的握式，正可以看到一个长方形凸面的一半。在二号祭祀坑出土的"神树"残件中，曾发现一件仅存上半身的小青铜

青铜立人像

人像，这件小人像双手分开平置于胸前，手中各执一件琮，恰为大青铜立人像手执物提供了佐证。

目前，我们见到的琮最多的是玉制品。玉琮起源于新石器时代，最早见于良渚文化的墓葬中。一般随葬玉琮的良渚文化墓葬有以下四种特征：（1）规模较大，随葬品丰富；（2）墓主人多为男性；（3）玉琮往往与玉璧同出；（4）有些墓还有人殉现象（如张陵山M4）。据此，有的学者认为，良渚文化的玉琮是一种与原始宗教巫术活动有关的

器物，它用于随葬，很可能具有避凶祛邪、保护死者平安吉祥之意[1]。

进入阶级社会之后，玉琮成为祭祀天地的礼器。与三星堆祭祀坑时代相近的殷墟妇好墓曾出土玉琮14件。《周礼·春官·大宗伯》载："苍璧礼天，黄琮礼地。"张光直先生在《考古学专题六讲》中对玉琮有如下论述："琮的方、圆表示地和天，中间的穿孔表示天地之间的沟通，从孔中穿过的棍子就是天地柱。在许多琮上有动物图像，表示巫师通过天地柱在动物的协助下沟通天地。"

如上所述，玉琮是祭祀天地的礼器，那么手持琮的青铜立人像所代表的又是什么身份的人呢？这件青铜立人像正身直立，神情庄严肃穆，双手执琮，琮的孔中或可能还插有"通天地"的木柱。在二号坑大量的出土遗物中，高大的立体铜人像只此一见，它象征的应是在这里主持祭祀的巫师。

这件青铜立人像头戴冠，穿耳，脑后梳一条长辫，身着云雷纹左衽长袍。《蜀王本纪》载，蜀人着衣"左衽"。根据祭祀坑的地理位置，人像着左衽衣，以及同出具蜀文化特征的遗物来看，这件青铜立人像象征的是蜀人。衣服上的云雷纹和罍、尊等青铜容器的特征，又显示了与中原商文化有一定联系。

商代特别崇拜鬼神，笃信巫术。《礼记·表记篇》载："殷人尊神，率民以事神，先鬼而后礼。"陈梦家先生说："读殷人之卜辞，王者地位已极巩固，不但政治武力操之男子，即宗教巫术亦浸假为男子所占有。""王者自己虽为政治领袖，同时仍为群巫之长。"[2]早期蜀文化与商处于相近的历史发展阶段，与商文化又有一定的联系，我们不妨作这样的推论：这件青铜立人像象征当时蜀人中的群巫之长，也可能就是某一代蜀王的形象。

在二号祭祀坑中，与青铜立人像同时出土的有大小青铜人面像多

① 王巍：《良渚文化玉琮刍议》，《考古》1986年第1期。
② 陈梦家：《商代的神话与巫术》，《燕京学报》第20期。

件，最大的长宽达1米余，重数十公斤；还有复原后高达数米的铜"神树"，贵重的象牙、宝贝，以及盛贮酒浆的青铜尊、罍等。由此可以想见，当时祭祀的场面是非常壮观的。

本原文载于《文物》1987年第10期。

新都战国墓出土铜印图像探原

　　1980年3月，四川省新都县马家公社发现了一座战国时期的土坑木椁墓。出土的随葬品中有两件铜印，其中有一件方形铔印引人注目。"方印一枚。宽3.5厘米、高1.4厘米。背微拱，中为瓴钮，有四饕餮组成的图案纹饰。印文为一组'巴蜀图语'符号。下部两侧各立一人，伸手相握，手下置一罍，手上有一图形符号。在墓内所出的一些铜器上，均雕刻与此图形繁简略异的符号。图形两侧又各有一口向上的铎。用图语组合成的印章过去很少见，可能是墓主人生前用物。"[1]（图一）

图一　铜方印

---

① 　四川省博物馆、新都县文物管理所：《四川新都战国木椁墓》，《文物》1981年第6期。

要弄清这方形铜印所刻图案的意义及其中心思想是并不困难的，首先要解决的问题是出土这方铜印的墓葬的文化性质。从这座墓葬的葬制和出土遗物的组合等方面来进行分析研究，我们认为，这是一座在四川出土的战国时期的具有相当浓厚的楚文化因素的墓，甚至还可以说它是一座比较典型的楚文化的墓葬①。

确定了这座墓葬的文化性质后，我们就可以进一步解释铜印上的图像了。这方铜印可分为上下两部分。下半部中置一罍（酒器），罍的两侧各站立一人，手中所持的器物，似为抬罍的工具。上半部的左右两侧各有一口部向上的铎（乐器）。中间有一图案，仔细地观察，疑为酒器罍的图案化的形象。我们为什么会认为它是罍的图案化了的形象呢?这是因为这一类型的图案还发现于同墓葬中出土的部分铜器上，如铜钺（图二）、铜斤、铜戈（图三）、铜曲头斤、铜斧、大中小铜削、大小铜凿、铜管形器等。这类铜器上的这一图案，虽然有繁有简，但都是铜印上的这一图像的变体。铜印下部的罍这一器物的形象，就是这些变体图像的母体。而且，在部分铜器上，罍的图像的左右两侧，又各有一个简化了的人的形象，他们的动作姿态，似为正抬着这罍的样子。这也就与铜印章下半部的两人抬罍的形状略同了。

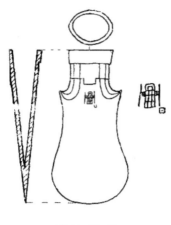

图二 铜钺

图三 铜戈

① 沈仲常：《新都战国木椁墓与楚文化》，《文物》1981年第6期。

所以，我们依据上述的情况，才提出了这一解释，认为印章上部两铎之间的图像，是罍的形象的变体。

这铜印上的图像，的确是不见于以往出土的属于巴蜀文化范畴的铜器上。但这情况的出现，是完全不奇怪的，因为这墓葬所代表的文化，根本不是一般人所认为的巴蜀文化，而是比较典型的楚文化。反映楚文化内涵的图像，又哪能求之于巴蜀文化之中呢？如果一定要生硬地在巴蜀文化中去找寻这铜印图像的根源，岂不是缘木求鱼吗？

这铜章上的符号有着特殊的意义，可能与墓主人的族属有关。说得具体一点，它已经从图像上间接地告诉我们，这墓主人是从楚地而来。所以，研究这方铜印，可以从中明了古代蜀文化的渊源及其有关诸问题。

据《华阳国志·蜀志》和《水经注》等古文献记载，古代蜀地的重要首领开明氏本来就是荆楚之人。他并不如传说那样是一个死而复生之人，这显为历史附会，或当时故意神化其事，以表现其部落首领之不同凡流。春秋战国时代，楚、蜀关系就更为密切。蜀楚文化的交流是源远流长的，开明氏由楚入蜀，带来了荆楚的音乐，同时也传播了其他一些荆楚文化①。这件铜印上的图像，正可以作为上述历史传说的一个见证。

这方铜印上所刻的图像的重点内容，可以说就是乐器铎及酒器，而此两者皆是属于上层建筑的东西——礼与乐。由此再结合《华阳国志》所说"九世有开明帝，始立宗庙，以酒曰'醴'，乐曰'荆'"，将文献资料与出土铜印上的图像来两相对照，可知开明帝入蜀之时，为蜀地带来了礼乐制度。这铜印的图像是开明氏为蜀立宗庙、制祭器的可贵的考古新发现的实物资料。所以，当时开明氏族的首领把开创蜀王朝的历史事件，创建王朝的重要功勋，刻制成图像于铜印之上，以作永久的纪念。它可能起着当时蜀人某一氏族的族徽的作用。

---

① 徐中舒、唐嘉弘：《古代楚蜀的关系》，《文物》1981年第6期。

四川地区所出土的与楚文化有关的墓葬不仅此也。1977年3月，四川荥经县古城坪也发现一座战国时代的具有楚文化色彩的土坑木椁墓，随葬器物有铜鍪、铜勺及木胎漆器数件，其中漆耳杯上还有朱书"王邦"二字①。在四川省为什么会不断地发现比较典型的楚文化的墓葬？除上述新都、荥经两地的墓葬外，还有成都羊子山772号墓，及青川的战国土坑木椁墓群等具有浓厚楚文化色彩的墓葬②。对于考古资料所提出的这些新问题，应该如何来认识？徐中舒先生根据荥经的战国墓中出土的漆器上有"王邦"二字，发表了《试论岷山庄王与滇王庄蹻的关系》一文，详细地论证了这一新的考古发现所提出的问题。徐先生说："古代四川丽水地区盛产黄金，成为楚国西向移民的巨大动力。春秋战国时代楚王在楚雄和荥经两地先后设立两个移民总管作为他的代理人，管理黄金的开采和东运。同时，楚国就有金饼和金钣两种金币在全国市场上流通。楚国黄金之多，在世界史上，可以说是空前的。岷山庄王是楚王在荥经的代理人。如自战国时代开始，迄于秦灭巴蜀之时，这个小朝廷就已有一百六十年的历史（前476—前316年）。岷山庄王和滇王庄蹻皆以庄为氏，庄蹻就应是岷山庄王的后裔，秦灭巴蜀，庄蹻乃迁于滇池之上。这段历史，都是前史所不载的珍闻。"徐先生利用四川近年来考古发掘的新资料，结合历史文献的零缣片纸，写成专论，文中许多新的论点，皆是发前人所未发。徐先生的这一推论，对我们四川今后在荥经县的考古发掘工作是有指导意义的，即是说以往四川省博物馆在荥经县已发掘了的是战国晚期的土坑木椁墓，如果我们以后加强这一地区的考古调查与发掘，很有可能会找到战国早期甚至春秋时期的墓葬。关于春秋时期的墓葬，目前在四川地区还是一个缺环。又说："例如《竹书纪年》所载桀伐岷山之事固不足信；但岷山庄王在襄王（前318年—前

---

① 《四川荥经古城坪秦汉墓葬》，《文物资料丛刊》（4）。

② 四川省文物管理委员会：《成都羊子山172号墓发掘报告》，《考古学报》1956年第4期；四川省博物馆、青川县文化馆：《〈青川县出土秦更修田律木牍〉——四川青川县战国墓发掘报告》，《文物》1982年第1期。

296年）以前已在蜀郡庄道建立了一个岷山王国，则是千真万确、不可否认的事实。"①由此可见"岷山庄王是楚国贵族所建立的王国，是楚王在丽水地区的代理人。他是楚庄王的后裔，以庄为氏"②。通过文献记载与考古资料的相互印证，我们可以知道四川地区发现数处有楚文化因素的遗迹不是偶然的现象了。

我们根据有关的材料，对新都战国中期后段土坑木椁墓中出土的这件铜印的图像作了初步的探索，首先确定它是出于一座属于楚文化的墓葬之中，再进而试图解释图像内容及其所反映的意义。将铜印上的图像与同墓出土的其他铜器（如戈、钺、斧、斤等）上的纹饰作一比较，可知铜印上部的两铎之间的图案是罍的图形的变体。这样，就对这方铜印上的最主要的图像有了基本的了解，铜印上所铸造的图像是罍（酒器）与铎（乐器），就是礼器和乐器。辨识出铜印上的图像后，再结合历史文献所记的古老的历史传说，以及《华阳国志》关于开明为蜀立宗庙、制祭器的记载，最后认为开明入蜀之时，带来了荆楚文化，这件铜印铸刻的罍与铎便代表了楚地上层建筑——礼与乐。对探讨古蜀文化的渊源及古代楚与蜀的关系等问题来说，这方铜印形象地提供了可靠的实物证据。

本文原载于《江汉考古》1982年第2期。

---

① 徐中舒：《试论岷山庄王与滇王庄蹻的关系》，《思想战线》1977年第4期。
② 徐中舒：《试论岷山庄王与滇王庄蹻的关系》，《思想战线》1977年第4期。

关于广汉土坑出土石璧的认识①

在本世纪的三十年代，广汉土坑出土了石璧等遗物。这种土坑到底是墓葬还是一种祭祀坑？石璧等遗物是作为墓葬的随葬品还是作为祭祀坑的埋藏物？弄清这些问题，对我们认清石璧的性质，解开埋藏或随葬石璧之谜无疑是有所启迪的。同样对我们今后在广汉进行田野考古的发掘工作和对广汉出土的古代文化遗存的认识，都会有所帮助。本文试图利用一些新近出土的考古资料，对中华人民共和国成立前广汉土坑出土的石璧进行蠡测，这种蠡测仅仅是一种初步的认识，请同志们批评指正。

殷周之际的玉石器、青铜器的埋葬埋藏性质可分两大类别：一种为墓葬随葬品，另一种为非墓葬的埋藏品。后者虽然不属于墓葬的随葬品，但它的埋藏多与墓葬有关。此外，这些金石器物的埋藏还与房屋建筑的奠基、山川的祭祀有关，又常常把它们称之为祭祀坑和窖藏。

关于1949年前广汉土坑出土的石璧，《说文月刊》三卷七期内林名均《广汉古代遗物之发现及其发掘》一文有所介绍，另外还见于郑德坤先生的《四川古代文化史》一书。二者在介绍广汉土坑出土的石璧

---

　　① 本文由沈仲常、黄家祥合著。

时，虽有相同之处，但也互有出入。现在，我们在四川大学博物馆陈列室里能见到这些大小厚薄不等的石璧，四川省博物馆也陈列有广汉出土的石璧。此外，成都羊子山土台也出土有与广汉柜同的残石璧。近年在广汉古遗址的调查、试掘和发掘过程中，在文化层内也能零星地见到一些残石璧，在遗址的范围内，还采集到一些残石璧。

据《说文》，玉为"石之美者"。《说文》还进一步讲到玉所具有的"五德"，这是其他石料所不具备的。玉之"五德"虽有夸张的成分，但玉作为"石之美者"还是符合客观存在的事实。我们这里可以把玉璧、石璧作为同样质地物品，可以看出广汉发现的形制特大的璧为石制。这是因为在特定的地理环境，难得寻找到如此体积大小的玉石制造大型的璧，故不能以玉为之，只能用石制，乃称为石璧了。由于关于广汉土坑出土石璧的记载本身互有出入，所以无法了解埋藏（葬）石璧的土坑是墓还是祭祀坑，以及石璧的用途。为了推测广汉土坑和出土的石璧的性质及作用，我们参考使用璧、琮更早的文化遗存——良渚文化的考古材料。这里不妨将良渚文化遗存中使用琮、璧的考古材料列举如下。

张陵山4号墓：随葬玉器二十多件，放置在墓主的头、胸部，有璧、琮、穿孔斧，其中璧4件，琮3件。这是早期良渚文化墓地开始使用璧、琮，它是中国同类玉器中年代最早的。

草鞋山198号墓：璧1件、玉琮2件等玉器置放于头部。

草鞋山199号墓：玉璧2、玉琮等10件玉器随葬。

草鞋山200号墓：随葬玉璧、玉珠、玉锥形饰各1件。草鞋山墓葬距今4500—4000年。

寺墩3号墓：仅随葬的玉石制的生产工具、装饰品计120余件，其中24件玉璧出土时分别置放于头前脚后各10余件，一部分压在头脚之下，制作最精的2件放在腹之上。放在腹部的最大，直径26.2厘米，孔径3.6厘米，厚1厘米。随葬32件玉琮中，1件置于头部右上方，其余围绕人骨架四周。

寺墩4号墓：出土的30余件遗物中，玉制璧、琮各10余件。

寺墩1号墓：随葬玉璧5件，玉琮2件。

以上7座墓葬均是我国早期使用璧、琮随葬的新石器时代墓葬①。

最近，浙江省考古研究所又在余杭县长命乡发现一处大型氏族显贵者的墓地，首批出土数百件稀世的玉琮、璧、钺。这片墓地位于长命乡雉山村的反山熟土台，土台长90米，宽30米，是良渚先民的建筑遗址。土台上已清理的4座墓的共同特点是：死者头向南，头和上腹部放大批成串、成堆的玉质装饰品，手边放置玉钺，……尸体底部铺垫着玉璧，脚下放置陶器。十四号墓仅玉璧出土25件，十二号墓内有7件玉琮出土，最大一件边径长达17.5厘米，是国内之最大者，有"琮王"之称。每座墓穴长3米余，宽2米左右，深60厘米至1.5米不等。出土玉器之精，说明墓主不是一般氏族成员，而是一批显贵者②。

良渚文化墓葬的考古资料说明璧、琮的使用在原始社会时就已经存在了。

另外，在黄河上游的甘肃齐家文化遗存中也较为明显发现有使用石璧的情况。《甘肃武威皇娘娘台遗址发掘报告》中已经刊载齐家文化遗存出土有石璧，据报告称石璧"多采用近玉质的绿色石料精工制成。其钻孔多是由空心的筒状工具从一面钻通。钻孔的周璧斜度很小，有的孔璧几乎垂直"③。《武威皇娘娘台遗址第四次发掘》④一文刊载，在发掘的22个探方中，除清理出房屋遗迹4座、窖穴23个外，还清理了墓62座，其中有24座墓葬随葬有玉璧、石璧，约占墓葬总数的36%。这些墓葬随葬的石璧多少不等，少者一二件，多者达83件，这些玉、石璧大小不等。24座墓葬中共出玉、石璧达264件。这些石璧有圆形、椭圆形和方形3种，以圆形最多。一般采用玉料或大理石制作，颜色有绿色和白色。还出有钻孔时遗留的圆形石心15件。璧制造不甚规整，一般呈斜

① 江遵国：《良渚文化"玉敛葬"述略》，《文物》1984年第2期。

② 《良渚文化遗址考古又有重大发现》，《光明日报》第1版，1986年6月24日。

③ 《考古学报》1960年第2期。

④ 《考古学报》1978年第4期。

面。

　　以上列举的良渚文化遗存的墓葬和齐家文化遗存的墓葬都大量存在使用璧、琮等玉石礼器随葬的现象，它反映了我国从原始社会到进入金石并用时代（早期青铜时代）使用玉石璧、琮随葬的情况。虽然现在不能说广汉出土璧、琮与前两种文化有什么直接的关系，但至少说明比广汉出土的璧、琮时代更早的古代文化遗存中已经大量使用璧、琮等玉石礼器了。使用璧、琮一类玉石礼器的文化遗存还不仅仅局于上述两处，在属齐家文化的永靖秦魏家墓地也发现有使用璧一类的玉石器随葬。此外，广东曲江的石峡、安徽潜山薛家、陕西华县等处新石器时代晚期遗存中都出土有璧、琮；在相当于龙山文化晚期的山西襄汾陶寺遗址的墓地也同样有用璧、琮作为随葬品的。上面这些墓葬的时代均比广汉土坑的时代早。

　　我们根据林名均和郑德坤先生的记载，并参考广汉历年来调查、发掘所获得的资料，以及1949年前广汉出土玉石礼器的组合（由璧、琮、琬圭、炎圭、石珠、玉圈、小玉块等七种类型的玉石器组成），出土的这些玉石礼器的形制，我们认为广汉土坑出土石璧的时代应相当于殷墟前后。殷墟的发掘，可进一步看出殷商之际的墓葬中常有璧、琮随葬。妇好墓出土玉石制品达755件，其中玉石礼器占七分之一略强，当中璧、琮各出土有10余件。广汉土坑出土的璧、琮等玉石礼器组合，能在殷墟妇好墓和商代其他遗存（墓葬）中找到，而且形制非常接近。广汉出土的这些古代遗物与中原商代文化中的同类古物到底有没有联系和影响，谁影响谁？希望在今后的田野考古工作中新获得的实物资料，能回答这样一些问题。

　　根据以上考古发掘所获得的实物资料，再来看广汉出土璧、琮一类的玉石礼器是祭祀坑内的埋藏物还是墓葬内的随葬品，出土这些玉石礼器的土坑是祭祀坑还是墓葬。前文所举的比广汉土坑出土璧、琮早的新石器时代的良渚文化的11座墓中，几乎每一座墓葬随葬的玉石礼器中都有璧、琮，看来璧、琮是这类墓葬的随葬品组合中的必有器物。金

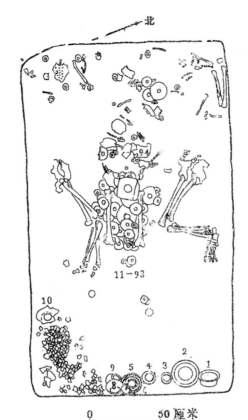

图一 1、5.陶尊 2.双耳折肩罐 3.三耳陶罐 4.双耳小罐 6、7、9.单耳小罐 8.敞口陶罐 10.陶豆 11—93.石璧 94.玉璜 95.小石块

（《考古学报》1979年第4期，431页。）

石并用时代的齐家文化墓葬，虽然不像良渚文化的墓葬那样普遍地把璧、琮作为较为固定的随葬品组合共同埋葬，但也有共同随葬的情况。山西襄汾陶寺遗址中的墓葬出土的随葬品中也有璧、琮等玉石礼器。与广汉土坑出土璧、琮时代相当的殷墟妇好也有用璧、琮等玉石礼器组合作为随葬品之一埋入墓葬的。因此，我们认为新中国成立前广汉土坑出土石璧、玉琮等一组玉石礼器当是作为随葬品之一埋入墓葬的，出土石璧、玉琮等一组玉石礼器的土坑当是一座墓葬，墓主人当是有一定地位、身份和级别的显贵者。同时还说明，林名均和郑德坤先生有关新中国成立前广汉土坑出土石璧在坑中置放的情况，当以"葛氏据董君所闻，谓璧在地中布置，由小而大，分三道，一列坑左，一列坑右，一列坑面，形如长方坑之装饰"为确，比林氏从摄影员晋君所闻石璧大小不等"叠置如笋，横卧泥中"的记载，更接近于墓葬随葬石璧的置放情况。虽然良渚、齐家的墓葬随葬的玉石璧没有显示出分成几道、几列，但仍可看出石璧的置放是有特定的位置。这里可举皇娘娘台齐家文化第48号墓随葬的83件石璧的置放情况为例（图一）。从图中可看出大量石璧在墓坑中部，墓坑内其他地方也零星有一部分，一部分石璧压在人骨架之上，一部分石璧在墓坑底部、人骨架之下。因此，从记载的广汉土坑出土的石璧情况，我们可以推知，放在坑面的石璧，当即是墓坑的底部。这座墓葬之所以无人骨架发现，从当时记载看，是由于墓坑在溪底，燕氏"疑其下有金珠宝物，乃待至深夜，始率众匆匆前往掘取……"这可说明即便坑内有残留的人骨架痕迹，在黑夜之中的挖掘索取宝物过程中，也绝不会发现和保留下来。再参照中原一带商周之际大量发掘的遗存，我们可以说，不能一见到有人骨架的遗迹就判定为墓葬，有的遗存尽管有人骨架却不是墓葬。由于某些特殊的地理环境，土壤中酸碱程度不一样，有些墓坑内人骨架全部腐朽，荡然无存，连骨架的痕迹也难以辨认，而随葬器物却放置在墓坑原处保存下来，特别在发掘早期墓葬中会遇到这种情况。遇到此类现象，我们也不能断然就判定它不是墓葬。这些情况，在今后的田野考古工作中，可能还会出现的。

通过将其与其他考古资料进行比较研究后，我们推测这个土坑是一座墓葬，出土的石璧等玉石礼器作为随葬品埋入墓坑内的可能性极大（图二），而且随葬品有璧、琮这类玉石礼器的墓主人，在当时是有一定地位和身份的显贵者。这种组合的玉石礼器的随葬品，在前面所列的考古资料中均有。因此，广汉出土玉石礼器的土坑是祭祀坑的可能性极小。退一步讲，如果它是祭祀坑的话，我们认为至少也与墓葬有关。我们看中原商代遗存的发掘，1976年安阳武官村北发掘的祭祀坑达191

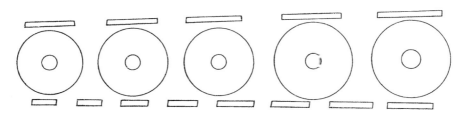

图二 发掘原状示意图

顶部由大到小依次排列的石璧盖在上面，平放或呈水平状，墓边垂直排放的石璧也同样从大到小排列。（采自葛维汉：《汉洲发掘简报》，《华西边疆研究学会杂志》第6卷，1933—1934年。）

座①，这些祭祀坑与1950年发掘的武官村大墓距离很近，与1949年前发掘的西北区大墓也相邻。这表明凡有祭祀坑的墓都是大型墓葬，墓主人都是有相当地位和权力的统治者。迄今发掘的商代和商代以前的墓葬大都是如此，直到东周战国时代的大墓也是这样。例如：辉县固围村1号大墓的发掘，在1号大墓的一隅，发掘了两个埋玉坑，打破封墓夯土石基，浅不在地表，深又不到墓底，只及墓深的三分之一。埋玉坑一：在墓葬表面，而正东南隅处的石板层有些塌陷暴露，坑长1.65米，宽0.69米，距地表3.5米。底面有绢帛一层，涂红朱，东侧置玉环2枚、料珠2枚、角质柄饰2枚。在此坑正北，距离1.08米处又发现埋玉坑二，长2.07米，宽1.9米，深6.05米，近四方形。底面亦现朱色绢纹，内藏圭、璧、璜料珠等二百余件。此二埋玉坑是对墓主的追祭时所瘗埋的，别无可以解释之道②。这个事例也说明有祭祀坑的地方多与墓葬有关，有祭祀坑的墓葬一般都是大墓。所以，我们认为广汉古代遗址历年来的调查发掘所揭示出的一系列现象表明，它与上面所列举的古代遗存的清理过程中所遇到的现象有很多相同之处。

我们推测广汉土坑是一座墓葬，土坑内所出之石璧、玉琮等玉石礼器是随葬品，那么石璧的用途是什么呢?有的人认为广汉土坑是一祭祀坑，他们依据《周礼》"苍璧祭天，黄琮礼地"的记载，认为土坑所出之璧、琮是祭祀山川之物。我们认为不完全是这样。夏鼐先生的研究说："《周礼》是战国晚期的一部托古著作。我认为这书中关于六瑞中各种玉器的定名和用途，是编撰者将先秦古籍记载和口头传说的玉器名称和它们的用途收集在一起；再在有些器名前加上形容词使之成为专名；然后把它们分配到礼仪的各种用途中去。这些用途有的可能有根据，有的是依据字义和儒家理想硬派用途，这样他们便把器名和用途，

① 中国社科院考古所安阳队：《1973年安阳小屯南地发掘简报》，《考古》1975年第1期。
② 《辉县发掘报告》，北京：科学出版社，1956年。

增减排比，使之系统化了。"①

在良渚文化中，每一座墓葬出土璧、琮数量多少不等，皇娘娘台齐家文化墓地每座墓出土玉、石璧也不相等，商代殷王室妇好墓也出有璧、琮。从中可以看出从石器时代、金石并用时代到青铜时代，随葬璧、琮一般出现在氏族社会的显贵者墓中。青铜时代的王室墓内随葬有同样器物，说明随葬璧、琮有象征财富占有的多少和显示地位高低的作用。另外有的璧在墓中，"有套在死者臂上，当是作手镯用，有放在胸部腰侧，可能是悬挂在身……车马坑出土的小型石璧环，可能作为联系各物的链环"。还有一种名为"璇玑"的异形璧，以前认为是天文仪器物件，经夏鼐先生研究，此物似与天文仪器无关，实为边缘有饰的璧，当和普通璧环一样作为装饰品之用。总之，就普通璧、琮在墓葬中的位置和件数而言，《三礼》和汉儒对璧、琮的注释，可能都是儒家的设想，先秦没有实行过这种制度，似乎亦不像是帝王祭祀天地的礼器②。当然，广汉土坑出土的石璧之大是不可能作为人们佩带悬挂用的装饰器，很可能是象征财富的占有和显示身份、地位高低的器物，它与琮、圭等玉石礼器一道，可能同时带有礼仪或宗教上的意义。比广汉石璧更大的石璧，在一些民族材料中也能见到，它是执行货币职能。"雅普岛这种有名的石钱（称为"费"），是由帛琉群岛产的一种石灰岩——霰石（asagonic）做成的巨大石轮。……这种钱币很大，呈扁圆形，中有钻孔，似乎像一块磨石而较薄。它的价值根据其大而薄的程度而定，其直径有高达五码的，这大概是世界上最大的钱币了。……这对大得出奇的通货要使用于日常贸易之中，当然很困难。因此，'费'总是陈列在人家门前。商人把货物卖给远地的人们，仅仅查看一下主顾的'费'的外貌及所在位置。他拥有的'费'可遍布全岛，但对每一个这样的石轮并不进行实际占有。……中国和印度支那新石器多时代的发现说明，这

---

① 夏鼐：《商代工器的分类、定名和用途》，《考古》1983年第5期。
② 夏鼐：《商代工器的分类、定名和用途》，《考古》1983年第5期。

种通货有非常古老的渊源。"①看来因时间的不同，地区的不同，使用石璧民族不同，石璧的作用也就不完全相同。

江浙良渚文化墓葬以大量璧、琮等玉石礼器随葬，西北高原齐家文化墓有用大量璧石随葬，中原商代前后的墓葬也有用璧、琮进行随葬的，他们反映了我国从新石器时代晚期直到青铜时代以后，数千年的时间里都用过璧、琮作随葬品。从地域上观察，璧、琮的使用不仅在长江下游，在黄河上游、中原一带这样一个广阔的区域内普遍或不同程度的存在过使用璧、琮随葬的情况。在空间和时间上考察，1949年前广汉土坑所出土的石璧等也毫不例外地均是处在上面所谈到的时空框架的范围之内。不仅如此，它与这个时空框架范围内某一阶段的文化遗存中的出土物还非常接近，说明二者之间存在着物质文化的交流和文化因素的传播。所以，从这三点可知，广汉土坑出土的石璧、玉琮等遗物与它处于相同阶段的文化遗存所出的同类遗物的作用是相同或相近似的。在这些意义上，上述的一系列考古资料，都给我们莫大的启示。

本文原载于《成都文物》1986年第4期。

---

① ［德］利普斯著：《事物的起源》，江宁生译，成都：四川民族出版社，1982年。

嵌错水陆攻战纹铜壶考①

  1965年2月26日四川省博物馆在成都市郊的百花潭中学发掘的第十号墓中，清理出了一件工艺精湛的错银铜壶②，与铜壶共出的铜器还有戈、矛、钏、钺、斧、削、凿、甑、鍪、鼎共47件，陶器1件。其中以错银铜壶最具有历史、工艺等方面的研究价值，曾引起不少学者的兴趣。这件铜壶高40厘米，小口、长颈、有盖，盖上有三鸭形钮，肩有兽首衔环，通体布满用金属嵌错成的图案。这些图像大致分成四层八组，每一层二组。在第一层之上是口沿，上有盖。以盖为中心构图，盖上均匀地安装三钮，从中心向外分别嵌错出三道圆圈，内圈饰卷云纹，在内圈外饰一圆圈纹，圆圈纹与最外一道圆圈之间用12头兽分三组，每一组由4头兽组成装饰壶盖，成为盖上的主题图案。最有研究价值的是壶身分为四层八组的图像，这里简要介绍铜壶每一层图像内容。

  第一层：分左右两组。左面一组由上、下两部分内容组成。有的认为是竞射图像，下有三人跪坐，他们前面分置放鼎、案等器物。右面一组为采桑图像。

---

① 本文由沈仲常、黄家祥合著。

② 四川省博物馆：《成都百花潭中学十号墓发掘记》，《文物》1976年第3期。

第二层：分左右二组。左面为一组宴乐武舞图像，右面为弋射和习射（竞射）图像。

第三层：水陆攻战图像。左面有步战仰攻，右有水陆交战图像。

第四层：狩猎图像。（图一）

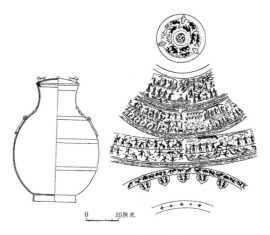

图一　水陆攻战纹铜壶图案

与这件铜壶很接近的，应首推故宫博物院收藏的一件嵌错铜壶。它上面的图像内容基本上与百花潭十号墓出土铜壶上的图像内容相同：壶口、颈、足、腹分别用三角形雷纹带装饰，把壶上的图像分隔成三层六组，每一层有两组；上层有习射采桑和狩猎内容的图像，中层有宴饮、乐舞、弋射和捕鱼的画面，下层是水陆攻战的战斗图像。从二壶的图像内容观察，它们基本相同。图像中的一些建筑，使用的兵器形状，水陆攻战使用的舟船，弋射、采桑、攻战使用的云梯等工具，宴乐时使用的兵器等均极为相似；整个铜壶图像的构思、布局也是一致的。

1977年在陕西凤翔也出土了一件与这类铜壶相同的镶嵌铜壶[①]。

另外，属于不同器种，但是表现同样图像内容的嵌错铜器是1935年在河南汲县山彪镇1号大墓出土的2件水陆攻战纹铜鉴。此二件铜鉴上的图案相同，同样分三层，每鉴上中下三层图案共9种41组。图像内容主要反映水陆攻战的战况，与百花潭出土的铜壶的区别是没有反映宴乐和弋射方面的内容。但是铜鉴上反映的东周水陆攻战的战况与百花潭铜壶反映的水陆攻战的战况是一样的。这种以东周社会生活为题材的青铜

---

① 唐复年：《战国宴乐射猎攻战纹壶》，《故宫博物院院刊》1983年第3期；王海文：《春秋战国时期的青铜工艺》，《故宫博物院院刊》1986年第2期。

器上的图案内容包括宴乐、采桑、弋射、乐舞、攻战等，生动活泼且富于写实性的画面，主要表现了当时中原地区的军队与其敌对的军队进行交战的实况，还表现了中原地区人民的生产、生活和贵族宴乐等方面的内容。因此，百花潭出土的水陆攻战纹铜壶上的内容亦不例外，它表现了东周时代中原地区的社会生活方面的内容。所以，成都百花潭出土的这件铜壶应是属于中原文化系统的文化遗物。将百花潭出土的水陆攻战纹铜壶上的图案内容，与故宫博物院收藏的同样的铜壶和河南汲县山彪镇出土的水陆攻战纹铜鉴上的图案内容进行比较后，我们认为他们皆是反映中原地区社会诸方面的题材。从而可知百花潭出土的水陆攻战纹铜壶不应是属于"巴蜀文化"的铜器，而是中原文化系统的遗物。

其次，我们再从百花潭出土铜壶上的人物图象与故宫藏的铜壶上的人物图像，与山彪镇出土铜鉴上的人物图像买进行比较，可以看出，其图像上都有着长裳、短服，有长辫，有帻或元帻，腰佩短剑等都是一样；交战使用的武器，剑、戟、盾、矛均是一样；攻战使用的舟船，仰攻使用的云梯在图像中的表示亦均是一样。关于这种东周战况的写实图像，又似有中原部族与吴越交绥的故事隐于其中。郭宝钧先生在研究铜鉴图案中交战双方的族属时，根据《左传·哀公十一年》中有"公孙挥命其徒曰：人寻约，吴发短"和《穀梁传·哀公十三年》"吴，夷狄之国也，祝发文身"注"祝，断也"的记载，指出交战图像中"短发而习水战的部族，似非中原部族，也就是作鉴者的敌方。而出鉴于汲县，作鉴者自也有中原部族的可能"[1]。如果山彪镇出土的水陆攻战纹铜鉴属于中原文化的遗物，而成都百花潭十号墓出土的水陆攻战纹铜壶上的图案中反映东周战况的图案与铜鉴上反映的战况图案一样的话，那么，我们认为百花潭出土的铜壶不是"巴蜀文化"遗物，而是中原文化系统的遗物。

百花潭出土的水陆攻战纹铜壶图案中的建鼓、编钟、编磬、丁宁

① 郭宝钧：《山彪镇与琉璃阁》，北京：科学出版社，1959年。

也与故宫所藏的同类铜壶、山彪镇出土的铜鉴上的同样图案一样，而这些具体的实物资料在中原一带亦多有出土，目前在四川境内还没有出土过建鼓、编磬的实物资料。编钟虽在四川涪陵小田溪出土过一套14枚，而这一套编钟能否确实认定为"巴蜀文化"遗物，都还有进一步研讨的必要。百花潭出土铜壶上第二层图案中的低腹、蹄足、附双耳的鼎、鉴，特别是鼎，它与故宫藏的铜壶上所表现的鼎，二者无论是外形还是鼎身所表现的纹饰均完全一样。在巴蜀文化出土的遗物中也未见到有这种形制的鼎和鉴，而在洛阳中州路东周墓中却能见到类似的鼎。

反映东周社会生活内容包括宴饮、乐舞、狩猎、采桑、弋射、攻战等题材的出土遗物，在四川境内到目前为止仅仅出土这一件。除故宫收藏一件这样的铜壶外，前面提到近年在陕西凤翔也出土过类似的嵌错宴射铜壶，上海博物馆还藏有一件战国宴射杯。山彪镇出土的水陆攻战纹铜鉴，虽然没有表现宴乐、采桑、弋射的内容，但反映的鼓錞、旌旗、云梯之制，文献中都有记载。"析羽为旌"，各建其旗，置旌门。在百花潭出土的铜壶和山彪镇出土铜鉴上的图像中，均可得到印证。此二器在表现手法上也大致一样，表现类似的图像内容的遗物也不仅出土于山彪镇，在中原其他地方也还有出土，特别是与百花潭铜壶上表现狩猎内容题材类似的出土物较多。如辉县琉璃图M56出土有狩猎纹铜壶，M59出土有狩猎纹壶2件，M75出土有狩猎纹壶6件，并且还有表现采桑的图案，M76出土有狩猎纹壶4件[①]。看来与百花潭出土的水陆攻战纹铜壶上图像内容相同或相似的遗物多出土于中原和三晋一带。此外，相同类型的器物还见于一些著录中。如车马狩猎钫鉴、车马狩猎纹壶等在容庚、张维持编著的《殷周青铜器通论》中还转录有4件。在台湾故宫博物院还藏有一件狩猎纹鉴，在日本也还有一件战国嵌金银狩猎纹镜[②]。这些也可以看出表现狩猎的内容，更多的是东周时代中原社会生活的写

---

① 郭宝钧：《商周青铜器群综合研究》，北京：文物出版社，1981年，第104页。

② 王海文：《春秋战国时期的青铜工艺》，《故宫博物院院刊》1986年第2期。

实，也侧面说明百花潭出土的铜壶上的图像内容是表现东周时代中原的社会生活，而不是当时"巴蜀"社会生活的记录。出土的器物分布区域也表明了这一点。

再者，百花潭出土的铜壶的嵌错工艺也不是"巴蜀文化"所固有的技艺，而是源于中原一带。四川目前发现的相当于"巴蜀"时期的嵌错铜器并不多，而在中原一带则多有出土。这种嵌错金属的工艺，可见于故宫收藏的一件嵌赤铜的商代棘纹戈[①]，到春秋时这种工艺逐渐盛行。在《寿县蔡侯墓出遗物》一文中也能见到几件嵌赤铜的青铜器；山西浑源出土、现藏上海博物馆的春秋狩猎纹豆，故宫所藏狩猎纹豆均是采用嵌错金属的技艺来表现图案纹饰的，据传出自山东滕县的夆叔三器（敦、盘、匜）也是用赤铜嵌错而成的[②]。此外，二十世纪六十年代在山西侯马还出土一块用来制造嵌错铜器的铜胎，"采桑"图范[③]。以上所举出的一系列资料说明嵌错技艺产生于中原一带，并非"巴蜀文化"所特有的技艺，所以百花潭出土的嵌错水陆攻战纹壶非"巴蜀文化"铜器。近年在四川绵竹发掘的一座土坑木椁墓内出土有铜钫、豆、壶也是用嵌错赤铜的技艺表现图案纹饰的，我们认为也不是"巴蜀文化"的铜器[④]。

既然成都百花潭出土的水陆攻战纹铜壶不是"巴蜀文化"的遗物，又非本地所产。那么它是怎样输入四川的呢？我们认为春秋战国之际，礼乐崩溃，诸侯纷争，战争频繁，这件铜壶上的图像本身就反映了当时的社会情况。这件铜壶有可能因战争掠夺而来，也可能是相互交流而传入的，或者是中原诸侯的封赏之物。我们认为百花潭出土的水陆攻战纹铜壶不是"巴蜀文化"的铜器，而为"中原文化"的铜器，那么在"巴蜀"时期四川有没有本地所制造的嵌错铜壶呢？我们认为是有的，

---

① 王海文：《春秋战国时期的青铜工艺》,《故宫博物院院刊》1986年第2期。
② "敦""匜"见《善录》第99页，"盘"见《贞图》第35页。
③ 《考古》1962年第2期，图版贰，第10页。
④ 《文物资料丛刊》（7）。

一件是四川涪陵小田溪出土的一件战国晚期至秦的镶嵌错银的通体饰卷云纹的铜壶（图二）①；另一件是在广元出土的（现藏广元县文管所）通体镶嵌错银的卷云纹铜壶。目前发现的这两件铜壶，我们认为是本地工匠接受了外来的嵌错技艺之后，与本地工艺相结合所铸造的卷云纹的错银铜壶。以上是我们从"巴蜀文化"中所辨

图二　错银卷云纹铜壶

认出的属于"中原文化"遗物的水陆攻战铜壶后，而确认的属于本地所铸造的卷云纹错银铜壶，这类铜壶才真正具有较多的本地文化的特点。

　　"巴蜀文化"一名，是二十世纪三十年代卫聚贤先生在一些店肆和古董商那里见到有其地方特点的青铜器，主要是青铜兵器，并根据成都西门外白马寺出土的一批战国青铜兵器而提出的。可见卫聚贤已经开始注意到利用地下出土的物质文化遗物来进行考古学文化命名。由于当时西方的田野考古学刚刚开始引进中国，并在中国进行传播，所以近代田野考古学在中国还处于开创时代。而当时的"巴蜀文化"命名，还没有考虑到根据考古学的基本理论和方法，对"巴蜀文化"的物质文化遗存进行较为全面的考古学文化的研究命名，只是将一些铜器的形状和纹饰与其他地方的古物进行比较后发现有所不同，认为应该将它单独另立一名。因此我们可以看出，由于历史时代的局限性，卫聚贤在定"巴蜀文化"一名时，还不可能较为全面地注意到利用考古学理论和方法，以

---

① 四川省博物馆、重庆市博物馆、涪陵县文化馆：《四川涪陵小田溪战国土坑墓清理简报》，《文物》1974年第5期。

及考古学文化命名的条件来对这些出土的物质文化遗存进行综合研究后命名。如果在考古学这门学科发展到目前水平的情况下，去考察当时"巴蜀文化"命名的情况，我们可以说，在巴蜀文化命名时，卫聚贤无意识或者可能有意识地注意到利用"类型学"的原理进行了材料的类比之后，认为这些出土的物质文化遗物与其他地方的青铜古物不同，便提出了"巴蜀文化"这样的命名。我们认为卫文当时只注意利用材料进行简单的类比，并没有上升到利用"类型学"原理进行研究的高度，没有发展到后来成为考古学基本理论和方法之一的那样一种严密科学的"类型学"方法。这种方法，今天已经成为我们进行科学田野考古对出土的古代物质文化遗存进行整理研究过程和进行考古学文化命名时的必要手段之一。

真正对"巴蜀文化"的物质文化遗物进行"类型学"的研究，是已故的考古学家冯汉骥先生。他在《关于楚公冢戈的真伪并略论四川巴蜀时期的兵器》一文中，对巴蜀青铜兵器中的戈作了较为系统的"类型学"研究，并将铜戈分为五式，还对它的年代进行了推断，这对在考古学上研究"巴蜀文化"起到了促进作用。"巴蜀文化"一名一直沿用至今，我们今天再去考察1949年前成都西门外白马寺出土的青铜兵器，通过与1949年后成都等地出土的同类遗物进行比较和"类型学"上的考察，可知这些遗物多数是战国晚期的。丹麦考古学家汤姆逊在《国家古物指南》一书中首先提出三个时代的划分：即石器时代、铜器时代、铁器时代。1873年马克思肯定了这三个时代的划分，并在著名的《资本论》中加以引用①。因此，把成都白马寺出土的铜器放在一定的时间和空间范围内去考察，按汤姆逊三个时代的划分，这些铜器则已处于铁器时代了。不难看出卫聚贤根据成都白马寺出土的青铜器定名的"巴蜀文化"应属于铁器时代。

1949年后，近代田野考古学的发展，考古学理论和方法不断归纳、总结和提高，促进了近代田野考古工作向科学田野考古学方向发展，考古发掘工作不断地挖掘出大量的古代文化遗存。"巴蜀文化"的考古学研究内容，也同样被新近出土的古代物质文化遗存不断地丰富，同样也将"巴蜀文化"研究的时空框架扩大了，不再是仅仅研究处于"铁器时代"的"巴蜀文化"，而是已经将"巴蜀文化"拓展到"铜器时代"，"巴蜀文化"的研究内容也不仅仅只限于少量战国晚期的铜兵器，而已经涉猎到墓葬、遗址等多种古代遗存。但是要认清"巴蜀文化"的物质文化面貌，还需要做大量的工作，对新近出土的古代文化遗存进行宏观的文化历史传统的考察和微观的文化因素的分析研究，加以鉴别，具有"巴蜀文化"面貌特征的古代文化遗存才能以自身特有的风格与其他古代文化相区别。这是我们仅就四川出土的几件铜器的文化性质的归属问题，谈点我们初步的看法。

在四川出土的古代遗物中，时代较早、受中原青铜文化因素影响特别明显的（有些器物甚至完全是由中原输入四川），应以二十世纪六十年代初和一九八〇年四川彭县竹瓦街前后两次出土的窖藏青铜器最

---

① 汤姆逊是哥本哈根一个商人的儿子，从小喜爱古物。于1978年任丹麦国家博物馆第一任馆长，他根据古物藏品的研究和分类，创造了三个连续时代——石器时代、铜器时代、铁器时代，并在《国家古物指南》一书中，详细地说明了这三个时代的划分。后来汤姆逊的学生沃尔赛（J.J.A.Wordsaae 1821—1885）在丹麦的史前墓葬和泥炭泥沼层的发掘中，观察到这三个时代的地层关系，从而证实了它的科学性和正确性。1843年沃尔赛写了一本《丹麦的原始古物》的书，以科学的事实充分地论证了三个时代的理论。后来，瑞士湖滨居址的发掘，又进一步地为三个时代的划分提供了可靠的地层关系。1873年马克思肯定了汤姆逊的三个时代的划分，并在著名的《资本论》中予以引用。（吴耀利：《史前考古学中的时代划分问题》，《史前研究》1985年第1期。）

具有代表性。两次窖藏出土的青铜器种类和数量大致相当，时代相同，相当于商末周初，此为学术界所公认。彭县第一次窖藏出土的青铜器群中，有"覃父癸"和"牧正父己"铭文的二觯（铭文摹本），可以肯定的是，此二觯与蜀仿殷周青铜器共同埋在一起的为中原文化系统的殷代遗物。关于二觯实为殷代遗物，徐中舒先生在《匹川彭县濛阳镇出土的殷代二觯》[①]一文中有详细的考证研究，并在《殷文存》《三代吉金存》中找出与"覃父癸"等二觯铭文相近的青铜荟铭文例举于文中作为有力的证据。据徐老的研究，殷器中至少有十九荟为覃氏（族）遗物。"覃氏、觯氏原属殷族，春秋时的谭国或即其后。"另外《殷墟青铜器》一书中收录的有"祖辛父辛""父癸"铭文的二觯形制也与彭县出土的二觯相似，与彭县"牧正父己"觯相同的还见于《读殷文存》中著录的一件牧正氏器。

所以，彭县出土的窖藏青铜器，虽然有本地文化因素，但这种本地文化因素是否应该名之曰"巴蜀文化"，今后还有进一步探讨的必要。但是这些窖藏的青铜器中有浓厚的中原商周青铜器文化因素是显而易见的，其中的二觯确为中原殷代文化遗物。

一些研究者认为錞于也是"巴蜀文化"中具有代表性特征的器物之一，认为是"巴蜀文化"所固有的东西。从近年来出土的考古资料来看，我们认为有必要重新认识这一论点。探索錞于的来龙去脉，辨别最早发明使用錞于的族属，对我们认清"巴蜀文化"本来的物质文化面貌是有作用的。錞于图像最早见于宋代的金石著录，清代的金石图籍中也有所记载。近现代的铜器专著中，如容庚等编著的《殷周青铜器通论》和其他著录中均能看到的錞于线图或实物照片。根据现在各地收藏的錞于实物资料，可以看出它的分布不仅仅只限于四川，而是北达吉林长春，南至广东，此外主要分布于湘、鄂、黔、桂、皖、赣、秦等上述10个省区。在这些地区收藏的錞于中，有些是当地出土的，有些是由外地

---

① 《文物》1962年第6期。

传入的。例如，现藏长春吉林大学文物陈列室的一件錞于，显然不是当地出土的，可能由外地传入的。当然上述地区收的錞于，本地出土者占大多数。錞于不只是作为征战时鸣之的实用器，还有不是作为实用器的錞于，如藏于上海博物馆的一件青釉环钮瓷錞于。另外还发现出土的器物上铸有錞于的模型和图像，如云南晋宁石寨山出土的贮贝器上铸有錞于模型，河南汲县山彪镇出土的水陆攻战纹铜鉴上有錞于的图像①。

再看文献上关于錞于的一些记载。"以金錞和鼓"郑注："錞，錞于也；图如碓头，大上小下，乐作鸣之，与鼓相和。"这是《周礼》一书中所记的举行礼仪时，鼓錞并用，同时鸣奏。《国语·晋语》卷十一："战以錞于、丁宁，儆其民也。"《吴语》又载："既陈，去晋军一里，昧明。王乃秉抱，亲就鸣钟、鼓、丁宁、錞于、振铎，勇怯尽应。"《春秋·桓公五年》"州公如曹"，《左传》即作"錞于公如曹"。以上关于錞于的记载说明，錞于在周代已经出现并与鼓同时使用，不仅用于战争，还用于礼仪之事。这表明錞于最早出现于中原一带，春秋时晋、吴两国皆有錞于。

1949年后，安徽寿县蔡侯墓和宿县芦古城子出土了錞于，根据同出遗物铭文考证，断为春秋时代的錞于②。另外，出土錞于较多的是湖南省，据有人统计，出土錞于在40件左右，主要是出于湘西的沅水和澧水流域；其次是湖北出土较多，多出土于鄂西清江流域；再次是贵州松桃县，也出土有5件錞于。另外陕西安康、长安县、咸阳等地也分别出土有錞于。研究近年来出土錞于的考古工作者根据其形制、特征，将錞于分为五期，主要将錞于的钮、器身形制、盘沿和纹饰几个部位的变化

① 上海博物馆：《青铜器展览》；汪宁生：《试论中国古代铜鼓》，《考古学报》1978年第2期；《山彪镇与琉璃阁》，北京：科学出版社，1959年。
② 《寿县蔡侯墓出土遗物》，北京：科学出版社，1956年；《安徽出土两件铜器》，《文物》1964年第7期。

作为分期标准①。如果依据上述錞于分期的标准，把四川所出土或传世的錞于进行分期断代的考察，就其钮制和錞于上的符号纹饰看，只能相当于第四期，即战国晚期至西汉前期。因此，我们从文献记载和出土的实物资料两方面看，便可得知，錞于并非"巴蜀文化"中具有代表性的铜器，也不是"巴蜀文化"所固有的器物。从安徽出土的方形穿和环钮无穿、通体素面的两件春秋到战国中期以前的錞于和湖南、贵州等省出土的虎钮、马钮，上有五铢、货泉以及有"长寿宜年"铭文的西汉中期到东汉时代的錞于观察，在錞于出现、使用、存续的数百年的时间内，四川出土的錞于只是在使用、存续的过程中居一席之位。关于錞于的起源，徐中舒先生指出，錞于原为中原之器。春秋时州国都城名錞于，《春秋》桓公五年：州公如曹，《左传》即作"淳于公如曹"，其后齐人以淳于地名为姓，如战国时代的淳于髡。"錞于""淳于"应出于一语源，其初先有錞于乐器，遂名其地为淳于，是我国之有錞于必尚在春秋以前。春秋时晋吴两国皆有錞于，并见于《国语》。巴族之有錞于当由中原传入，这说明古代巴族与中原地区有往来和联系②。此后熊传新同志又根据发现的錞于实物和錞于的分布地区，认为錞于的出现似与越族有关，也可能越人是古代錞于的首创者③。同意此说的还有傅举有同志，他在《古代越族的乐器——錞于》一文中阐述了錞于为越族之物的观点④。当然，关于錞于的起源并不是本文讨论的三题。就錞于的起源，徐中舒先生和唐嘉弘同志从史学研究的角度和方法，主要从历史文献上阐述对錞于起源的看法，而熊传新同志主要利用实物资料阐述了錞于的起源。尽管他们的看法互有出入，但是他们对四川出土的錞于的看

① 熊传新：《我国古代錞于概论》，《中国考古学会第二次年会论文集》，北京：文物出版社，1982年。
② 徐中舒：《四川涪陵小田溪出土的虎钮錞于》，《文物》1974年第5期；徐中舒、唐嘉弘：《錞于与鼓》，《社会科学研究》1980年第5期。
③ 熊传新：《我国古代錞于概论》，《中国考古学会第二次年会论文集》，北京：文物出版社，1982年。
④ 《民族研究》1983年第5期。

图三　虎钮镎于

法和结论是一致的，都认为四川的镎于是由中原传入巴人手中。在四川已发掘的近二百座巴蜀时期的墓葬中，仅在涪陵小田溪二号墓中出土镎于一件（图三），是与钲共存的。四川其他地方所藏镎于，都不是经过正式科学发掘所得。文献史料和物质文化史料，均表明镎于非"巴蜀"时期巴人所创造，而是中原物质文化因素的输入和延续，它并不是具有"巴蜀文化"特征的代表性器物之一。所以，我们认为，如果四川出土的镎于确为巴人之物的话，至少也是在接受中原镎于的物质文化因素之后发展和制造的。镎于的虎钮，最早见于第二期（战国中期），一直延续到第五期（两汉时代）[1]。因此，用虎纹和虎形来装饰镎于的钮和其他器物，或其他器物有虎形图案纹饰的，不一定都是巴人遗物。很自然，饰有虎钮的镎于不全都是巴人遗物。当镎于由中原传入四川后，我们也不能排除有巴人文化的因素渗透，但不能因此就任意改变最早创造和使用镎于的民族属性。

综上所述，我们清楚地看到，在四川出土的青铜器中，不仅仅有"巴蜀文化"特征的遗物，而且常常会遇到"巴蜀文化"的遗物与中原文化或其他古代文化遗物共存的现象。上面列举的殷代二觯、百花潭水陆攻战纹铜壶和虎钮镎于三器，即可窥见一斑了。因此，我们在田野考古的发掘和研究中，一定要正确地运用考古学的理论和方法，研究辨明出土遗物的文化属性，这必将会促进有关"巴蜀文化"的研究工作。

本文原载于《成都文物》1988年第2期。

---

[1] 熊传新：《我国古代镎于概论》，《中国考古学会第二次年会论文集》，北京：文物出版社，1982年。

记四川巴县冬笋坝出土的古印及古货币①

冬笋坝在四川巴县第一区，长江的北岸，距重庆市120华里，地当成渝铁路铜罐驿车站。《华阳国志·巴志》："巴子都江川。"杜佑《通典》："江州故城在巴县西。"《巴县志》说："巴子故里在县西百里。"都似指在冬笋坝一带。又其附近的小南海，当地人至今呼为龟亭子，当即《巴志》所说"巴人立市于龟亭"之地。故冬笋坝地望是与巴国有密切关系的。

1954年，西南博物院在冬笋坝清理了土坑墓52座②。这些墓坑的形制，就相对年代排列，可分为狭长形墓、长方形墓、正方形墓三大类。它们的时代，约自战国后期直至西汉。现在将其出土的古印及古货币分别叙述于下。

一、古印

印章出土于前两类墓坑中，除第24、第37两号墓所出的两印外，

---

① 本文由沈仲常、王家祐合著。

② 简讯已发表在《文物参考资料》1955年第2期。

其余诸印皆是出土于狭长坑中。

狭长形竖穴墓，是东西横列的直下式土坑墓。葬具是用整段木挖成的船形棺，葬式是头东脚西的伸直葬。随葬品在船棺内分东西两群置放，东部人骨架附近以铜兵器为主，有矛、戈、剑、刀、瞿、斧、盘、带钩、钱币、印章、琉璃珠等；西端人脚下部分置铜及陶容器，铜器有釜、甑、罐，陶器有豆、壶、罐等。此种墓坑的印章，皆出土于人骨架胸腹部覆置的铜盘下或其附近，共计16枚。长方形竖穴墓，已经不是船棺葬。随葬品杂置环列，铜兵器减少，铜罐改用铁铸。这种墓坑的印章，仍出土在墓室东部，计有2枚。

这批印章的形制，略可分为6式：（1）长方形鼻纽印；（2）覆斗形鼻纽印；（3）圆柱形鼻纽印；（4）扁圆形鼻纽印；（5）近方形鼻纽印；（6）长方形犀兽纽印。

此外两印，印面为圆形，形制不明。这些印虽有形制上的差异，但形制都很小，纽与体形还没有一定的形制，基本上是一般所谓的周秦小鈢。

这批印章的印文（图一），可暂分为符号文和篆书字两类。

图一　四川巴县冬笋坝出土古印

符号文印的印文，现在都不认识。这些符号是由一个或几个单体合并成一印。各印中又多相同的符号，也许它们就是巴蜀地方通用的文字。印文中有个别符号很近似中原文字（如王、火、山等字），这可以表明它们虽然具有地方色彩，但仍然是祖国整体文化的不可分割的一部分。这种符号文印，在《瞻麓斋古印征》及《宾虹藏印》两书中曾有著录。前书在序中说是在四川所收，《宾虹藏印》中所著录的也说是来自四川。

各印章多作阴文或飞白文，唯第50号墓覆斗印作朱文虎形。动物形印见于印谱者颇多，但此印别具风格。巴人与虎的关系很密切，巴蜀铜剑多有虎纹，或即白虎复夷的标志。

篆字印多是吉利语及敬语之类的私印，只是长方坑所出两枚残印，或为名号，但均不能确识。第37号墓所出或即一"福"字。第24号所出已坏2字，余1字或即"扞关"的"扞"字。第2号墓"高"字一印，字形是金文体，或为姓氏，或用为高升之义的吉祥语。至于敬事、忠仁、富贵、万岁诸印，皆古习语，多见于各印谱中，如《金薤留珍》《宾虹藏印》《澂秋馆印存》《十钟山房印举》等，收集都颇为丰富。吉利语在先秦时代即已出现，秦代传国玺就是吉利语式的大印，秦汉间更普遍地使用于砖、瓦、印玺和镜铭中。

图二 四川出土古印

1-2.四川昭化县出土　3-6.西南博物院藏　7-9.瞻麓齐藏　10.黄宾虹藏

"敬事"印常见于诸印谱中，又或作正方形"思言敬事"四字。

牧殷："敬夙夕勿发朕令。"师袁殷："虔不坠夙夜卹将事。"是其雏形。《国语·周语》说："敬者,礼之本也。"《周书·谥法》说："夙夜恭事曰敬。"《论语·学而第一》说："敬事而信,节用而爱人,使民以时。"大概是它的原意。《论语·季氏第十六》说："色思温,貌思恭,言思忠,事思敬。"将"思言"两字连接成四字,合并成一句勉励的习语。这两字的字形,是近于金文与石鼓文的,这说明了它和秦文字的相近。

中仁两印,一反一正,在谱印谱中多作"忠仁",又或作"忠仁思士"四字。《论语·学而第一》说："为人谋而不忠乎?"皇疏:"谓尽中心也。"《国语·晋语第十四》:"忠自中。""中能应外,忠也。"由此可见中、忠古通用。《论语·季氏第十六》有"君子有九思"之语,君子即士,《诗经·大雅·文王之什》有"思皇多士,生此王国"之语,皆可见"思士"亦古习语。故又并作"忠仁思士"成一句习惯语。这两字的字形,多见于秦古鉨文。

富贵两字连文,是秦汉以前用的吉利语。《易·系辞上》:"崇高莫大乎富贵。"《礼记》五十七《儒行》:"儒有不陨于贫贱,不充诎于富贵。"《前汉书》八十七上《扬雄传》:不汲汲于富贵,不戚戚于贫贱。"皆是其证明。此正是战国时游说之士所争取的目标,《史记》苏秦、张仪传言之甚明,《华阳国志·巴志》汉高帝谓范目富不归故乡亦正此意。又这两字的字形是小篆式,刻法一般称作秦白文。

万岁两字是古称颂语。在关中秦地所收集的《澂秋馆印存》卷十的万岁方印文字与此全同,亦多散见于诸印谱中。古代不一定天子才称万岁,一般称颂亦多用万岁一语。《韩非子》十九《显学篇》说:"巫祝之祝人曰:使若千秋万岁。"《战国策·齐策四》记冯煖为孟尝君烧卷事说:"民称万岁。"直至汉代尚有臣下称万岁之事。古人多称年不称岁者,从鼎彝中多用"万年"二字可知。《诗经·大雅·荡之什》有"虎拜稽首,天子万年"之语。秦代鸿台瓦当尚用"延年"二字。由此可知,年岁二字在战国时已被采用了。

二、古货币

冬笋坝墓葬出土的古代钱币，因墓坑形制的不同而有差别。（1）狭长形墓坑（战国后期至秦）内出桥形币、半两钱及两甾钱。出土位置都是在棺内东部、骨架上覆置的铜盘下或其附近，仅第50号墓的桥形币是置于棺西部人脚以下，正与东部人头侧半两钱对称放置。（2）长方形墓坑内（秦汉间）只有半两钱出土，置放在墓内东部。数量不多，各墓仅几枚。（3）正方形墓坑（西汉）有四铢、半两、五铢钱、货泉出土，多分为两串置放墓中。数量颇多，在五十至百余枚间。

现在将这几种钱币分别叙述于下：

（一）桥形币

根据出土情况，可以分列出一些具体的理由认为它是一种货币。

1.出土时叠成一堆并用绳穿成串[①]，其穿孔甚至有完全重复的现象。

2.出土数量各墓不同，由2枚至8枚不等，无相同数者。若为佩饰，数量当有定制。

3.出土部位是在出现半两钱的同等位置，即骨架的腹部，不似饰品。又第50号墓的桥形币已远在尸脚下，更不可能为佩饰，若为装饰品，当有一定部位，不会在腹、脚下各处乱放（如料珠等饰品必在上身位，不会乱置）。

4.桥形币的形制似磬似璜，但磬、璜等装饰品实皆由古石工具演变而来。因其衍生来源相同而形近（或尚有一定关系），但不可因形近而断为璜形饰。战国币形皆由古工具演进而成，决不能以圆形币作为璧形饰。但钱币可能作装饰品，古玉饰亦常有交换价直。

---

① 冬笋坝五墓所出皆叠置，似曾穿为一串。又1954年6月号文参安金槐《郑州二里岗空心砖墓介绍》第58页云："铜桥梁币为半圆形，弧的中间有一圆孔。两头有刃形与兽头形两种。多数为重叠堆放着，位置在手或头附近。隨葬时似用绳贯穿着的。"

5.在墓中各器物相联关系中，桥形币并不与玉料饰物发生相连关系。在49号墓中，琉璃玑珠及金色甸附近无桥形币。在50号中，桥形币附近亦无珠饰。

（二）半两钱

半两钱是秦代开始铸造的钱币。秦之行钱，见于记载的凡有三次。

1.《史记》卷五《秦本纪》云："惠文君二年，天子贺（行钱）。"同书卷十五《六国年表》云："惠文王二年，天子贺行钱。"

2.《史记》卷卅《平准书》太史公曰："及至秦中，一国之币为三等。黄金以镒名，为上币。铜钱识曰半两，重如其文，为下币。而珠玉龟贝银之属，为器饰宝藏，不为币。然各随时，而轻重无常。"《汉书》卷廿四《食货志下》云："秦兼天下，币为二等。黄金以镒为名，上币。铜钱质如周钱，文曰半两，重如其文。而珠玉龟贝银锡之属，为器饰宝藏，不为币。然各随时，而轻重无常。"

3.《史记》卷十五《六国年表》："（始皇）卅七年十月，子胡亥立，为二世皇帝……复行钱。"

以上所举三次行钱，只始皇是行半两钱，其他两次行何种钱皆不明确。但半两钱的发行亦绝不仅只始皇，由秦半两品类芜杂可以看出。

旧论秦半两钱多泥于其重为十二铢，故多以大小比属而划分秦汉，或又以字形的直与横划分之，皆欠妥实①。以冬笋坝狭长形墓坑的形制及同时出土的铜兵器勘定②，则所出半两当为秦钱，因"重如其文"并不能断为其重量等于其文。正如秦钱中的重一两十四铢，其重

---

① 参见彭威信：《中国货币史》，第41页及注。又冬笋坝第五十号墓所出桥币重市称一钱六分至一钱八分。同墓所出铜权环形（法码）一重市称一钱三分，一重二钱六分，即一为六铢、一为十二金（此即《吕览·应言篇》中淮南说山，《诠言篇》中所云镒与锤）。两者换算结果所出半两钱正是八铢左右。秦钱八铢重之证，此至确矣。

② 冬笋坝所出铜兵器，凡剑、矛、戈、斧、刀等皆战国物。铜容器、绳绞红陶、琉璃珠等亦皆战国物无疑。且直下土坑墓形制亦是战国期所有，其所出钱币不能独后。

量并不实等于钱文所示。"如"字当作"从"或"比"解①。由其文以示其价（即重），而重量实是轻重无常的。所谓"重十二铢"是泥古不化、望文生义所致。因此以八铢半两为汉钱，则错误更深了。实际八铢半两就是秦钱，前人皆已言之。

宋洪遵《泉志》一秦半两钱条："敦素曰：'尝得此钱，径寸三分，重八铢。'"

《前汉书》卷三《高后纪》："（二年七月）行八铢钱。"注引应劭曰："本秦钱，质如周钱，文曰半两，重如其文，即八铢也。汉以其太重，更铸荚钱，今民间名榆荚钱是也。民患其太轻，至此复行八铢钱。"《汉书》卷廿四《食货志下》详言钱币的发行情况，自秦行半两后即言荚钱及四铢钱，未提出八铢半两的发行。盖此乃秦钱的复行，正反证了八铢半两并不是汉钱而实即秦钱②。

冬笋坝的半两钱以第37号墓所出土的最大，直径有3.7厘米，这是一般凭大小划认的秦半两钱。一般墓出土的半两钱，直径仅3.1厘米，这是一般误认的汉代的半两钱。实际上出土前者的墓坑倒是较晚期的长方形墓坑，而后者是出土于较早期的狭长形墓坑。事实说明了直径较小的半两钱并不晚于大者而可能还早于大者。再参照以两种墓的全面情况，可知两种墓都是汉以前的墓葬。由直径3厘米直到3.7厘米甚至更大的半两钱都是秦钱，而不是较轻小的就是汉钱。

先秦的钱币如"东周""明刀""宝四化"等钱形制极小。秦代的"重十二铢"钱形制亦甚小，而"重一两十二铢"以至一两十四铢等钱的大小形制完全相同，且实际重量决无一两十四铢。这又说明了

---

① 《左传》定十二年"有律以如已也"注"如作从"。《史记·孝武纪》"可为观如缑氏城"集解引韦昭注"如犹比"也。又《论语》子张"如得其情"疏"如犹若"也。《国策·宋策》"夫宋之不足如梁也"注"如，当也"。

② 又《西清古鉴录》卷三抄本引马端临言，云八铢半两乃秦钱之复行。清初尚龄《吉金所见录》引《山考》"高后二年行八铢，本秦钱"，此外《通志》货二《泉币图说》，二书皆引此段文云八铢半两即是秦钱。此与宋洪遵《泉志》敦素之论全合。则高后乃复行秦半两非新铸八铢钱可明确矣。

"重"字并不是指实际重量，可作泥于重十二铢的反证。半两钱本身有大至直径约5—6厘米者，更不必是实重十二铢，其小者亦必有实重约只七至八铢者。世以秦半两为十二铢半两，谬误至今，不可不辨[1]。

由此论定，秦两种半两钱的分断，当以文帝四铢半两始为汉代半两。高后荚钱甚易分别，则不必另论。

（三）两甾钱

仅第49号墓出土一枚，与半两钱同出于该墓东部铜盘下。这廿几个钱直叠成圆柱形，外用绢包裹，两钱在最上面。钱文作"两甾"，甾即甾字，是锱字之省[2]，犹铢有省作朱者。《说文》："甾，六铢也。"两甾即十二铢，犹"重十二铢"钱，皆半两钱的变异。用六铢为单位是因秦制尚六之故[3]。此钱与同墓同出的半两钱同大，有外郭，当是秦后期的钱币[4]。另有一种无郭的两甾钱，形制略大，当是秦钱轻重无常的情况所致。半两钱及两甾钱皆有反文（传形）者，是铸造的偶误，都是秦钱。宋洪遵《泉志》卷七敦素曰："（两甾钱）其形似半两，制作古异，源流莫知。"或以其似所谓"八铢半两"因而定为汉初地方货币，此盖沿以八铢半两为汉钱之误[5]。

（四）小半两钱

文曰半两，字形方整，直径只2厘米余，无外廓，当即汉文帝四铢

---

① 参阅P143注②，本页注③。各钱谱搜列的秦半两大小亦极参差。彭威信《中国货币史》第3页云："秦半两中最轻的只有六公分许。而最重的有到廿公分以上者。"

② 《汉武班碑》《汉景君碑》，甾皆作甾，省金从虫。

③ 《史记》卷六《秦本纪》："始皇廿六……数以六为纪。符法冠皆六寸而舆六尺。六尺为步。马六乘。"

④ 尚六之风或秦古俗，但自始皇始成定制。甾字从由，由乃古盛器（缶也）。故说以甾为盛米器，而有甾字。其名盖来自东楚，当是秦灭楚后乃采用此名。此或即古的"富"字，以由盛米已满故富，后乃转为富。

⑤ 衡聚贤"古钱"表中列为汉初，彭著《中国货币史》亦以为汉初。

半两。《汉书》卷廿四《食货志下》云："孝文五年为钱益多而轻，乃更铸四铢钱，其文为半两。"此种半两仅出于正方形墓坑中，其大小文字皆与秦钱有差别，兹不赘述。

（五）五铢钱

文为五铢，文字宽放，五字交笔圆曲宽大　铢字折笔亦方短宽大。制作精好，轮廓细整，直径2.5厘米。当是西汉五铢[1]，仅出于正方形墓中。

（六）货泉

只出于正方形墓中。大者径约2厘米，小者只1.7厘米，当是新莽钱币之一种。《汉书》卷廿四《食货志下》云："元凤元年，罢大小钱，改作货布。"即此。

以上简记，疏略实甚，有待于学者之指正。

本文原载于《考古通讯》1955年第6期。

---

[1]　参见《古泉学》1卷5期《五铢钱之研究》一文；又《考古通讯》第1期，第64页。

"告贷图"画像砖质疑

在《四川汉代画像砖拓片》中，有一幅1956年彭县太平乡出土的画像砖（47厘米×28厘米），定名为"告贷图"（图一）。其说明是："画像砖正面为仓房，仓房建于台阶之上，以防潮湿。阶前有踏道上下。仓房具两门，门上有闩，房顶有气窗二，以通气流。仓前设席于地，一人正衣冠而坐其上，两手伸出，似作指挥之状。其前置量器二。

图一　彭县太平乡出土"告贷图"画像砖

右一老者荷鸠杖跪于地上作告贷状，其前一人执量器注粟于地上的容器。这一画面所描写的是墓主在生时放高利贷的情形，是当时地主阶级与豪商巨贾高利盘剥的一幅真实的和生动的写照。"①《重庆博物馆藏四川汉画像砖选集》收入1952年德阳县黄浒镇蒋家坪出土的"乞贷"画像砖（图二）②，画面的主题情节与上述"告贷图"略同。其说明是："图左为长跪衣不被体之一人，向右衣冠而坐的地主进行告贷，中铺一

图二　德阳县蒋家坪出土"乞贷"画像砖

图三　成都土桥出土"养老图"画像石

席，席上已聚米成堆，后面仓房顶具有通风设备，下有台阶，当门有一人手捧满斛粮米而出，将以倾注席上，衣冠而坐者，似在监视出借的粮米数字。仓房应是坐北向南，地主是坐在东面，适居主人位置，以此说明他是乞贷。"在山东沂南古画像石墓中也发现一幅内容与此相同的画像③。其次，1975年成都市文管处在土桥发掘的东汉画像砖石墓中，在后壁的画像石上，有一幅"养老图"的画像（这一故事画为整幅画像中

① 刘志远编《四川汉代画像砖艺术》（中国古典艺术出版社，1958年）亦收入此图，题为"贷粮"，亦作类似描写。

② 《重庆市博物馆藏四川汉画像砖选集》，北京：文物出版社，1957年。本文图二即采自此书第九图。

③ 《沂南古画像石墓发掘报告》，拓片第35幅，北京：文物出版社，1956年。

四川省文物考古研究院名家学术文集

的一部分）。画面上有一仓房，仓房前一人手执量器，正走向其前面端坐树下的执鸠杖老人。这幅画像上老人所执鸠杖十分明显（图三）。这两幅石刻画像的规模皆大于上引两画像砖的规模。

关于这幅画像的定名问题，去岁偶与四川省文物管理委员会李复华同志谈及此事。我们认为，就此画像砖的画面内容而言，定名为"告贷图"，似有不妥之处，因有此定名，故对画面的考释就颇为牵强附会了。考释此幅画像题材的作者，亦仅从阶级和阶级斗争这一角度来看待问题、解释画像。所以，就只注意到画面上的仓房，以及在仓房外一人用量器装米注于地上的容器之中，似为一荷鸠杖的老人向其对面衣冠楚楚的主人作告贷之状。其实这幅画像中最值得我们注意的事物，即是这一执鸠杖的老人，他是这幅画像题材的主要矛盾之处。毛主席在《矛盾论》这一光辉的哲学论文中教导我们说："研究任何过程，如果有多数矛盾存在的话，其中必定有一种是主要的，起着领导的，决定的作用，其他则处于次要和服从的地位。因此，研究任何过程，如果是存在着两个以上矛盾的复杂过程的话，就要用全力找出它的主要矛盾。捉住了这个主要矛盾，一切问题就迎刃而解了。"根据毛主席的这一教导来思考这个问题，使我们想到为什么几幅同样题材的所谓"告贷图"画像砖，告贷者皆是手执鸠杖的老人，而不是中年或者青年人呢？难道只有老人才具备告贷的条件？这一点引起了我们的怀疑。实际上，这幅东汉画像不是描绘有关告贷的内容，而是一幅描述东汉社会风俗的故事画。所以，要解释和考证这幅画像故事，不得不从此画像砖中最引人注意的，几块不同地点出土的画像砖、画像石上皆有的同样执鸠杖的老人这一元素入手。

关于鸠杖，除了在汉画像砖、石上出现之外，在考古发掘中亦曾有鸠杖的实物出土。《甘肃武威磨咀子汉墓发掘》[①]在描述出土的鸠杖时说："鸠杖，三根。分别出自墓13与墓18。墓18出有两根，是长1.94

---

① 《甘肃武威磨咀子汉墓发掘》，《考古》1960年第9期。

米的木竿，圆径4厘米。一根已残，残长40厘米。竿端以母卯镶一木鸠。平置棺盖上，有鸠一端向棺首伸出。墓18在鸠杖上还缠有木简10枚。"这是鸠杖实物在考古发掘中的第一次出现，与汉画像砖、石中的老人所荷的鸠杖相同。这一考古材料的发现，为我们解释这幅画像的题材提供了重要的资料。

武威汉墓出土的鸠杖（木简上称"王杖"）及木简的发现，使我们进一步了解汉代尊老、养老的制度，得知年七十者授以鸠杖，即受到国家的保护，享受一定的权利，并允许执有鸠杖的老人享有"入宫廷不趋，犯罪耐以上，毋二尺告劾，有敢征召侵辱者，比大逆不道"[①]的优厚待遇。

再证之以古文献的记载。《续汉书·礼仪志》："仲秋之月，案户比民，年七十者授以玉杖，八十、九十礼有加，赐三杖长尺，端以鸠鸟为饰。鸠者，不噎鸟也，欲老人不噎。"关于老人年满七十是否即授之以鸠杖的问题，从出土王杖十简简文中可知个别未年满七十即授以鸠杖，例如王杖十简中有一名叫"灭"的老人，他六十八岁时即授以鸠杖。授老人以杖，何以一定要用鸠鸟为杖首饰呢？这一问题，可以试从两方面的材料来解释。一是从药理方面来说。明李时珍《本草纲目》说："鸠肉，明目。多食益气，助阴阳。久病虚损，人食之补气。食之令人不噎。"又云："治目有斑鸠丸……锦鸠丸……谓班鸠补肾，故能明目。窃谓鸠能益气，则能明目矣，不独补肾已尔。古者仲春罗氏献鸠鸟以养国老，仲秋授年老者以鸠杖。云鸠性不噎，食之且复助气也。"[②]李时珍《本草纲目》集我国古代传统医药之大成。鸠肉可治

---

① 《武威磨咀子汉墓出土王杖十简释文》，《考古》1960年第9期。"以上10简共记三人受杖，即先（河平元年犹存）、幼伯（永平十五年犹存）及灭。此三人当是一家，故将有关受杖的简书附系杖头入葬。……假设灭为幼伯子，生于幼伯十五岁，则至章帝章和元年（87年）为68岁，是年'养老授鸠杖'"。（笔者注：《章帝纪》原文是"养衰老，授几杖"。）

② （明）李时珍：《本草纲目》卷四十九禽部，人民卫生出版社影印本。

老人之噎，而老人又复多噎，故既赐之以杖，而杖首又以鸠鸟为饰。杖以扶老，鸠以疗疾，借以表示封建朝廷对老者的关怀。《太平御览》卷九二一引《风俗通》曰："俗说高祖与项羽战，败于京索，遁薮薄中，羽追求之，时鸠正鸣其上，追者以鸟在无人，遂得脱。后即位异此鸟，故作鸠杖以赐老，……故作鸠杖以扶老。"从这一传说可知汉高祖以鸠鸟的关系而避祸，则鸠鸟就已转化为"福"的象征了。汉高祖即位后，以鸠鸟为杖首之饰，并以鸠杖赐与老人，盖欲老人之多福也。

再看东汉有关养老的记载：

《后汉书·明帝纪》：永平二年（公元59年）"初行养老"，"永平八年，冬十月丙子，临辟雍，养三老、五更"。

《后汉书·章帝纪》：建初七年"秋九月己酉，进幸邺，劳飨魏郡守令以下，至于三老、门阑、走卒，赐钱各有差"。

《后汉书·章帝纪》：章和元年"秋，令是月养衰老，授几杖，行糜粥饮食，其赐高年二人共布帛各一匹，以为醴酪"。

《后汉书·和帝纪》：永元十五年"秋九月壬午，南巡狩，赐所过二千石长吏以下、三老、官属及民百年者钱布，各有差"。

《后汉书·安帝纪》：元初四年"秋七月辛丑，诏曰：'仲秋养衰老，授几杖，行糜粥。'"

《后汉书·李充传》："（充）迁左中郎将，年八十八为国三老。安帝……赐以几杖。"

《后汉书·顺帝纪》：阳嘉三年"赐民年八十以上，米人一斛，肉二十斤，酒五斗；九十以上加赐帛，人二匹，絮三斤"。

《后汉书·桓帝纪》：建和二年"大赦天下……年八十以上赐米、酒、肉，九十以上，加帛二匹，绵三斤"。

《文献通考》卷四五："灵帝以袁逢为三老，赐以玉杖。"

根据以上引证的材料，再看这块东汉画像砖，画面上除有荷鸠杖的老人外，还在老者席前置容器二，其前一人执量器注粟于地上的容器之中。此一情况可能即为《续汉书·礼仪志》所说的"铺之糜粥"之意。刘熙《释名》说："糜，煮米使糜烂也。"既授之玉杖，复赐之糜粥，东汉养老制度，由此可略知其大概了。

根据以上的考释，此东汉画像砖的画像题材，可定名为"养老图"。东汉王朝是地主阶级统治的国家，从表面上看有尊老、养老的制度，其实所尊所养的三老、五更，大多为封建地主和官吏。封建政权对贫苦农民的剥削，却是十分残酷的。

本文原载于《考古》1979年第6期。

在四川德阳县收集的汉画像砖[①]

　　1955年10月，四川文物委员会派沈仲常、庞有林、李世芸、匡远滢四同志组成小组，参加官渠埝修渠工程中的文物保护工作。当时工程处正分别在三地训练民工基层干部，他们即分成三个小组赴集训地点，进行开工前的宣传。庞有林同志在德阳干部训练班结合当地从前出土的画像砖实物，讲解了在施工动土中可能出土古文物的大概情况。后来他们在德阳工地时，大队政工员王峰胜同志即向他反映说："在德阳柏隆乡十二村，萧永华家里有马拉车砖，同在干部集训班展览的砖完全相同。"于是庞有林同志就根据这一线索，当天下午得到工地正、副中队长的同意与协助，就和民工小组长萧永华到村去，对老乡们宣传了政府保护文物古迹的政策法令及其意义。随后，老乡们都自愿地把在1953年开荒生产中挖出来的画像砖，从墙基下、厨房里、阶檐下取出，无偿地交与国家，共征集得25块。据说与这批砖同时出土的还有残铜镜、五铢钱、陶俑等，可知这些砖都是出于东汉墓葬中。现将这次收集的画像砖简介于后。

　　（一）播种图砖一块，长39厘米、宽24.5厘米、厚6.5厘米。图面

---

① 本文由庞有林、曹丹整理，沈仲常执笔。

共有六人，前面的四人手执长柄镰（有一人手中所执的上半已漫漶不清），作用力刈割之状，后面两人手执圆形器物，作播种之状。图中有用几条线划分出的田畦，背景有三株树木。整个画面充满了农人劳动的积极气氛，是富有舞性的艺术品。

（二）庖厨图砖一块，长40.5厘米、宽25.5厘米、厚6.5厘米。图面可分为两部分，右上横挂一竿，上悬肉四块，下面两人正据案切割，案下放有两钵。左面有一灶，灶上置釜，一人正站在灶前作烹调状（图一）。

图一

（三）双阙图砖一块，长39厘米、宽25厘米、厚6.5厘米，砖面左上角略有残缺。双阙中有亭长一人，手持版，弯腰作恭迎之状。

图二

（四）射士图砖二块，长39.5厘米、宽24厘米、厚6.5厘米。图面有两人，右一人正面，左一人侧立，手里都持弓箭，在身左矢箙内尚有箭三枝（图二）。

（五）宴居图砖一块，长39厘米、宽24厘

图三

米、厚6.5厘米，砖上共有四人，正中两人左男右女，皆席地而坐，最右边一人似为女侍，手执便面；最左边一人似为男侍，左手执便面，右手执舞者所用的箭，箭的下端有一垂直形的东西，可能是组。

（六）人物图砖一块，长39厘米、宽24.5厘米、厚6.5厘米。图上三人，右侧一人端坐席上，似为主人，中间一人手中横持一物，左侧一人手中亦持一物，两人皆作前向主人奉献的样子（图三）。

（七）维盖轺车图砖七块，长41厘米、宽27厘米、厚7厘米。图上一马车，车上两人，御者在前，乘者在后，马作奔驰状，马侧有一猎犬，颇生动。此砖已破为两段，其他六块上的画面已漫漶不清。

（八）无盖轺车图砖三块，长41厘米、宽25厘米、厚6.5厘米。砖上有一马车，车上前一人为御者，左手执缰，右手执鞭。车上后一人，前立一斧，两侧各置一戟，斧及戟上所系的带作飘动之态。

（九）维盖轺车图砖二块，长39厘米、宽24.5厘米、厚6.5厘米。图上一马车，车前有一御者，后乘男女各一。

（十）骑吏图砖二块，长39厘米、宽24厘米、厚6.5厘米。砖上骑吏四人，各乘一马，手执戟。四马的姿态甚生动，有向前飞驰而回首后顾的，有俯首而奔的，有昂首举蹄作飞奔状的。另一件的画面已漫漶不清。

（十一）双骑图砖二块，长39厘米、宽25厘米、厚6.5厘米。画面上仅有骑士两人，各乘一马，作缓步前进之状。另一件的图像已不清楚。

（十二）伍佰图砖一块，长39.5厘米、宽24.5厘米、厚6.5厘米。图上共四人，前两人一手执戟，一手执号角吹着，后两人一手执戟，一手执盾。四人皆作奔跑之状。

（十三）西王母图砖一块，宽25厘米、厚8厘米、长34厘米。图案在砖头上，西王母端坐在龙虎座上，右一人跪拜于地，左边有灵芝草一株。

这次在官渠埝工程中收集到一批汉代画像砖的工作经验说明，用实物行宣传能收到很大的效果，所以结合工地出土文物进行展览和文物下乡巡回展出，将是配合目前全国农业合作化运动做好文物保护宣传的一个重要方式。

本文原载于《文物参考资料》1956年第7期。

记彭山出土的东汉铜摇钱树①

1972年在四川省彭山县双江公社（原江口镇），生产队社员开石取土时，发现一座东汉（25—220年）的单室岩墓，墓门朝西南，墓内无其他建筑雕饰。随葬品早已被盗掘一空，墓内地上散落有许多陶器碎片，仅存一完整的铜摇钱树插于一陶座之上。这件铜摇钱树，是当时四川东汉墓葬中出土的铜摇钱树中最大、最完整的一件，现藏四川省博物馆。（见图）

铜摇钱树

岩墓是东汉时期四川地区盛行的一种墓葬形制，分布地区较为广泛，岷江、沱江、嘉陵江等流域都有，数以千计。由于东汉时期的厚葬

---

① 本文由沈仲常、李显文合著。

之风很盛，所以，有的墓葬规模很大，有前室、后室、左右侧室；有的在墓前筑神道、造双阙、起祠堂、立石人、雕石兽、立碑碣等，俨然府宅的重现。同时在墓内殉葬的器物中，包括了生前使用的各种陶器、铜器、铁器等生活、生产用具，凡生前所需之物，无不具备，即所谓"事死如事生"。"摇钱树"这一历史文物，常常出现在四川东汉时的墓葬之中。这一文物的出现，每每标志着墓葬的年代为东汉，而绝大多数为东汉后期，可算是东汉墓葬断代的标尺之一。

1937年曾在云南昭通县曹家老仓一"梁堆"中发现刻有"建初九年（84年）三月戊子造"等字的红砂石摇钱树座一件，这是唯一的一件有年代的石刻摇钱树座，是供我们研究这类文物的可靠参考资料[1]。

这件铜摇钱树的座为陶制，通高44厘米，下大上小，下宽24厘米，上宽18厘米，其上为一中空的柱状座口，口径5厘米，铜摇钱树即插于这一柱洞之内，陶座的中部浮雕两兽，上下重叠，即为天禄与辟邪。上面的一兽有角，嘴下有须，背上有双翼，四脚有爪，作蹲式，怒目张口，凝视前方。天禄、辟邪这两个传说中的兽，汉代多用为雕刻的装饰品。《后汉书·灵帝纪》中平三年："复修玉堂殿，铸……天禄、虾蟆"，注："天禄，兽也。"又宋欧阳修《集古录一》："今郑州南阳县北有汉宗室墓，通碑旁有两石兽，一曰天禄，一曰辟邪。"器座下部的浮雕，是用绶带贯穿四壁所形成的几何纹饰，紧密结合，浑然一体。摇钱树为铜铸，通高100厘米，由一铜管作树干，并用五套管等分树干，以插枝叶，树干顶端立一朱雀，雀前一人，置一丸于雀嘴之内，此丸疑即为白兔捣成的虾蟆丸。朱雀前面由四个钱纹组成纹饰，并有一羽人双手托举日月，日中有金鸟，月中有玉兔。摇钱树枝叶共五排，分左右插入树干的套管内，从上而下的一排左右图案内容相同，每枝长31厘米。叶片上部正中铸一瓶形的奁，奁上有盖。这完全是象征传

---

① 孙太初：《在云南考古工作中得到的几点认识》，《文物参考资料》1957年第11期。

沈仲常卷

说中的西王母的"石室"。关于西王母居"石室"的传说,散见于《汉书·地理志》及《汉旧仪》等书。西王母头戴"方胜",端座于龙虎座上。所谓"胜"者,乃是妇人之首饰。在西王母右侧,是人立的玉兔,作跪式,双手作捣药之状。而白兔捣药,见《乐府》歌辞:"采取神山药之端,白兔捣成虾蟆丸。"左侧为人立蟾蜍,亦作跪式,双手捧灵芝一朵,作奉献状。其余所铸人物,有击乐者、舞蹈者、杂耍者,千姿百态,栩栩如生,宛如热闹非凡的一场百戏图。叶片的下部用六枚铜钱组成茂密的树叶状,又成卷草旋子纹,叶片的枝头上有一朱雀,头朝内,尾朝外,昂首而立。第二、三、四、五各排,铸饰相同,均分左右入铜管套中。现将第二排右枝叙述如下:枝长21厘米,枝叶上部正中亦是西王母,端坐于石室内的龙虎座上。座下两侧各有一人冠服长跪于座前,双手捧一物,作奉献状,似为向西王母乞长生不死之药。西王母左侧的钱纹上铸一生翅飞马,鬃毛竖起,尾部翘立,四蹄腾空,犹如正飞奔于太空之间。西王母右侧钱纹上,有二羊相对,翘角竖尾,极为生动。其次,又在二、三、四、五各排中柱钱纹上左右各有二人,皆面向奔马而去,似为意欲靠天马之力,而乘龙登天,皆为汉人的神仙故事。在枝叶下部卷曲处,坐二乐人,作抚琴击鼓之状,紧接下面铸挂三个钱纹,其旁有二人,一人牵一牛,另一人手执生产工具,似为锸,正作迈步向前之状。

摇钱树皆出土于东汉砖室墓及岩墓之中,愈到东汉后期,出土的情况愈多。这一文物的出现到底说明什么问题呢?它反映了当时的社会风气。到了东汉末年的灵帝时,政治上已十分腐败,财政方面也非常紧张。政府由于经济上的需要,就公开在西园卖官鬻爵,将各种不同的官阶,定出不同的价格,二千石的官卖二千万钱,公一千万钱,卿五百万钱等等。所有官职都是按照官职的高低和利禄的多少,像商品一样来按质论价。买官的人可以先交款,穷的官还可以赊欠,在到任之后加倍地偿还。所以,在这批用金钱买到官职的人到任之后,他们首先就要捞回买官的本钱,因此这批官吏就拼命地对人民进行残酷的盘剥和勒索。有了钱就可买得高官，享受厚禄，这已经达到了金钱万能的境地，完全变成了有了钱就有了一切。统治阶级在生的时候骄奢淫逸，千方百计地、大量地聚敛金钱。死后又实行厚葬，总是希望把生前所有的财产都能带到另一世界里去继续享受。这或许就是在东汉墓葬里随葬摇钱树的历史背景了。

摇钱树上挂满了铜钱，"钱树"真的像"果树"之类的东西了，树上生长的铜钱就如果树结实一般。四川省博物馆收藏的另一件陶摇钱树座上，雕刻有人持竿打"钱树"上的铜钱，以及还有把从"钱树"上打下来的铜钱挑走的人的一组浮雕。这一组浮雕具体说明了摇钱树如"果树"，"铜钱"好似"果实"一般，每年都可以"开花结果"似的，有了"钱树"就是一本万利，可以取之不尽、用之不竭。这件出土文物充分反映了东汉末年的官僚地主阶级贪得无厌的内心世界。

本文原载于《成都文物》1986年第1期。

蜀汉铜弩机

1964年3月，在四川郫县太平公社的一座晋墓中，出土了一件蜀汉景耀四年（261年）制作的铜弩机（缺悬刀）。弩机的郭上刻有铭文"景耀四年二月卅日，中作部左兴业、刘纪业，吏陈深，工杨安作十石机，重三斤十二两"三十三字[①]（图一、二）。

图一　蜀汉景耀四年铜弩机

在这之前，蜀汉弩机曾见于著录的还有建兴年间弩机[②]和景耀二年八石机[③]。后者出于蜀魏争战的甘肃，同时出土了五件，有三件弩机无铭文。

---

① 《省文物管理委员会清理一座晋墓》，《成都晚报》1964年7月25日。
② 《金石索》。
③ 容庚：《汉金文录》卷六。

这几件铜弩机，有建兴年号的一件制作时间在诸葛亮生前，景耀二年（259年）和景耀四年（261年）的两件，制作时间是在诸葛亮死后，无铭的三件不明。

图二　铜弩机铭文拓片

诸葛亮（181—234年）字孔明，是三国时期著名的法家代表人物。刘备"三顾茅庐"时，他提出了有名的"隆中对策"，为刘备制定了统一全国的策略，并为此辅助刘备，奋斗终生。

诸葛亮是军事家，现存《将苑》等著作记录了他的战略和治军思想。他还很重视改革兵器，蜀汉的这件铜弩机便是一个例证。

这件景耀四年的铜弩机，是所谓"十石机"，重三斤十二两。较之景耀二年制作重三斤的"八石机"，还重十二两，其杀伤力自然更为强大。铭文中的"石"，是古代的衡制，一百二十斤为一石。蜀汉时的斤，折合现在零点四四五五斤，那么"十石"则为五百三十四点六斤。所以，这件铜"十石机"就不可能用臂力开张，立属于古代"强弓劲弩"①之类的武器了。

在东汉，铜弩机在战争中已是极为重要的进攻和防御的武器。《汉书·李陵传》说"发连弩射单于"，《汉书·艺文志》的兵技巧家有"望远连弩射法具十五篇"，足见连弩射法相沿已久。

诸葛亮为了进行统一战争的需要，"损益连弩"。《三国志·蜀书·诸葛亮传》注："《魏氏春秋》曰：'又损益连弩，谓之元戎。以铁为矢，矢长八寸，一弩十矢俱发。'"又《魏书·杜夔传》裴注引傅玄云："先生（指马钧）见诸葛亮连弩曰：'巧则巧矣，未尽善也。'言作之可令加五倍。"马钧对连弩有所论列，以为"未尽善也"。马钧

---

① 《战国策校注》卷八。

做过魏国给事中，是敌对营垒中之一员，他的话未必可信；即使经过改善的连弩"可令加五倍"，也无损于诸葛亮在科学技术上的革新创造精神。"损益连弩"，就是对连弩加以改进，使之能发挥更强大的威力。魏将张郃在木门战斗中，实死于伏弩①。由此可知诸葛亮之"长于巧思"，确非虚誉。

"十石机"是强弩一类的武器，它用什么办法张弓呢？张弓弦，得视弩力的大小，有的用手拉，也有用足踏的。《汉书·申屠嘉传》唐颜师古注"蹶张"说："今之弩，以手张者曰擘张，以足踏者曰蹶张。"说明在汉时强弩必须用足踏始能张弓了。据研究，弩和弓不同的地方在于：第一，它不是在射箭的时候才临时用手拉开，而是先把弦拉开扣在一个扳机上，射箭时才把机扳开，由弓把箭射出去。弦在扳机上扣着的时间可长可短。第二，用弓射箭时，拉开弓弦的力量多仅限一人手力和臂力；用弩射箭，拉开弓弦的力量有用足蹬的和车绞的等方法。有时更把两张弓或三张弓合成一个弩，弩的力量比较大。第三，因为弦上所储蓄的弹力比较大，不但箭射得远，射的力量大，同时发出去的箭数也可以较多②。诸葛亮所改进的连弩，也有可能就是属于这一类。"一弩十矢俱发"，从当时战争环境及武器的制作来看，应该算是一项重要的军器制作技术的革新了。

勉县定军山附近是蜀汉后期的古战场，其地还时有铜马刺及铜箭镞出土。"箭镞多为四棱形，而大小不一。马刺约高寸许，每具共有四刺，吾人随之抛之地面，必有一刺向上。盖战时布之地面，所以刺敌人马足之用也。诸葛亮生前，魏国军队未曾到过汉中，则这批军器（箭镞及马刺），当为蜀汉之遗物。"③

诸葛亮曾六次出师北伐。最后两次北伐，出于赶运军粮的需要，

①　《三国志·魏志·张郃传》裴注引《魏略》。

②　刘仙洲编著：《中国机械工程发明史》第一编。

③　《汉中各县诸葛武侯遗迹考》，《文史杂志》第3卷第5、6期合刊。

还对当时的独轮车加以改进①，制作了一种适于山地及栈道的独轮小车——木牛流马。张澍《诸葛忠武侯故事》引《稗史类编》云："蜀相诸葛亮之出征，始造木牛流马以运饷。盖巴蜀道阻，便于登陟故耳。木牛即今小车之有前辕者，流马即今独推者是。而民间谓之江州车子。"②诸葛亮所改进的独轮小车——木牛流马，既解决了北伐前线军粮的运输，又不增加牛马草料的供应之繁，可称一举两得。这也是法家路线促进交通运输工具改革的又一例证③。

最后顺便一提的是，到目前为止发现的蜀汉遗物屈指可数，这件景耀四年的铜弩机，算是四川省博物馆陈列室里的蜀汉时期的重点文物了。此外，只有一些蜀汉铜钱——直百五铢。蜀汉墓葬，见于记载的如绵阳的蒋琬墓、广元（原昭化县）的费祎墓等，规模都很小，而且都早已被盗，唯一较大的蜀汉墓，则是成都市武侯祠内的刘备墓（惠陵）。1949年以来，我们在配合全省基本建设工程的发掘和清理工作中，也极少发现蜀汉时期的墓葬及文物。蜀汉时期遗留下来的文物极少，可能因为蜀汉年代较短（还不到四十五年），而且战争频繁。此外，是不是跟诸葛亮治蜀，为了保障前方的军事需要，特别注重节约有些关系？《三国志·蜀书·诸葛亮传》："初，亮自表后主曰：'成都有桑八百株，薄田十五顷，子弟衣食，自有余饶。至于臣在外任，无别调度，随身衣食，悉仰于官，不别治生，以长尺寸。若臣死之日，不使内有余帛，外有赢财，以负陛下。'及卒，如其所言。"这比起上无片瓦、下无立锥之地的农民来，当然很富裕，但封建时代的一个丞相，不广治私产，也算是不多见的了。他死前还留下遗嘱，反对厚葬："因山（定军山）为

---

① 《重庆市博物馆藏四川汉代画像砖集》载有骈车画像砖，在此砖的右下角骈车旁，有一人推满载箱篓的独轮车。此外，四川渠县东汉沈府君阙及蒲家湾无名阙上皆有独轮小车浮雕。
② 《诸葛亮集·制作篇》，北京：中华书局，1974年。
③ 刘仙洲：《儒法斗争对我国科学技术发展的影响》，《北京大学学报》1974年第4期。

坟，冢足容棺，殓以时服，不须器物。"①这是诸葛亮反对儒家的繁文缛节、大讲排场的"礼治"之风的具体行动，也是对东汉时期儒家大搞厚葬的有力批判。蜀汉时期的墓葬和文物发现甚少，与诸葛亮推行法家路线、崇尚节俭、反对厚葬应该是不无关系的吧。

本文原载于《文物》1976年第4期。

---

　①　《三国志·蜀志·诸葛亮传》。

王建、孟知祥墓的棺床为佛座说试证

1949年前后，成都市出土了两座五代前后蜀帝王墓：一为1942年发掘的西门外抚琴台的前蜀王建墓（永陵），一为1971年在北门外磨盘山出土的后蜀孟知祥墓（和陵）。另外，1971年底，金牛区保和乡光荣大队在农田基建中发现了一座五代后蜀孟昶广政十一年（984年）的张虔钊墓，也是一座大型的券拱砖室墓，墓的规模仅次于王建及孟知祥墓。前蜀王建墓建于地平面上，是一座长方形的大型券拱石室墓，分前、中、后三室，中室为棺室。后蜀孟知祥墓建于地下，为石室墓，有阶梯式砖砌墓道通向墓室，墓室为三个并列的穹窿顶，中为墓室，两侧各一耳室。张虔钊墓为多耳室石券长方形墓，分前、中、后三室，门外有左右一道八字墙，有阶梯式墓道。前后蜀的这三座大墓在建造上虽略有不同，但它们的共同之处是在墓室中皆有一座造型较大、雕刻精美的棺床。本文的目的即是对这三座五代前后蜀的大墓的棺床，作初步的探讨。

标本1：前蜀王建墓的棺床。

"棺床为红砂岩石建筑，位于中室的正中而稍偏后，……床作须弥座式，高0.84米，长7.45米，宽3.36米。床上铺珉玉版一层，周边用47厘米见方、厚5厘米的玉版正嵌，中心则用较小的玉版（36厘米见方）斜嵌，镶心四角及中心则兼嵌绿色珉玉。须弥座的方涩厚11.5厘米，东、南、西三面皆刻龙戏珠。南面刻二龙，东、西两面各刻三龙，并间以云气纹，北面仅刻云气纹。罨涩厚约6厘米，雕仰莲一周。

床身东西两面各雕壸门十，内刻伎乐，壸门柱子皆雕莲荷花，南面雕壸门四，中刻伎乐，壸门柱子上刻有鸾凤；北面（即床后面）亦雕壸门四，壸门中与壸门内桂子皆刻莲荷花。床脚上部刻宝装复莲一周，束腰部分则刻单枝条仰、复相间的莲荷花，牙脚刻宝装复莲。

雕刻的全部均敷色，主要部分（如龙）曾贴金，在初出土时尚隐约可见。"①

又在棺床的东西两排列着十二神，《前蜀王建墓发掘报告》说：

"棺床东西两侧列置十二神，每侧六人，东一、东六、西一、西四为单置，余皆两两相并。神像仅刻半身，股以下则埋于地中。自股至顶高约50—60厘米。神身着甲，头束发或戴盔，雕刻极为精细，盔甲上原皆敷色贴金，但大半已脱落。

十二神所披之身甲为前后两方，于肩上革带扣系，腰束带。背甲作连锁状，或者亦即所谓锁子甲。胸甲则各为不同，其属铁甲的有鱼鳞式的胸甲、有札甲，另也有皮甲，披膊亦各不同，有作鱼鳞式，亦有皮甲式者。

十二神像中有六人戴冠，计为东二、东四、东六、西二、西四和西六，冠形仅绿额一周，头顶则露髻于外。其他六像皆着盔，计有东一、东三、东五、西一、西三和西五，视其样式，似为皮制，此十二神中，戴冠者与戴盔者相间，在造像上必有一定意义。

各神像皆以双手置于棺床之下，似将棺床抬起拥护者然。"

标本2：后蜀孟知祥棺床。

后蜀孟知祥墓（和陵）是一座建筑规模浩大、结构独特的墓室，墓室全用青石砌成，呈并列的三个圆锥形穹窿顶结构，颇似三个并列的

---

① 《前蜀王建墓发掘报告》。

佛塔。三室中以中室较高大，中室的穹窿顶以蟠龙封顶，为棺室，两侧为耳室，有门道与墓室相通，为放置随葬品之用。棺室内横置为红砂石所砌的棺床，长5.1米、宽2.75米、高2.1米，为须弥座，底坐下为仰莲，上为复莲。底座前、后各刻有裸身、卷发、圆脸、鼓眼的力士五人，力士双手向上放置，表现出用力重的形象，作跪地负棺之状，力士头上脚下各刻有一圈云气。

上层四周刻有双龙戏珠浮雕。

中层四方各凿有长方形孔数个，可能是作插放罩棺锦帐柱之用，四角各雕刻有身披甲胄、面部表情不同的力士一人，作跪地负棺状，为深浮雕。

标本3：后蜀张虔钊墓的棺床。

"棺床设在中室，为一红砂岩石建筑。床作须弥座式，长约6.9米、宽3.6米、高0.82米。方涩厚10厘米，刻牡丹花。罨涩厚8厘米，雕仰莲。床脚上部刻复莲。床身四周有十六个长方形柱子，每边各四个，高48厘米、宽约28厘米，均刻力士像。力士卷发披头、高鼻、锁眉、大嘴、鼓眼、赤足。有的右手叉腰，左手托棺，或左手叉腰，右手托棺。柱子之间镶嵌壶门；南北两面各三，每方宽66厘米、高46厘米；东西两侧各五，每方宽94厘米、高46厘米；共计十六方（清理后仅发现十四方，其中一方已残）。南面自西至东刻马、狮、狮。北面自东至西刻獬豸、獬豸、□。东面自南至北刻□、□、羊、马、鹿。西面自北至南刻鹿、麒麟、貘、马、狮。残方为貘，嵌镶何处已不得而

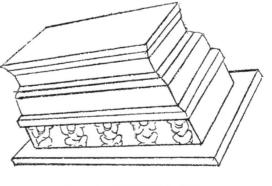

图一 孟知祥墓棺床示意图

知。”①

根据上述的考古资料，前后蜀王建、孟知祥、张虔钊三座墓的棺床，皆作须弥座式，并饰以仰莲及复莲。《佛学大辞典》“诸佛以莲花为坐床”条云：“诸佛常以莲花为座床者，盖取莲花藏世界之义。莲花藏世界者，报身佛之净土也。又智广论八曰：‘以莲花软净，欲现神力，能坐其上，令不坏故。又以诸华皆小，无如务华。……焚天王坐莲华上，是故诸佛随世俗故，于宝华上结跏趺坐。《大日经疏》十五曰：如世人以莲华为吉祥清净，能悦可众心，今秘藏中亦以大悲胎藏妙法莲华为最秘密吉祥，一切如持法门之身坐此华台也。然世间莲亦有无量差降，所谓大小开合色相浅深各发不同，如是心地花台亦有权实开合等异也。若是佛，谓当作八叶芬陀利，白莲花也。其花令开敷四布，若是菩萨，亦作此花坐，而令花半敷，勿令极开也。”又“莲座”条云：“莲花之台座，谓佛座也。《华严经》曰：一切诸佛世界悉见如来坐莲花宝狮子之座。”又“莲花台”条云：“莲花之台座也，为佛菩萨之常座。”由以上的引证可见莲花与佛教的关系是十分密切的，诸佛皆用莲花以饰其座，所以，用莲花为饰之台座，谓之佛座也。仅从此点来看王建、孟知祥等五代前后蜀的大墓的棺床，即可知其受佛教影响之深厚也。

其次再谈谈王建、孟知祥等三座五代大墓在棺床座上或棺床两侧皆雕刻有力士的问题。孟知样墓棺床底座前后各有裸身、赤脚、卷发、圆脸，鼓眼的力士五人，作跪地负棺之状。张虔钊墓的棺床四周的十六个长方形柱子上，亦均刻有卷发被头、赤足、鼓眼的力士。王建墓的棺床两侧刻有十二神，半身露于地面，亦作双手用力抬棺之状。力士出现在棺床周围，亦是与佛教的影响有关。丁福保主编《佛学大辞典》：“力士：大力之士夫也，拘尸那城有力士之一族。《长阿含经》四谓之

① 成都市文物管理处：《成都市东郊后蜀张虔钊墓》，《文物》1982年第3期。

末罗，异译之；《大般涅槃经》下译为力士。佛荼昆时，此辈舁（音愚）棺。"又"力者"条云："昔拘尸那城诸力二舁佛棺，因而诸山之舆夫谓之力者。"棺床座上或其左右刻饰以力士或十二神，皆是来自佛教的典故，由力士扶棺，借以表示死者享受与诸佛同等的礼遇，同时也为棺床为佛座之说又增添了一例证。

为了更进一步说明王建、孟知样墓的棺床建筑与佛教的关系，可以再列举几处佛教建筑中塔与经幢的基座做法的实例，就更足以说明棺床造型的题材完全是来自佛教建筑。

例一，佛塔："山西灵丘县觉山寺塔是一座保存较完好的辽代密檐塔。……建于辽大安五年（1089年）……塔下有方形及八角形两层基座，上置须座两层，第二层须弥座上有斗拱及平坐，须弥座的束腰部分在壶门内雕刻佛像，壶门之间及角上雕刻力士，平坐栏板饰以几何形纹及莲花，形制都十分精美。平坐以上用莲瓣三层承托塔身。"又，"辽、金密檐塔大部分是八角形平面，但也有一部分方形的。造型的特点是在台基上建须弥座，上置斗拱与平坐，再上以莲瓣承托较高的塔身，塔身雕刻门窗及天神等，塔身上部以斗拱支承各层密檐，顶部用塔刹作结束。这种形式的塔虽流行于辽、金二代，但其来源可上溯至唐末和五代。如唐咸通七年（866年）所建山西运城县招福寺禅和尚塔已使用斗拱与平坐承托塔身；唐乾宁二年（895年）所建山西晋城县青莲寺慧峰塔则在须弥座和莲瓣上建八角形塔身；五代的南京栖霞寺塔以须弥座与莲瓣承托八角形密檐塔。由此可见辽、金密檐塔的形式是在前代的基础上发展起来的，晚至明代仍在延续"[①]。

例二，经幢："公元七世纪后半期随着密宗东来，佛教建筑中增加了一种新的类型——经幢。到中唐以后，净土宗也建造经幢，数量渐多，……这时期经幢的形状不但逐渐采用多层形式，还以须弥座与仰莲承托幢身，雕刻也日趋华丽。经过五代到北宋，经幢发展达到最高峰。

---

① 刘敦桢主编：《中国古代建筑史》。

赵县经幢建于北宋宝元元年（1038年），全部石造，高15米余。底层为6米见方扁平的须弥座，其上建八角形须弥座二层。这三层须弥座的束腰部分，雕刻力神、仕女、歌舞乐伎等，姿态很生动，而上层须弥座每面雕刻廓层各三间。"①

　　从赵县经幢须弥座的束腰部分中所刻的力神、仕女、歌舞乐伎等情况来看，这又与王建墓棺床的雕刻如力士、乐伎等，基本上是完全相似的。

　　1979年笔者参观敦煌莫高窟，所见编号98的石窟为五代石窟，为曹议金开凿。窟内佛座也是须弥座，并刻仰复莲，佛座为两层；左侧上层壶门刻有盘内放的贡品，下层壶门内为伎乐，共六组，有拍板、笛等，有的已模糊不清了。右侧下层伎乐，亦为六组，有弹筝、竖琴、箜篌、笙、排箫、笛。佛台后部有琵琶、毛员鼓。正面壶门的六伎乐手执的乐器已不清楚了，这又与王建墓棺床伎乐相同。窟顶为复斗形，雕刻一龙。敦煌石窟中窟顶为复斗形雕刻龙图案的，如编号100的五代窟，窟顶复斗形，刻单龙；编号055的宋窟，并有力士左手叉腰，右手托佛座。又编号62、63的窟，皆为宋窟，窟顶即刻一龙戏珠。孟知祥墓（中室）亦为复斗形，顶刻一龙，与敦煌佛窟的顶部雕刻是完全相同的。而孟知祥墓室前的门楼上亦绘双龙（龙涂金）戏珠，其棺床上层四周皆刻双龙戏珠。此外，王建墓棺床须弥座上的东、西、南三面亦皆刻双龙戏珠图案，证之以敦煌石窟内的龙戏珠图案，则又可知这类在墓内雕刻龙的图案，亦皆仿自有关的佛教艺术。

　　前后蜀两代上层统治者崇尚佛教。前蜀王建时广招人才，其中即有许多僧道。如禅僧贯休为当时高僧，来成都后，王建十分推崇他，并为他建龙华寺，"永平二年二月，帝幸龙华禅院，召僧贯休坐，赐茶药彩段"②，并加官进爵，因此他在前蜀地位崇高。

————————

①　刘敦桢主编：《中国古代建筑史》。
②　《十国春秋》卷十六。

根据前面所引证的资料来看，前后蜀皇帝及其重臣的墓室内设置的棺床，皆系仿自佛座的造型。笔者将地下出土文物（棺床）与有关地面文物（佛塔、经幢及石窟寺等）及有关文献相印证，提出王建、孟知祥的棺床为佛座之说，从这点也可以看出前后蜀两帝崇佛之深，佛教对其影响之大了。因此，目前我们可以这样认为，王建、孟知祥等墓棺床的石刻艺术，应是五代时期蜀中最为精美的佛教石刻艺术。

本文原载于《成都文物》1989年第4期。

四川乐山出土的五代陶棺[1]

图一 陶棺

1973年春，四川乐山县斑竹湾出土了一具五代琉璃三彩（黄、绿、褐）陶棺（图一）。棺长81.5厘米、前高（连棺盖）40.5厘米、后高24厘米。棺座前宽29厘米、后宽25厘米。棺身前宽27厘米、后宽18厘米。陶棺内装有骨灰与开元通宝铜钱。这陶棺显然是火葬后盛骨灰的葬具。在宋代，四川的火葬墓是比较多的，曾在成都、绵竹等地区多次发现，其葬具或用陶罐或用木棺[2]。

这具陶棺安置在饰有莲瓣纹的棺座之上。莲瓣纹座上的左、右两棺墙各有三个壶门，后墙有一个壶门。左、右两侧的壶门之上，又各有

① 本文由沈仲常、李显文合著。

② 四川省文物管理委员会：《四川官渠埝唐、宋、明墓清理简报》，《考古通讯》1956年第5期。

一个兽头之类的装饰，疑为前蜀王建墓抬棺的力士和后蜀孟知祥墓棺台下抬棺的鬼怪式人物之类形制的演变。因为从这六个兽头的位置看来，它们很可能也是起抬棺的作用。在兽头饰的上面，左为青龙，右为白虎。在棺的左右雕饰青龙、白虎的图案，在四川最早见于雅安地区芦山县的汉代王晖石棺，以后也曾见于彭山县出土的五代后蜀宋琳墓石棺①和达县出土的宋代石棺。

图二　陶棺左侧青龙

图三　陶棺右侧白虎

棺盖上的纹饰，以铜钱纹变化的花瓣纹为地，并在棺盖的前部左、右配上日、月。日中有金乌，月里有玉兔，似乎将棺盖拟作墓顶，装饰以部分天象图案。

唐末至五代，在棺或墓前每每有门楼的装饰。例如成都北郊的唐末高晖墓，其石椁南面有石制版门，石版门上施门钉，门的左、右各有石刻武士一人，石椁左面刻青龙，右面刻白虎。棺盖前有朱雀，后有玄武。后蜀宋琳墓石棺的前后两端有仿木建筑的脊檐和门柱，正脊两端各有鸱吻，门上有门钉七排②。后蜀孟知祥墓墓室前有石建仿木建筑的门楼、门柱，正脊两端亦各有一鸱吻，龙头凤嘴，十分华丽。

①　任锡光：《四川彭山后蜀宋琳墓清理简报》，《考古通讯》1958年第5期。

②　任锡光：《四川彭山后蜀宋琳墓清理简报》，《考古通讯》1958年第5期。

图四　陶棺左侧青龙图及正面殿堂

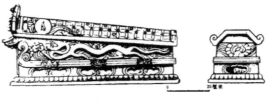

图五　陶棺右侧白虎图及后墙壶门图

乐山出土的五代陶棺雕饰的主题，与东汉王晖墓石棺相似，显然是汉代的遗风。其与唐高晖墓石棺前端门楼的装饰更相近，只是在楼门两侧，高晖石棺刻力士[①]，陶棺则刻妇人。由此看来，棺上这种类型的装饰，殆为这一时代的风尚。

值得注意的是这陶棺正面的殿堂，耸立于两层台基之上，飞檐翘角，古雅朴实。台基正面中间有三级踏道，踏道两旁附垂带。台基上立四檐柱，将殿堂分成三个开间，当心间的跨度很大，约是次间的二倍。当心间左右二檐柱下有柱础，柱础刻成莲花形状，一般叫它莲花柱础。柱础与檐柱之间，刻有一板状圆盘，是柱櫍，主要起防潮湿的作用。在中国南方，由于气候潮湿多雨，木柱下部很易腐蚀霉烂，往往在柱下垫一櫍。在四川古建筑中，柱櫍的运用较为普遍，现存的许多明清古建筑中，都使用柱櫍。这座陶棺建筑的角柱不用柱础，而是直接立在台基上。这可能是因角柱的通风好，日光能晒到，不易发霉腐烂。今天，在四川保存的古建筑中，也还有类似的例证。如平武县的报恩寺，建于明正统十一年（1446年），在大雄殿的两侧有廊房。廊房的木柱，就不用柱础，迄今已有五百多年，依然完好，主要就是廊房的通风好，阳光照射充沛。陶棺所雕的角柱直立，没有明显的"柱侧脚"，角柱上部直通檐下，承托角梁，完全支撑屋角起翘部分的重量。在中国古建筑中没有发现过这样的结构，可能因这是陶棺上的装饰性雕刻建筑而将"柱侧脚"简化了。在当心间和两次

① 　徐鹏章等：《成都北郊站东乡高晖墓清理简报》，《考古通讯》1955年第6期。

间的四檐柱下部，用地栿连接，四檐柱上部则施阑额，阑额插入角柱时不出头，这样就使立柱稳稳地固定在一起，不致歪斜，组合成完整的木结构框架。阑额之上不施普柏枋，是早期隋唐建筑中明显的特征。这就进一步证明了陶棺装饰建筑的时代风格。另外，宋《营造法式》大木作制度

图六 直棂双扇格子门

"造平坐之制"一节中规定，只在平坐的搭头木上才施普柏枋，可见这种作法，应在宋徽宗崇宁二年（1103年）《营造法式》颁行之后。在现存的古建筑实例中，檐柱上阑额施普柏枋，多见于南宋、辽、金、明各时代建筑。可知这座陶棺上的古建筑，具有我国早期古建筑——唐、五代建筑的时代特征。

当心间的两檐柱上放斗栱，栌斗置于柱顶，栌斗的用材很大，约与柱子的直径相等。斗上放栱，以承托撩檐枋。在当心间阑额的正中上面，安置补间铺作斗栱一朵，以加强承托撩檐枋和屋面出檐部分的力量。屋顶是由五脊组成的庑殿顶，又俗称五脊顶，正脊两端没有鸱吻。这种屋顶，多用在宫殿或庙堂建筑上，以表示庄严和壮观。屋面施筒瓦和板瓦，勾垅组合十分均匀。檐部的勾头、滴水，装饰灵巧。整座建筑，比例匀称，高宽适度，给人以古雅、朴素、庄严、别致的感觉。

在当心间的正面，用双扇格子门，格子门的门额、立颊被阑额和檐柱所遮挡，只能看见门边的桯条。桯条为素面，没有起线和出混。在格子门的三分之二处，施一横板腰串，没有腰华版。腰串下面是障水版，障水版上浮雕二门侍。腰串上部做直棂格子，或者破子棂格子；两次间作坎墙，坎墙上亦作直棂窗格，或者破子棂窗格。这样，就增加了整座建筑的正面部分的采光和通风。古代匠师将适用、美观、保养的功能融为一体，是很成功的，还值得今天建筑设计工作者借鉴。

这座五代陶棺雕刻建筑用直棂格子门，在现存的唐五代时期建筑中少见，它打破了过去"唐代建筑全用板门，格扇门在北宋时期才出现"的说法，为研究中国古代建筑史提供了新的实物例证。另外，唐李思训绘《江帆楼阁图》中有直棂格子门（图六）。可见早期古代建筑用直棂格子门，在阴霾多雨、潮湿易腐的南方，还是较普遍的。

在四川这类陶棺是第一次发现，它可能是当地的产品。据近年来四川研究陶瓷史的同志调查，在乐山县关庙发现的古窑址，地面采集的陶片釉色以青、黄为主，亦有极少青中发紫的，初步判断为隋唐遗物。窑址尚未正式发掘，这一判断有待证实。如这确为唐窑，则唐时已在乐山烧造三彩陶器。这件五代三彩陶棺就很可能是当地的产品。

本文原载于《文物》1983年第2期。

四川德阳出土的宋代银器简介

　　四川德阳县孝泉镇清真寺距县城约四十里。1959年3月22日，该地出土银器一百一十七件，四川省博物馆曾先后派人前往调查，并带回银器三十三件。这批银器出土时，系装在四耳陶罐内，罐上盖一砖，砖上有崇宁通宝少许，而罐的四周有崇宁通宝一百六十余斤。兹将这批银器（现存四川博物馆者）简介于下。

　　（1）银瓶一件。有盖，连盖高21厘米、瓶高19厘米、盖高5厘米、瓶口径3厘米、底径5.5厘米。底上刻有"东阳可久"四字。除盖上纹饰外，全身有五排对称纹饰（附图6）。

　　（2）银瓶一件。短颈，宽肩，肩下略向内收，小底，底向内凹进约3厘米，成为圈足。素面无纹饰，肩上有残孔，全身有瘪痕。高19.7厘米、口径3.1厘米、底径4厘米。底上刻三行文字："南阳"（左），"周家十分煎银"（中），"勤号"（右）（图一）。

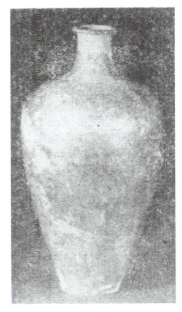

图一　银瓶

（3）银匜形器一件。口径14厘米、高7厘米、连系高19.6厘米。有流，流长6.5厘米，流左右各有一小环，以便系"∩"形提手。器后端一环，以系蛇首形把手，此把手用银钉钉于前面提手之上（附图7）。

（4）银执壶一件。圈足，有盖，盖为宝顶形，一边有环，略残。高21厘米、底径11厘米、口径6.2厘米。柄上有"西宅"两字，底有墨书"冯宅口（宋押）"，盖高17厘米（附图9、10；图二）。

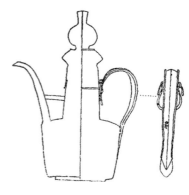

图二　银执壶

（5）银钵一件。口径14.7厘米、高6.4厘米，表面已略呈黑色（图九）。

（6）银勺一件。口径8.2厘米、高3.5厘米、连柄长23厘米。勺内有墨书"并口""未三七""十八口大""西""十八两足大"等字（图八）。

（7）银尊一件。直壁，器身及足部为六瓣莲瓣形，高15.8厘米、口径约18.5厘米。外侈高圈足，高4.5厘米、径13.2厘米。器身上部有瘪痕，并有残孔五处，器内底上有墨书"冯口"两字（图十）。第二字似行书"方"，实为宋代押书①。器外有墨书三行："口佰肆拾贰口""中二口""浮"等字（附图2）。

（8）银茶托（附杯）一件。茶托圈足径6.5厘米、高2.5厘米、上口径6.3厘米，托为六瓣叶形。

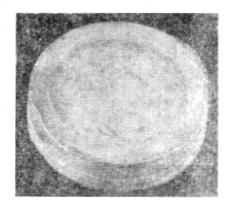

图三　银盒

---

① 承重庆市博物馆董其祥同志告我，在宋代瓷器上亦偶见此类押书，亦可为断定这批银器时代的旁证。

托上的杯圈足、无纹饰，口径
10.1厘米、高4.3厘米、底径3.6
厘米。圈足边上一面刻有"己酉
德阳"，另一面刻"周家造"等
字，两面所刻的字互相对称（附
图3）。

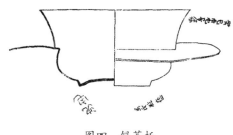

图四　银茶托

（9）银茶托二件。一件高6
厘米、口径11.7厘米。侈口，圆
腹，盘形托底，略向内凹，形成
圈足。底径5.5厘米。中间镶一
3.5厘米的宽边。侈口边上刻"癸
巳南宅号口"六字，刻得较深。
茶托宽边上刻"马氏妆奁"及

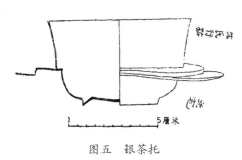

图五　银茶托

"沈宅"等字。"沈宅"二字是斜书的，刻得较浅，可能较上两行字时
间略迟（图四、十一）。另一件高5.5厘米、口径11厘米。边上刻"沈
氏行妆""沈宅"等字，边宽3厘米，两件仅器边略有不同（图五）。

（10）银杯（Ⅰ式）三件。侈口，圈足，大小略同。杯身为重
瓣菊花形，杯心凸出部分有圆点纹饰，为花蕊部分。一件圈足上刻一
"先"字，高5厘米、口
径9.5厘米、圈足高1.3厘
米、径3.9厘米（附图1
右，图十二右）。

（11）银杯（Ⅱ式）
一件。敞口，敛腹，内凹
小底，底上刻"绍昌"
二字。内壁口边约有宽
1厘米的一周水波纹，器
内墨书"密二件""宅

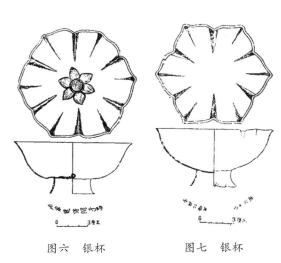

图六　银杯　　　　　图七　银杯

兑""十二口"及"笙"等字，器外亦有墨书"宅兑"二字。高44厘米、口径11厘米、底径2.5厘米（附图1左，图十二左）。

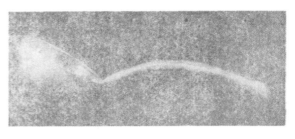

图八　银勺

（12）银杯（Ⅲ式）四件。平口，圆腹，高圈足。一件器口外横刻"沈氏行妆"四字，圈足外壁与器口四字相对的地方刻"周家打造十分银"七字，足的另一面刻一"成"字。高5.2厘米、口径10.1厘米、圈足高1.5厘米、径3.7厘米（附图5）。一件仅器口外刻"沈氏行妆"四字，高4.7厘米、口径10.3厘米、圈足高1.2厘米、径3厘米，器身略有瘿痕。一件已生绿锈，器内有墨书"口正廿九口娘""式拾连大"等字。高5.2厘米、径9.7厘米、圈足高1.5厘米、径3.6厘米。

（13）银杯（Ⅳ式）二件，皆六角形。一件口径10厘米、高4.5厘米、圈足径3.8厘米。器内底上刻莲花纹，圈足刻"庞家造洛阳子昌"七字（图六）。另一件口径8.7厘米、高5厘米、圈足径3.6厘米。圈足亦为六角形，其上一面刻"周家十分"，一面刻"北厢仁兴号"（图七）。

（14）银壶一件。瓜形，盖上有简单纹饰，全身略呈黑色，平底。但底部凹进去处呈凸形。壶把在出土时即已脱落，把上有银鍊系于盖上，高18厘米（附图8）。

（15）银博山炉残盖一件。仅存一盖，高8.5厘米，底径13.3厘米。顶有两小孔，其下又有五个较大的孔，为薰烟出口处。器壁较厚，约0.2厘米，下部有几何形纹饰一周（图十三）。

（16）银熏炉底二件。素地，直口，有子口，圜底。口径9.7厘米，底中部一小圆孔，可能为逗柄之用。孔外为一周莲瓣纹，宽约3厘米，莲瓣纹之上为镂空串枝花纹一周，宽约3.3厘米（图十四）。

（17）银盒一件。圆形，平底，高3.4厘米、径11.5厘米。盖上阴刻飞禽图案。盖边雕宽1厘米的花纹帒（图三）。

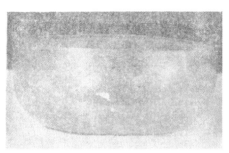

图九　银钵

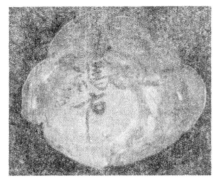

图十　银尊（俯视）

图十一　银茶托

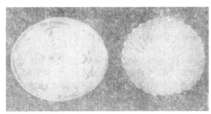

图十二　银杯（左Ⅱ式，右Ⅰ式）

图十三　银博山炉残盖

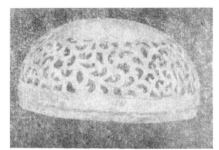

图十四　银熏炉底

（18）银盒一件。平底，呈八瓣花状，内有墨书"共计囗囗正"五字，有两字已看不清。盒侧面、底上的墨书皆已不清。口径11.6厘米、高6厘米。盖上有双禽及连枝花图案，上下囗边各有宽1厘米的纹饰（附图11、12）。

（19）银盒一件。圈足，略呈圆形，器身为三十二瓣花瓣状，盖上有双孔雀及连枝花纹饰。盒的上下口边亦有两周纹饰，各宽1.2厘米。盒高5.8厘米、直径13.9厘米、底径11.1厘米、圈足高0.5厘米（附图13、14）。

（20）银盒一件。圆形，平底，高1.5厘米、直径9.2厘米。盖上分内外两区，内面为双凤纹，外面为连枝花图案（图十五）。

（21）刻花银盒一件。圆形，底盖皆有残缺，平底。盖上阴刻双凤纹及连枝花纹，盒的上下口边皆刻回纹。高2.5厘米、口径12.5厘米（图十六）。

（22）银盒一件。圆形，圈足，镂空纹饰。径13.5厘米、高4.5厘米。底内有"孝泉周家打造"六字（附图15、16）。

（23）银饰一件。为两片，作蝴蝶

图十五　银盒

图十六　刻花银盒

形，中以银丝相连，可能是器物上的附件（附图4左）。

（24）银钗一件。下部略残，长约14厘米，其上包了一层纹饰极细的银花（附图4右）。

德阳出土装银器的四耳陶罐，是四川宋代墓葬中常见的随葬品。在宋墓中也出土与银执壶、银杯、银盒同类型的陶执壶、陶杯和白瓷粉盒。与银茶托相类的遗物，虽未在宋墓中出土过，但在成都东郊元代砖墓中有发现，根据有关情况来看，这批银器应是宋代的。同时在四耳罐盖上和四周放有许多崇宁通保钱，可见这些银器是当时有意窖藏的。1949年后四川清理的宋墓在二百座以上，从未出过银器，可见银器并不是一般人使用的东西。这批银器的出土，为研究当时手工艺品提供了可贵的新资料。

在这批银器上，有许多刻的和墨书的题记，刻的有"周家造""孝泉周家打造""庞家造洛阳子昌"等字，从此可知这批银器是当时德阳孝泉镇周、庞两家制造的。它的制造地点及商号，可由此而肯定。这也就为研究宋代四川的银器工艺品，提供了可靠的证据。此外有关于银器成色的记载，如"周家十分煎银""周家十分"等；还有使用及收藏者的记录，如刻的"沈氏行妆""沈宅""马氏妆奁"以及墨书"冯口""冯宅口"等字。

按沈括《梦溪笔谈》卷九云："刘美少时善锻金，后贵显，赐与中有上方金银器，皆刻工名，其间多有美所造者。又杨景宗微时，常荷畚为丁晋公筑第，后丁晋公（败），籍没其家，以第赐景宗。二人者，方其微贱时，一造上方器，一为宰相筑第，安敢自期身缵其用哉？"① "刘美，益州华阳人。本姓龚，以锻金为业。"②可见当时四川所造金银器，多为宫廷之用，亦可见其技艺之精，而在金银器上皆刻工匠名。德阳出土银器亦多刻有制造地点及制造者姓氏，可能为当时的风尚。四川金银饰及银器制造，见于记载的始于唐③。在五代前蜀王建墓中，出土有银盒、银钵、银猪、银胎漆碟、金银平脱镜匣及宝盝、玉册匣上的银饰件等，都是不可多得的工艺品④。四川的银制工艺品，根据出土资料及文献记载，从唐、五代开始，经过宋代，一直在发展。现在成都的银制工艺品仍很有名，可见是有其源远流长的发展历史的。

本文原载于《文物》1961年第11期。

① 胡道静校注：《新校正梦溪笔谈》卷九人事，北京：中华书局。

② 刘美，益州华阳人。本姓龚，以锻金为业。宋真宗为襄王时，章献明肃刘后自蜀来，因张耆以进，耆得之美。真宗即位，以后为美人，乃更美姓，以为后兄。见王偁《东都事略》一一九（转引自胡道静校注《新校正梦溪笔谈》）。

③ 冯汉骥：《前蜀王建墓出土的平脱漆器及银铅胎漆器》，《文物》1961年第11期。

④ 四川省博物馆编：《前蜀永陵发掘报告》（未刊）。

附：四川德阳出土的宋代银器

1.银杯（左Ⅱ式，右Ⅰ式）

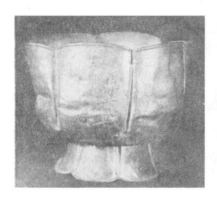

2.银尊

3.银茶托（附杯）

4.银饰（左）银钗（右）

5.Ⅲ式银杯

6.银瓶

7.银匜形器

8.银壶

9.银执壶

10.银丸壶底部墨书（宋押）

11.银盒

12.银盒俯视

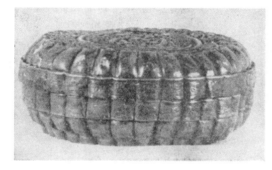

13.银盒

14.银盒俯视

15.银盒

16.银盒俯视

四川昭化县迪廻乡的宋墓石刻①

　　1957年2月16日，昭化县在修建由昭化宝轮镇至城关的公路时，在迪廻乡公路旁挖出石椁墓一座。县文化馆梁永元馆长经过该地时，发现这座古墓是南宋淳熙癸卯（十年）建造的，后龛及东西壁上皆有石刻浮雕，遂将这情况向县领导反映，及时地停止了拆除墓石，并向省文化局汇报。省文化局通知省博物馆派文物工作队前往清理，清理工作3月9日开始，10日结束。

　　墓西距蜀汉鲍三娘墓约1里，墓东约50余米有明寺郎朱公龙山先生墓道石碑，墓后为一台地，白龙江从北面流过。南面的山头就是虎头寺。

　　墓室全部为石材建成。墓内积土高125厘米，可分为三层：上面一层是卵石及淤沙，中层是淤泥，靠近墓底一层是淤土，在这层淤土内发现残墓门石一块，说明这墓在早年即已被盗。

　　墓室壁龛内未发现随葬品，仅在墓底石宿台上靠近墓门的一端，发现小铜镜一面，纹饰已模糊不清，直径6.6厘米、厚0.2厘米，铁棺环六个，两大四小。

---

① 本文由沈仲常、陈建中合著。

棺台四周发现铁棺钉共九十七根，有三十七根铁钉的头上还贯有铜钱一枚。铜钱中有北宋年号的包括淳化、咸平、天圣、明道、嘉祐、熙宁、元丰、元祐、绍圣、元符、政和等三十六枚，有金代年号的为正隆元宝一枚。

墓后壁龛前发现人牙。石棺台及铁棺钉上皆有棺木朽坏的痕迹。

墓室长2.44米、宽0.97米、高2.20米。墓前面有两扇石门，石门向墓室的一面有门窗雕刻，石门上部已为早年盗墓者打坏。

墓后有壁龛（图二），龛上砌一块横额石，上刻"庆堂"两篆字，左题"淳熙癸卯"，右题"仲冬建造"（图五）。

图一　出行图（西壁第三组石刻）

墓底铺一层石板，上放长2.24米、宽0.84米、高0.32米的一块整石做成的棺台，前头抵着后龛，后距墓门19厘米，距东、西壁各约7厘米。

墓室东、西壁的结构完全相同。西壁是用四块石板镶成，第一、二、三块（靠近后龛）皆高91厘米。三石之中构成一壁龛（西龛），龛宽60厘米、高91厘米、深约10厘米。这三块石立在下面的一块横石上，横石长170厘米、高81厘米。横石下即是铺底石。第四块（即靠近墓门的一块）高168厘米，直接立在铺底石上。

西壁四块立石之上还有两层石枋：上层厚33厘米，无纹饰；下层厚21厘米。纹饰可分为两层，上有荷花，下有莲瓣纹图案，构成须弥座的样式。

墓顶石已在修建公路时拆去，原为三块石板，其一上刻兰草图案，中间刻一圆形物，似象征镜子。

墓内石刻浮雕主要是在后龛及东、西壁三处：

（一）后壁龛正中雕一石桌，桌上放置执壶、碗各一件，另一碗放在碗托上。桌后两妇人，右一人双手捧一方盘，左一人从盘内取出一物，正准备摆在桌上。龛上部刻有围帐，壁龛下有花纹图案（见图二）。

壁龛外框的上端刻牡丹花。外框右侧雕一狮坐在石台上戏绣球，左侧雕两小狮，各在一石台上，上面一个头下俯，下面一个头上仰，对玩一绣球。

（二）西壁石刻可分为四组（图四）。第一组（靠近后龛）刻荷花图案。第二组有三妇人，分刻在两块石上，正面两人，右一人头后有发髻，着交领衣，腰系一带，着长裤，袖口向上挽，一手执长柄锄，一手指地，似在同左侧的妇人说话。左一人头上有高髻，左手抱一小孩，右手上举，着长衣裙。最左面一人刻于壁龛的左侧壁上，头后有发髻，着长衣裤，露足，双手捧一圆盒。第三组刻一妇人骑在驴上，侧随一小童手撑一伞追随在后（图一）。第四组（靠近墓门处）雕一着甲武士，双手执一

图二　墓室清理后全景及后壁龛石刻

图三　牡丹（东壁第一组石刻）

图四　西壁石刻全景

矛。

（三）东壁的石刻亦可分为四组。第一组（靠近后壁龛）是牡丹花图案（图三）。第二组共有三人，两女一男，中间一妇人坐交椅上，身侧带一木棒，头有高髻，着长衣长

图五　石龛横额上的题字

裙。右侧一人着长袖长衣，腰系一带，面对中间坐的妇人作拱手状，似为一男侍。右侧一妇人头后有髻，着长衣裤，双足外露，两手托一碗，似正在为女主人送上食物。第三组在一石桌上放置一只猪，似为祭品。第四组（靠近墓门）雕一着甲武士，手执一弓，作守卫之状。

另外在东、西两壁龛之下各有两组纹饰。

由于这两座墓后龛上的横额有"淳熙癸卯仲冬建造"的题字，说明了这墓建于南宋淳熙癸卯（十年），即公元1183年，距今774年。

本文原载于《文物参考资料》1957年第12期。

新津观音寺的明代壁画①

新津观音寺位于县境的永兴公社，距离县城约廿华里的九莲山附近。此寺背山临水，风景颇佳。据新津县志及庙内碑刻的记载，这寺系建于南宋淳熙年间，当时是一座规模比较宏大的寺院，但到元朝末年毁于战火。明代中叶，增建殿宇至十二重，清代康熙、乾隆、道光等朝又几次重修，到了咸丰末年又遭到了破坏。目前观音寺仅存两殿——观音殿与昆卢殿，皆为明代建筑。一九五六年列为省级文物保护单位，经过维修，两殿现保持完好。

昆卢殿在观音殿前，系单檐歇山式，殿内左右壁尚有明成化四年（1468年）彩绘壁画各三铺，距今已有五百十一年。壁画的主要内容是十二尊佛像，每壁佛像侧皆有题记，题记的内容为何人捐资及所绘佛像的名称。绝大部分题记清晰可辨，这对我们了解壁画的内容提供了可靠的资料。昆卢殿内右壁第一铺壁画系"佛贤善首菩萨星宫雷神尊天"和"普觉佛菩萨日宫尊天阎魔罗王"。第二铺的一处已不清楚，另一尊为"辨音菩萨鬼子母摩醯首尊天"。第三铺为"金刚藏菩萨增长多闻尊天"和"普贤法王大菩萨大辨帝释尊天"。其次，左壁第一铺是"圆觉

---

① 本文由沈仲常、李兴玉合著。

菩萨紧那婆迦尊天"和"文殊菩萨功德大□尊天"。第二铺是"威德自在佛菩萨菩提诃利尊天"和"弥勒菩萨密迹韦驮尊天"。第三铺是"普眼菩萨持吐广日尊天"和一披纱佛像（题记已不可见）。全部佛像皆为工笔重彩，时间虽已相隔五百余年，至今仍十分清晰，保存得比较完整，彩绘皆未脱落。民间艺人所绘佛像，皆端庄而安详，笔法流畅。最引起人们注意的是左壁最后一幅佛像，此佛身披雪白的细纱，轻薄透明，诚不愧是大师的手笔。

四川全省目前尚存明代壁画数处，如剑阁县觉苑寺大殿，广汉县龙居寺中殿，蓬溪县宝梵寺及新津观音寺的壁画等，皆是我省存留的明代壁画中之佼佼者。

本文原载于《艺苑掇英》1980年第9期。

观音寺毗卢殿壁画（右壁第一幅）［明］高3.31米 宽3.56米

观音寺毘卢殿壁画（局部之一）

观音寺毘卢殿壁画（局部之二）

观音寺毗卢殿壁画（局部之三）

观音寺毗卢殿壁画（局部之四）

张献忠大西政权的文物
——"圣谕碑" ①

圣谕碑，高210厘米、宽101厘米、厚18.5厘米，部分字迹略有剥蚀。1934年该碑于四川省广汉县城郊一农民家茅屋的墙壁中发现②，现存广汉公园。碑面四周刻饰龙纹，上部分刻楷书"圣谕"二大字，复绕以龙纹；下部分有文字三行"天有万物与人，人无一物（与）（天），鬼神明明，自思（自）（量），大顺二年二月十（三）（日）"，共三十一字。

据记载，明末农民大起义，张献忠所领导的农民起义军于1644年第三次进入四川，8月攻克成都，建立了农民政权，国号"大西"，改元"大顺"，改

---

① 本文由沈仲常、冯国定合著。
② 《四川张献忠碑记》，《逸经》第三十三期，1937年。

成都府为"西京"①，所以碑上有"圣谕"二字及"大顺"年号。彭遵泗《蜀碧》卷三说："初，贼自为圣谕六言云：'天以万物与人，人无一物与天，鬼神明明，自思自量！'命右相严锡命作注解发明之，刻诸石。"顾山贞《客滇述》说："献忠自言亲见天神与语曰：'天以万物与人，人以一物与天。'遂刊行各州县，再续二语云：'鬼神明明，自思自量，为圣谕碑。'"此碑为张献忠所刻立无疑。只是彭著和顾著均以碑文次字为"以"，此则为"有"；顾著以第二句次字为"以"，此碑和彭著均为"无"。这是大西政权遗留下来的珍贵历史文物。

本文原载于《文物》1982年第6期。

---

① 佚名：《纪事略》。

考古漫记等

四川古代墓葬清理简况[①]

　　1949年后，随着国家基本建设工程的开展，配合各项工程的考古发掘工作也蓬勃地发展起来。十年来我省的考古工作，完全是紧密配合基建工程，依据工程的缓急，做重点的清理，未做主动的发掘。

　　十年来，我省文物保护及考古工作，在党和政府的正确领导下，做了许多工作。例如在成渝铁路工程中发现了旧石器时代的资阳人化石，证明四川有旧石器时代的文化[②]。配合长江规划的1957、1958年两次考古调查，发现新石器时代起至巴、蜀（商周亘战国）时代遗址共35处，唐宋村落遗址1处，宋代窑址3处，宋代炼铜场址4处。长江上游四川境内的两次考古调查，发现了丰富的新石器时代物质文化资料，补充了四川新石器时代末期至船棺葬以前这一段时期考古资料的空白点。1957-1958年在新繁水观音工地清理了殷周青铜器时代初期的遗址，两次的清理工作，说明了四川殷周青铜器时代初期文化的情况，以及与中原文化的密切关系。在1956年成都羊子山的清理工作中，清理了西周土

沈仲常卷

---

① 本文由沈仲常、王家祐合著。
② 裴文中、吴汝康先生：《资阳人》，北京：科学出版社。

台遗址1处，说明了当时农业经济已经有了相当的发展①。1958年成都青羊宫战国时代遗址的清理，为了解青羊宫这一冲积的文化层的堆积情况，补充了四川战国时代物质文化的资料。上述的遗址皆有详尽的报告，我们就不多叙述了。现在仅就十年来四川清理的852座古墓的情况，分别其时代先后，简略介绍于下。

一、殷代西周墓葬

1949年后，我们只发掘了5座殷代墓葬，3座西周墓葬，都是在新凡水观音遗址内发现的。前者出在遗址文化层的下层，后者出自上层②。

二、战国墓葬

在巴县冬笋坝、昭化宝轮院、成都羊子山及近郊区发现了约70座战国时代的墓葬。都是竖穴土坑墓，墓坑长约5米，葬具有船棺和木椁两种，尸体是仰身伸直葬。随葬品中的容器多集置一端，兵器与饰物均在人骨架附近，战国墓坑出土的遗物，带有较浓的地方色彩。

战国墓的铜兵器如折腰式铜钺、无格扁茎铜剑、无胡的戈，形制都较特殊，尤其是兵器上常有铸或刻的纹饰符号，有着鲜明的地方性及民族性。灰褐色陶器的火度很低，最常见的器形是圜底罐、豆两种，但也有平底罐、四耳圈足壶等出现。铜容器是以鍪、釜、甑、盘为全套，器薄而无纹饰。前三种多置陶容器群中，盘则在骨架胸部。墓内已有铁器，但仅见斧及削，似乎到战国末才开始在四川出现。钱币仅有秦半两与两甾钱，均系自外流入，本地似无金属货币。

---

① 四川省文物管理委员会：《成都羊子山土台遗址清理报告》，《考古学报》1957年第4期。

② 《新凡县水观音遗址试掘简报》。

就川西的蜀与川东的巴的差别看来，蜀地多戈而巴地多钱，蜀器已有纹饰且厚重，巴器则轻薄，陶器无显著差别。

冬笋坝、宝轮院两群墓墓坑皆平行排列，随葬品有多少的差别，但几乎每个墓都有兵器。羊子山172号墓随葬品达百余件，铜鼎、铜罍等有精美的花纹，是一批战国末的重要文化遗物。

川东"悬棺葬"的上限可能早到战国，悬棺葬出土遗物中有巴式铸纹剑及用木炭画于岩壁的"人马"图案，这种墓葬也许与南方兄弟民族有关。

三、西汉墓葬

各地清理的西汉墓葬约170座左右，它们仍然是竖穴土坑墓，墓坑长约3米左右。葬具是木棺或木椁，葬式是伸直仰身。西汉墓的随葬品与战国有所不同，陶器火度仍很低，平底罐、鼎、钫、案、耳杯等已异于前期，且发现有彩绘陶器。陶灶、陶井开始出现了。铜容器中的鍪、甑如前，铜釜变为大口平底形式，铜兵器中的剑、戈、弩机、矛等仍延用战国时期的器形。但铁剑、铁矛成为主要武器、长铁刀开始出现。铁器在西汉墓中已很普遍，容器如铁釜，工具如刀、凿等，农器有镢、镰。一般铜镜多呈黑色，应自外地传入，其中质薄而花纹对称的一种可能为四川铸造。墓中有汉四铢半两钱、荚钱、五分钱（皆半两）、五铢钱等，是断代的可靠资料。

在川西理县发现了许多石棺葬，其中有铁剑、铁矛、铜钺、铜戈、铜削、半两钱及五铢钱，黑陶双耳罐是这类墓中特有器形。在甘孜县曾发现一批铜兵器，这两种文化很接近，可能与西方兄弟民族有关。

冬笋坝的西汉后期的方形土坑墓中有汉子母砖留存墓底以垫铜釜，可知西汉末已用子母砖了。又个别方坑墓内有黄釉陶片及莽钱出现，可知釉陶已行用于西汉，方坑墓下限可至王莽及东汉初。

在成都市郊的一座大木椁墓中出土有大批木俑、牛、马、猪、案等及铜印，在四川还是第一次发现①。

四、东汉墓葬

东汉初出现了砖室墓与崖墓，十年来共清理了约150座。土坑墓至东汉初应尚有遗存，砖室墓约始于新莽，崖墓多属东汉而下及于两晋南北朝，在宜宾、重庆有汉代石室墓发现。

砖室墓用砖砌成（砖侧多有几何形花纹），常有墓道，略似铲形。砖室墓中有铜、铁兵器，铜镜，铜釜，铜印等。陶器是砖室墓最多的随葬品，器形多而火度高，且似有一定形制，又有大量的陶俑、禽兽、房屋、水田、井、灶等，具体反映了汉代人的生活习俗、建筑艺术等。砖室墓中常见五铢钱，砖上偶有建造年月，都是断代的好资料。有的砖室墓壁嵌有排列整齐的画像砖，这些砖上的浮雕，是研究汉代社会生产及生活方面最形象化的原始材料。其题材有盐井、收获、东市、庖厨、车马、房屋、建筑等内容。砖室墓中有木棺、石棺、瓦棺、砖棺四种葬具。

崖墓在四川很多，沿江河山壁间数以万计，但原封未残者则不多见。崖墓常有几个连通的墓室，其中遗物大体与砖墓无异，墓壁及石棺常雕刻着反映汉代社会生活的各种图案，其重要性与画像砖同。

五、晋代墓葬

已发现的晋墓共7座，有德阳黄浒镇的泰康元年（280年）墓，成都羊子山泰始十年（274年）墓等，以彭县画像砖墓为最重要。

晋代砖墓承袭汉墓而较为简单，一般分前、中、后三室，室壁用长方形几何纹花砖嵌砌，券拱用上宽下窄的楔形砖，墓底用素砖铺地而

---

① 《成都凤凰山西汉木椁墓》。

中部凸起，以便排水。

随葬品有陶罐、灯、俑、瓷盘、四系罐、铅人等。晋墓中有青瓷器出土，这种带黄绿色釉的瓷器，是这时代文化遗物的主要特点。在成都羊子山晋砖墓中未见陶俑，仅见铅人。但在德阳黄浒镇晋泰康元年砖墓中出土了4件陶俑，制作粗糙板滞，也许这时成都先进地区已不用俑，仅在较远地区尚遗留着汉代风俗，这是完全可以理解的。晋墓中的葬具有木棺、砖棺两种。

彭县画像砖残墓中有青瓷器出土，墓中画像砖图案有舂米、酿酒、捕鱼、盘舞、车马等，是研究当时风俗的具体资料。

六、南北朝墓葬

南北朝时期的墓葬，在彰明常山村、佛儿岩、昭化宝轮院、绵阳、广元、牧马山灌溉工程中共清理了80座，都是崖墓。它们的规模狭小，多是宽约1米，长约2米的小崖洞。

墓室的结构一般皆是单室，形状略可分为两类：一为略似长方形前窄后宽，结构十分简单；二为略呈圆筒形，仅在岩壁上开一方形墓口，可能是埋葬小孩的。两类墓葬一般皆用汉、晋残砖来封闭墓门。多设墓台和排水沟。葬具是用的木棺。

随葬品中，陶器有釜、甑、罐、杯、盘、匜系壶等，铜器有釜、四耳锅、盘、铰等，铁器有斧、凿、剪、叉、刀等，此外还有琉璃、炭精等饰件。代表这一时代的主要遗物仍是青瓷器，为灰白色胎，青白或黄白色釉，器类有四系罐、四系壶、盂、杯、盘等。

在昭化宝轮院的一群崖墓中，一个墓内有元嘉十九年（442年）的石刻题记，这一证据确定了这一群同型崖墓是属于南北朝的墓葬，而且是属于南朝的。

七、隋代墓葬

新津县普兴乡清理的隋开皇元年（581年）砖墓三座，是中华人民共和国成立后首次发现的四川隋代砖墓。分前室、甬道、棺室三部分，壁龛用隋开皇元年字砖及兽纹花砖砌成。随葬品有双耳灰陶罐、褐色陶盏及青瓷盌等[①]。

八、唐、五代墓葬

唐墓共清理了16座。在官渠埝工程中曾清理过9座不大的唐墓，平面都作长梯形，顶部结构有迭涩及券拱两种。随葬器物简单，仅有陶罐、四耳陶瓶、铁棺钉等，没有陶俑。钱币多置骨架两手边，以开元钱最多，而兼有乾元、五铢，当是一般人的墓葬，而非富有贵位者所建。

羊子山7座唐墓中，亦有长方形砖室墓，随葬品亦仅见陶罐、开元钱等。只有两个墓内有连盖墓志，墓70长达4.45米，其中有铜镜、陶砚、亮白珠、开元钱出土。方形有盖墓志显然与宋代长方碑式墓志不同。

五代墓共3座。高晖墓是1949年后四川最早发现的五代墓，约建于后唐长兴三年（932年），其石棺雕刻与墓志全是唐代风格。彭山宋琳墓（建于广政十九年，公元956年）与羊子山178号唐公墓皆有前、中、后三室及左、右耳室。宋琳墓中有陶俑、石棺、碑式买地券等，出土的陶俑无釉，但制作颇为精致，为研究五代服制及风俗的实物材料。唐公墓中未见陶俑，但有陶炉、陶罐、铜钱等残留遗物。

九、宋代墓葬

宋墓有砖室墓与石室墓两种，共清理了约200座，还发现过许多置

---

① 《牧马山古墓清理简报》。

骨灰罐的小砖坑及1座崖墓（广元东山道家葬所）。石室墓中的仿木建立雕及人物故事浮雕，是研究当时建筑与社会生活的具体材料。砖室墓中有大量陶俑，如墓主像、文吏、男女侍俑、武士俑、四灵、十二神、魁头、双首蛇身、人首鸡身、鸡、犬、羊等俑，有素陶和三彩釉两种，用前后双模合成。无论是石室墓还是砖室墓都流行夫妇双室联葬，有的是兄弟三人连室，这是宋代盛行的风俗。火葬坑很小，仅用砖砌一小穴以置骨灰罐，但也有砖墓置火葬罐者。迁葬也是当时的一种风俗，一般迁葬墓不大，但个别的与木棺葬相同。庙宇附近还发现过丛葬骨灰罐。

宋墓中多有字石刻，有墓志、买地券、敕告文、华盖宫文、镇墓真文等，除墓志记述墓主情况外，其他几种石刻文字中皆提出"赵公明"为权势大神，似与道教有关。镇墓真文一套5件，其字体为道教特有的"云篆赤文"，有音译、意译、没有译文等式。

十、元代墓葬

四川发现的元墓共9座。广汉红水碾元大德十年（1306年）墓2座，重庆北碚元大德年间墓2座，华阳县皇庆二年（1313年）墓4座，成都郊区元墓1座，从其墓室结构来说，大略可分为如下三类：

（1）砖石结构墓　广汉元墓砖石两用的结构，是一变四川唐宋以来墓室的做法，墙基用石材，券拱用砖，券砖缝里是用铁片和铁钱填塞，使券拱特别坚固，后壁有壁龛，随葬品都放在壁龛里。

（2）石板墓　北碚元墓全为石板砌成，室长2米余，高1米余，墓左右壁各有小壁龛2个，后龛较大，随葬品即放置其中。

（3）砖墓　华阳出土元墓墓室平面呈长方形，长2.98米，宽1.18米。墓门用三层石条和砖混合封门。棺台高出墓底0.15米，台底为横竖砖相间铺成，台与左右墙间有排水沟，券内有四道券柱，券柱之间构成左右各3个壁龛，后龛为红砂石，壁中浮雕一盆艺，花中嵌铜一面。

这几座元墓皆是后龛较两侧壁龛大，故随葬品大都放在壁龛之内。广汉、北碚元墓出土物以影青瓷器为多，器形分瓶、壶、盌、炉、盘等；华阳及成都市郊区元墓出土陶俑较多，俑有三彩及黑褐色两种，有文俑、武俑、仆从俑、牵马俑等，其次为黑褐色陶盘、茶托、罐、碟等遗物。

十一、明代墓葬

明墓在四川极为普遍，共清理过136座左右。最常见的是石椁墓，用几块石板砌成墓室，其中置放棺木。此外还有一种是较大的石椁墓，为明代蜀王府太监的墓，墓的建筑全用大石材，墓顶、墓基、四面的墓壁全用石块建成，墓门亦用两扇整石，门外用大石固封。在门外雕成屋檐，上施彩画，有的在墓室内也有简单壁画，画上云彩及墓主生活。墓室上再建砖券，实际上砖券等于虚设，因为如此坚厚的石建筑并不需砖券来承担封土的重量。

在一般的石板墓中，随葬品除了两个陶谷仓和一两件陶碗、碟，或一方买地券之外，就别无他物。太监墓中除有绿或黑釉谷仓、香炉、觚（有的是铜制）、蜡台、青花瓷盌和杯外，有的墓还出土成套的三彩瓷俑，俑皆为仆从之属，个别明墓中还有铜俑出现。墓室后壁龛常放着一件石质买地券，有的在后龛上嵌一面铜镜。

近两年来在新都、温江等县发现过明代软体尸墓，这一方面是由于防腐处理工作做得很好，另一方面是棺木的质料甚佳，所以尸体经久未腐，而且关节也未曾变硬，因而称之为软体尸，亦名尸腊。

本文原载于《考古》1959年第8期。

"锦江埋银"质疑

　　1975年4月上旬，在成都市望江楼附近的锦江靠岸处，发现了一批张献忠领导的大西农民革命政权铸造的"大顺通宝"钱币，约十余公斤。1976年2月，在成都市南郊永丰公社的农田中又发现了一批"大顺通宝"钱币十五公斤。这两次发现的"大顺通宝"钱币，引起了人们的注意和兴趣，为研究张献忠领导的农民起义，提供了珍贵的实物资料。

　　"大顺通宝"的接连发现，说明了什么问题呢？同过去史书和方志中所记载的"锦江埋银"是否有关？"锦江埋银"是否实有其事呢？对这些问题，应当给以正确的分析和回答。

　　"锦江埋银"之说，见于《明史》和清朝时四川人写的一些著作，其中比较详尽的是彭遵泗的《蜀碧》。《蜀碧》说：顺治三年（1646年），"献自江口败还，势不振。……将所余蜀府金银铸饼及瑶宝等物，用法移锦江，锢其流，穿穴数仞，实之。……下土石掩盖，然后决堤流，使后来者不得发，名曰'锢金'"。《明史·张献忠传》说："（献忠）用法移锦江，涸而阙之，深数丈，埋金宝亿万计，然后决堤放流，名水藏，曰：'无为后人有也。'"两书的说法大致相同，都肯定了"锦江埋银"发生于1646年张献忠江口之战失利以后。

　　张献忠农民起义军，在江口之战失利折回成都后，究竟有无可能在锦江埋银呢？我认为，完全没有这种可能。

大顺三年（1646年）的形势，对张献忠农民起义军是极为不利的。北面，清朝军队从陕西攻入川北，威胁全川；南面，以杨展为首的地主武装，分兵几路，对献忠进行围攻。献忠为今后发展计，决定进行战略转移，率军撤离成都，并将大批物资辎重装船运走，以免资敌。不期于彭山江口，遭到杨展率领的地主武装的火攻，船被烧毁，物资辎重，悉沉水底。关于江口之战，《蜀碧》中是这样记载的："献闻（杨）展兵势甚盛，大惧。率兵十数万，装金宝数千艘，顺流东下，与展决战。……展闻，逆于彭山之江口，纵火大战，烧沉其舟，贼败北。士卒辎重，丧亡几尽。复走还成都。"《重修彭山县志》也有类似的记载："明季杨展拒献贼于江口，分左右翼，兵势甚盛，贼溃反走。展别遣小船载火器以烧贼舟。贼舟被焚，金银珠宝，悉沉水底……"上述记载虽有不少诬蔑和夸大之词，但有一点是可以肯定的，张献忠农民起义军在江口之战中遭到了很大的损失。之后，张献忠不得不放弃转移的打算，折回成都。杨展军尾随其后，乘势步步进逼，各路地主武装也纷纷向农民军发动进攻。在这种情况下，张献忠哪里还有可能像《明史》和《蜀碧》中所说的那样，从容不迫地"移锦江"，"涸而阙之"，埋下数以"亿万计"的金银珠宝呢？又如《蜀碧》和《重修彭山县志》所说，献忠东行，"率兵十数万，装金宝数千艘"，进行战略转移。既然如此，那么又为什么还要留下如许多之"金宝"，以待复返成都后，再埋于锦江之中呢？这都是不可能的。足见"锦江埋银"之说，显系封建地主阶级对张献忠农民起义军的造谣诬蔑，完全不足征信。

张献忠农民起义军失败后，有不少财迷心窍的豪绅地主，风闻锦江有大批"埋银"，纷纷出高价争雇"泅水手"，为他们寻找这个子虚乌有的"锦江埋银"。但是，找来找去，却是水中捞月一场空。这就从另外一方面说明，"锦江埋银"之说纯属捏造。

1975年和1976年，成都先后两次发现的"大顺通宝"钱币，显然不能与"锦江埋银"的讹传混为一谈。"大顺通宝"钱币是张献忠二度入川后铸造和开始在市面上流通的。1644年，张献忠率军再度入川，"一路州县，望风瓦解"。同年，在成都建国称帝，国号大西，建元大顺，并设立内阁六部。为了繁荣经济，巩固农民革命政权，大西农民政权一方面对地主豪绅的不义之财坚决予以没收，另一方面铸造发行"大顺通宝"钱币。大西农民革命政权专门设立"铸局"，"取藩府（蜀王府）所蓄古鼎玩器及城内外寺院铜象，溶液为钱，其文曰'大顺通宝'"①。"大顺通宝"由于成色较高，杂质很少，所以很受群众欢迎，在流通中颇有信誉。这两次发现的"大顺通宝"也可以证明这一点。"大顺通宝"钱币十分整齐，直径均为2.7厘米，正面均有"大顺通宝"四字，背面方孔下分为有"户"字或"工"字及素面三种情况。《蜀碧》的作者彭遵泗也说："贼钱肉色，光润精致。至今得者作妇女簪花，不减赤金。"可见，就是在张献忠农民起义失败后，也还有不少人或者出于对张献忠的爱戴和拥护，或者喜爱"大顺通宝"的"光润精致"和"不减赤金"，而将"大顺通宝"宝而藏之。后来，有人可能迫于清朝在入关后实行的高压政策，惧怕因收藏农民起义军的钱币而招祸，故而或埋之荒野，或沉之江底。成都市锦江靠岸处和永丰公社农田中先后发现的"大顺通宝"钱币，很可能属于这一类的情况。

为什么在《明史》和其他一些史书中，都有关于"锦江埋银"的记载呢？这也没有什么好奇怪的。对于我国历史上的农民革命运动，封建地主阶级总是视之为洪水猛兽，极尽造谣诬蔑之能事。张献忠所率领的农民起义军，是推翻明朝腐朽统治的两大主力之一，他们斗争坚决，对地主阶级的反抗毫不留情地予以镇压；在张献忠死后，其余部仍坚持反清斗争，直至康熙初年。这样一个农民起义领袖，这样一支农民起义队伍，当然要遭到地主阶级的极端仇视。三百多年来，地主阶级一直对张献忠大泼污水，制造种种谎言来歪曲丑化张献忠和攻击张献忠农民起义军，如所谓张献忠"嗜杀""剿四川""屠蜀"，在四川"杀人

---

① 彭遵泗：《蜀碧》。

六万万有奇"等等。当时全国人口尚不足一亿，而张献忠却在四川一省杀了"六万万有奇"的人，真是滑天下之大稽！就是这样，他们还嫌不够，又捏造了一个"锦江埋银"的鬼话，用以欺世骗人。张献忠"剿四川"和"杀人六万万有奇"的弥天大谎，可以载入官修的《明史》，那么，"锦江埋银"的讹传也见于《明史》和很多史书，就不足为奇了。

本文原载于《社会科学研究》1979年第4期。

略谈成都的文物考古

　　成都是一座历史文化名城。在中华人民共和国成立后的三十年中，为了配合国家基本建设，我们在成都市范围内，做了一些田野考古工作。这项工作，包括田野调查和发掘清理。首先要做好野外的实地调查，根据调查中所提供的文物资料的线索，再选择重点进行发掘清理。因为田野考古也是一项科学研究工作，所以，我们在调查和清理中，要认真对待，决不能马马虎虎应付了事。中国考古研究所所长夏鼐先生经常给我们说，在田野考古工作中特别要注意的问题，是你通过什么手段获得了一些文物。如果不是通过科学方法所取得的文物，那么它的科学价值是不高的。田野考古中的调查和清理，是文物考古前段的科研工作，这项工作结束后才转入室内整理、编写调查、发掘简报和报告等工作。

　　为了弄清成都地区古代文化的情况，这里首先谈谈四川古代文化的概貌。

　　我们四川的田野考古，开始于新中国成立初期，都是配合国家基本建设进行的。那时，我们发掘的墓葬较多，遗址较少。我省已发现的古文化遗址，主要有大溪文化遗址、西昌礼州文化遗址和威州姜维城文化遗址等。大溪文化遗址，1957年发现于我省巫山县的大溪河与长江会合处。这种类型的遗址，主要分布于湖北、湖南。湖北发现的屈家岭文化与大溪文化有继承关系，因此，我们认为大溪文化应属于江汉平原的原始文化；西昌礼州文化遗址，1974年发现于安宁河东岸台地之上。这类遗址虽在安宁河流域发现较多，但其文化风格与云南大墩子遗址文化相同，所以被考古界称为大墩子——礼州文化；姜维城遗址文化是一种彩陶文化，这类彩陶纹饰的风格与西北马家窑文化相同。由于它仅存在于岷江上游河谷一带，所以它是属于马家窑文化的一支。总之，这三种类型的文化都不应属于四川原始文化的范围。那么四川盆地的原始文化到底是什么样的类型?曾经发现过什么样的文物呢?

我们认为四川盆地的原始文化，可能就是广汉文化。它最初发现于广汉中兴场三星堆、月亮湾等地。三星堆遗址已经过两次发掘清理，其时间为从原始社会末期到铜石并用时代，它的晚期已经紧接着新繁水观音文化遗址。

广汉文化遗址出土陶器以泥质灰陶为主。陶器大多为小平底器、圜底器。典型器多细长柄豆、盉、喇叭状纽的器盖，普遍使用器耳及把手。石器有打制规整的石斧，以及磨制精致的小型石斧、石锛、石凿等，时代略晚一些的还出土过玉质斧、矛和大型石璧等。

新繁水观音文化墓葬可分为早、晚两期。早期的墓葬，墓坑内头部放置有两件随葬陶器；晚期的墓葬，用尖底、圜底及小平底的陶罐围成一圈，这种类型的陶器，是四川铜石并用时代文化遗址的主要器形。这种新繁水观音类型的遗址，广汉中兴场三星堆遗址的上层文化，以及成都羊子山土台底部出土类似水观音文化遗址的小平底器等，在其他地方也有发现。重庆市博物馆在阆中县兰家坝也发现了这种类型的遗物；汉源县文化馆还收集到几件在县城郊出土的铜兵器，其戈的形式，也与水观音文化墓葬中出土的相同。

这几处文化遗址和墓葬的文化类型基本相同，其分布范围也很广，应该属于四川盆地的早期文化。最近，成都市区内的基建工地也发现了与新繁水观音文化遗址同一类型的文化遗存。这应是很重要的发现。我们要抓紧时间弄清成都市方池街省工会工地及成都中医学院工地发现的这类早期遗址的文化内涵，对于研究成都这座文化古城的历史，这将会提供很重要的考古资料。

这里，我再简略谈谈成都市区内值得注意的地下文物分布的重点地区，供成都搞田野考古的同志参考。

成都的西南郊是一个很值得我们重视的考古地区。为什么要这样强调这个地区的重要性呢？因为许多战国时代蜀文化遗址及墓葬大都在这里发现。之所以说大都在这里发现，就是习为还有一座有名的战国晚期的属于蜀文化的172号墓不是在这里发现的，而是发现于北郊羊子山。虽有了这一孤例，但并不能排除上面所说的绝大多数战国时代蜀文化遗址及墓葬发现于西南郊。例如在老西门外成都无线电机械学校内曾发现过一座战国土坑墓；1982年在老西门外成都市二十三中学内也发现过一座战国土坑墓，而且是一比较重要的墓葬。新西门外成都中医学院及省农展馆一带，是战国时代蜀文化遗址和墓葬以及隋唐瓷窑遗址等重要文物集中分布的地区。几年前在成都中医学院曾发现了一座战国墓，此墓的清理简报即将发表。此外，在罗家碾疗养院附近，新中国成立初就经常发现小型的战国土坑墓。根据以往的考古工作情况看，战国时代蜀文化墓葬，大都发现于成都市百花潭中学一带。这说明这类土坑墓葬较集中分布于这一带。我们曾在这里发掘清理了十余座战国时代蜀文化土坑墓葬，在其中的10号墓内出土了一件为国内外考古界所熟知的"水陆攻战图铜壶"。这件铜壶曾经去参加日本、美国的"中国出土文物展览"。今后我们应再在这里做些考古发掘工作，为研究成都战国时代蜀文化提供更多的实物资料。因此，我建议要把这里作为地下文物分布的重点保护区。

几年前曾在成都军区后勤部驻地的西较场内，发现了一处战国时代蜀文化遗址，出土了许多完整的陶器。这是一个极为难得的发现，我们由此可知在这处战国蜀文化遗址的上层，又是隋唐时代的瓷窑遗址。我们知道战国时代蜀文化墓葬在成都西南郊发现不少，而战国时代蜀文化遗址却只在西较场和省农展馆两地发现，而这两处蜀文化遗址，又都是叠压在隋唐瓷窑遗址下面。我建议，对这两处重要的发现，应抓紧时间整理编写发掘简报和报告，尽快将这些重要的考古新发现公之于众。它使我们对四川战国时代蜀文化有更进一步的认识，同时也会引起有关方面的重视。因此，应加强对西较场和青羊宫附近农展馆这一带地下分布的战国蜀文化遗址的保护。

新中国成立初，在成都北门火车站青杠包发掘了东汉残画像砖墓和唐、五代石棺墓，后来又在驷马桥蜀华砖瓦厂的羊子山工地发掘了一百余座战国至明代的墓葬，还发掘了两座东汉画像砖墓。这里的墓葬分土坑墓和砖室墓两类。后来，又在昭觉寺附近发掘了一座画像砖墓，在天回山东汉岩墓群的发掘中出土了一个雕刻精美的画像石棺。据目前已有的考古发掘资料看，汉画像砖、石墓大都发现于北火车站和天回山一带。所以，我以为今后在这一带进行调查访问中，还应多注意散失在民间的汉画像砖、石等文物资料。

成都北郊是发现西汉土坑木椁墓的重要地区。1955年在羊子山发掘了不少西汉土坑墓；1956年配合东山灌溉渠北干渠的工程中发现了三十五座西汉土坑木椁墓；在北郊洪家包、天回山附近等地，都曾发现了西汉土坑墓。这一批西汉土坑木椁墓规模都不大，发现的较大型的西汉土坑木椁墓可能在凤凰山一带。1959年就在凤凰山发掘了一座大型的西汉土坑木椁墓。另在外东成都市第三砖瓦厂内也发现了西汉土坑木椁墓。今后在这一带地区进行考古调查时，应多加注意这类土坑墓的线索，例如了解一下有没有已经露头的西汉土坑木椁墓的椁板。群众有时用挖出的较薄的椁板来搭桥，或将残板放置路旁；较厚一点的椁板，则将它改成木板堆放在一起。在考古调查时，这些情况有时可以为我们提供新的考古线索，决不要轻易放过。

根据多年来的考古工作情况看，宋明两代的墓葬以成都东郊发现较多。新中国成立初，在东郊成都市第三砖瓦厂内发掘了一批五代和宋、明的砖室墓，也发掘了几座东汉墓，还在外东永兴寺清理了十余座明代蜀王的太监墓。东郊的琉璃厂窑址，是成都地区除了青羊宫隋唐瓷窑遗址之外的一处有名的古老窑场。据说，现在这里已在城市基建范围内。新中国成立前后，窑址附近的农民经常因兴工动土而常有所发现，所以散失在民间的琉璃厂窑的陶瓷文物不少；而成都宋墓出土的陶俑及其他陶器，皆为此窑场烧造。今后在这里进行调查时，认真做好访问和宣传工作，可能会有较为丰富的收获。

以上介绍的成都市区内的文物考古情况仅是我知道的一部分。虽只是一个大概轮廓，但可作为今后市区文物普查及国家基本建设工程划地、施工时的参考。

本文原载于《成都文物》1983年第1期。

做好一切准备，迎接黄河规划中的考古工作

1955年7月18日，邓子恢副总理在全国人民代表大会上作了关于根治黄河水害和开发黄河水利的综合规划的报告，这是一个激动人心的报告。我们的党和政府制定了这一伟大的计划，激动了全国人民的心弦。这一伟大的计划将实现数千年来人们所梦想的"黄河清"。

这是划时代的事件，是全国人民的大喜事。这一伟大的治河规划，也只有在中国共产党和毛主席的领导下才可能完成。全国从事考古的工作者，和全国人民一样，听到后无不欢欣鼓舞。

是的，黄河曾给我国人民带来了无数次的大小灾难，可是它却是中国古代文明的摇篮。我们考古工作者在配合这一建设工程时，将清理出无数的古遗址和古墓葬，这些将有助于解决不少的中国文化上的问题。

1949年以来，我们考古工作者配合国家的经济建设，做了不少的工作，但是，治理黄河规划中的考古工作，在工作的范围、内容的丰富和复杂上，又远非历次的工作可比了。所以，为了更好地做好这一工作，首先就必须作好一切准备工作。现在仅就个人的理解，提出下面几点初步意见，以作为今后工作的参考。

一、加强学习苏联的先进考古学经验，学习苏联考古工作者在配合国家大规模经济建设中的考古工作经验。我们知道，苏联在伟大的共产主义建设中有无数巨大的建设工程，斯大林格勒水电站、古比雪夫水电站、吐库曼运河及伏尔加河——顿河运河等。我们首先要了解苏联的考古工作者在配合这些大工程中是如何进行工作的，从而学习这些先进的经验。这是有其重要的现实意义的，因为，我们在对配合大规模的建设中进行考古工作的经验还不够。我认为目前应及时地多译一些苏联在这类工作中的先进经验及工作总结之类的文章，由《考古通讯》及《文物参考资料》两刊物发表，借以帮助我们更有计划地、更有系统地组织我们的力量，发掘我们的潜力，进行大量的工作。在学习苏联考古学先进经验之后，我们要更进一步地、深入而细致地总结我们1949年以来配合国家基本建设工程中的考古工作。几年来，我们新兴的考古事业有了不少的成绩，积累了许多的宝贵经验（这些成绩和经验大大地超过了1949年前十年的考古工作的成绩和经验）。可是在工作中不可避免是有些缺点的，给我们带来了或多或少的损失。我们应当在全国范围内或以地区、或以工作性质，分别地进行总结，以巩固成绩，改正缺点。我们深信这一总结对我们即将从事的黄河规划中的考古工作，会起着很大的作用，一定会找出更多更好的经验和办法来，以佚今后工作的参考。

还有，1955年12月由中国科学院、中华人民共和国文化部联合举办的考古工作会议，一定会将全国各地的考古工作经验很好地总结出来。希望能将较好的经验总结成文字并及时地印出来作为今后考古工作的参考。学习苏联经验，总结以往的工作，即是先看看走在我们前面的朋友，再回顾一下自己的工作，这样做一定会把我国的考古工作在原有基础上再向前推进一步。

二、如何在黄河规划中贯彻"重点发掘"的方针。陈容同志《在配合基建清理发掘工作中必须贯彻"重点发掘"的方针》（《文物参考资料》1955年第4期）一文中所提出的意见，是值得重视的。当时文参编者号召各地从事文物工作的同志展开对这一问题的讨论，是非常必要的。尤其配合黄河规划的考古工作，是一个范围比较大、复杂而艰巨的任务。这工作中的任务与主观力量（人力、物力）的矛盾也会特别大，因此"重点发掘"就将成为配合治河工程考古工作的主要方针了。我盼望不久的将来能够提出一些有关的问题来展开讨论。在将要变成水库的地区，利用几年来以及最近的实地调查的科学资料或根据以往的文献资料，明确一些重点的工作地区，及值得重点发掘的古遗址或墓葬，大家来参与讨论，集思广益，把问题弄明白。今后在实际工作中有更明确的认识，开展发掘工作之前做到心中有数，工作中的轻重缓急也就容易把握了。在这次治河规划的考古工作中，厘清哪些地区是值得重视的，要解决些什么问题，哪些古遗址、墓葬值得重点发掘，而某些不必要重点发掘的古遗址、墓葬，是让它们永远埋在水库底呢，还是只需花少许人力把他们清理出来，都是值得我们仔细考虑和安排的问题。对于大批出土资料的整理也应该研究出一个比较先进的整理方法，尽可能早日发表出来，最好尽早发表初步整理简报，以供全国考古及史学工作者利用。发表简报也是个比较复杂的工作，需要我们预为充分讨论。

三、把黄河规划中的考古工作作为培养考古干部的最实际的学校。新中国的考古事业只有几年的历史，可是在历次实际工作中仍培养了不少的考古工作干部。培养和训练干部的工作虽然不断地在进行，但还赶不上客观的需要。所以，我们应该把这次黄河规划中的考古工作与培养干部的工作更密切地结合起来，在有田野经验的工作人员中配上一些新同志，这样可以带出一批新的考古工作人员来。同时比较有经验的同志在参加一次大规模的发掘工作后，也同样会获得提高。还有一点应注意的，就是在从事这工作以前，一定要有一个训练干部的计划，从田野调查、清理到室内整理一系列的工作，都要一步一步地、踏踏实实地进行学习，为将来规模更大的考古发掘做好训练干部的工作。

我们将在这次工作中学习苏联的先进经验，壮大考古队伍，增加新的发掘资料，努力解决中国古代文化史上悬而未央的问题。全国的考古工作者都能以参与这一工作而感到无限光荣和骄傲。

这一工作将是新中国考古事业新发展的里程碑，这次工作，将把我们的考古事业大大地向前推进一步。

本文原载于《考古通讯》1956年第1期。

苏秉琦先生与四川文物考古工作

　　我国著名的考古学家、新中国考古学的指导者与奠基人、中国考古学会理事长、北京大学教授、中国社会科学院考古研究所研究员苏秉琦先生因患重病医治无效，于1997年6月20日在北京去世，享年88岁。

　　新中国成立初期在四川做田野考古工作的几位同志，都曾是苏先生参与筹划的考古工作人员训练班（1—4届）的学员。我们这批曾在训练班接受田野考古启蒙教育的同志，每当出差北京时，都要去考古研究所向苏先生汇报四川考古工作情况。苏先生对人和蔼可亲，诲人不倦，我们向他请教的问题，他都无不全面而透彻地交待清楚。苏先生十分关心四川的文物考古工作，盼望我们在文物考古工作中能密切配合基本建设做好文物保护和田野考古发掘。每次谈话都要鼓励我们说："四川考古是很有希望的。"当时苏先生尚未来过四川，却对四川文物考古了如指掌，可见其平时即十分注意四川的考古新发现。所以，我们每到北京必争取去苏先生处求教，希望能得到他对四川田野考古工作新的指导。

　　1984年苏先生来成都参加会议并作了学术报告，在四川时，他曾多次讲过"四川考古学是大学问！"这次来川时三星堆两个器物坑尚未发现，苏先生仅仅依据广汉月亮湾1949年前的工作基础及1949年后小范围遗址发掘的材料，高瞻远瞩地说不能小看这些材料，其中已发现了广汉新石器时代晚期到商周时代成系统的破陶器，并认为这些材料为研究四川乃至整个西南地区的古文化、古城、古国等问题提供了具体的材料。苏先生从所见到的这批还比较不完备的资料中，即提出了如此深刻的认识。他的远见卓识，鼓舞了四川考古工作者。我们一定按照苏先生的指导，在这一地区再多做些实际的田野考古工作。

1986年三星堆1、2号器物坑被我省考古工作者发现。1987年四川省文物考古研究所在广汉召开了三星堆、十二桥文化座谈会，苏秉琦先生出席了这次会议，并作了十分精彩的讲话。苏先生谈了有关中国国家起源与发展的三部曲，即古国、方国、帝国的问题，并且进一步指出："三星堆已进入'国'的阶段，而且是方国。但古国的阶段，还不清楚"。他反复看了这两个坑出土的全部器物后说："四川汉画像砖也好，战国青铜器也好，都与三星堆的风韵相似。"这类高度的概括，为我们今后的研究指出了重要的方向。他高度评价了四川古代文化，苏先生说："过去，我们说四川古代文化是中国几个古文化之一。这话至今不错。"苏先生更进一步论定说："但如换一个角度，从一个更高层次来看问题，则又有新意，四川古文化是中国古文化的中心之一。在这个意义上，四川考古进入了一个辉煌的阶段。"苏先生站在高层次上来论述、总结四川的古文化，这对四川文物考古工作者来说，是一个很大的激励。我们应当遵循苏先生的教导，团结一致，奋发图强，扎扎实实地全力做好田野考古工作。正如苏先生曾多次给我们说："你们要狠狠抓两个东风，一是三峡考古的东风，二是第十次中国考古学会年会在四川召开的东风，争取在较短的时间内把四川的考古工作搞上去，在现有的水平上再跃上一个新的台阶。对苏先生提出的工作要求，省文物考古研究所已做了相应的部署。首先，今年即将派出田野考古队再次去三峡地区的忠县遗址做较大范围的发掘；其次，为了迎接第十次中国考古学年会在四川召开，从1996年起我们集中精力在短短一年中编写出《四川考古论文集》《四川考古研究论文集》《四川考古报告集》《三星堆·祭祀坑》等四部论文集和报告，为中国考古学会年会在川召开献礼。

苏先生为了四川的文物考古工作，当耄耋之年，不顾体弱多病，曾两次风尘仆仆来川参加会议，而且每次来川之后，还亲自下工地作实地考察，不厌其烦地反复摸抚陶片，并教导四川青年同志要多在摸陶片上下功夫。他两次来川对四川考古新发现，皆有所总结，而这些有关四川古文化的学术报告，对四川文物考古工作者深刻了解四川考古新发现的重要性都具有指导意义。同志们每次听了苏先生的学术报告，精神都十分振奋，纷纷表示今后要更多、更好地做好田野考古工作，都认为我们应该踏踏实实地工作，一步一个脚印地工作，在发掘工作结束之后，争取尽快地发表报告，以便考古界能尽早了解新发现的内容，同时也能及时得到考古界同行的批评指正，以便我们能将下一次的发掘工作做得更加理想一些。

四川在新石器时代考古方面所做工作不多，所以外界对长江上游的新石器时代文化知之甚少。经过苏先生几次的大声急呼及对四川古文化的高度评价之后，省、市文物考古部门皆受到了很大的鼓舞，争取在新石器时代考古方面能多做一些工作。成都市考古工作队近几年在对新石器时代古城遗址的调查及发掘方面做了许多工作，发现了古城遗址五处，这五座城址分别为新津宝墩古城、温江鱼凫古城、都江堰芒城、郫县古城和崇州双河古城。这五座新石器时代晚期城址的发现、勘察和试掘，已初步填补了四川新石器时代考古的空白。在这一基础上继续工作几年，长江上游的新石器时代晚期文化的序列将更丰富而完善。苏秉琦先生的"四川古文化是中国古文化中心之一"之说，将不仅仅是论断，而且会被我省考古工作者辛勤的田野考古成果所写的历史证实。苏先生对四川文物考古工作多次深切的关怀和指导，鼓起了四川考古工作者的干劲，同志们下定决心，努力做好实际工作，为繁荣四川考古事业做出更大的成绩。

最后还有两件事很值得一提：一是1996年省文物考古研究所准备编辑《四川考古论文集》，我们请苏先生为论文集写序言，他欣然同意，大力支持这本论文集。所以，他在身体健康状况不太好的情况下，还是很快地完成了序文的写作，序文中根据四川考古新发现提出许多具有指导性的论述，指明了四川考古工作今后努力的方向，我们将会获益匪浅。另一件事是，《四川考古论文集》编辑工作完成即将发排之际，我所派同志去京看望支持这本论文集编写工作的北京大学、中国社会科学院历史研究所、中国科学院古脊椎动物与古人类研究所等单位的专家、教授。当去看望苏先生时，还需要请他为论文集的封面题签。到北京后方知苏先生已因病住院，而论文集又发稿在即。苏先生为了不影响书的出版，决定在医院里写。苏先生在病榻前的一张临时小桌上写出"四川考古论文集"七字。我们四川文物考古研究所的全体同志了解此情况后，无不为苏先生对四川考古工作的支持已经达到了忘我的境界而感动。苏秉琦先生的突然病逝，是中国考古学界不可弥补的重大损失，我们决心化悲痛为力量，在党的领导下努力做好四川省的文物考古工作。

本文原载于《四川文物》1997年第6期。

介绍《重庆市博物馆藏四川汉画像砖选集》

　　四川汉代画像砖在1949年前即有零星的发现，但是由于当时没有作过科学的发掘，出土的情况不明，其科学价值也就不大。1949年后，在宝成路的德阳黄浒镇蒋家坪、成都青杠包、成都北郊羊子山、彭县太平乡及大邑县等地，都曾清理过较多的画像砖墓。

　　这本图录主要是采用了1949年后考古发掘的新资料，但限于重庆市博物馆所藏的，因此，如大邑汉画像砖及彭县的晋代画像砖等都没有收集进去。此外，还收了两方1949年前传为彭县九尺铺出土的画像砖。图录的内容还是比较丰富的。

　　收集的汉画像砖40方，分为4类：一、生产居室类；二、生活享乐类；三、车马出行类；四、墓阙墓神类。分类来看相当明确，给读者的印象也十分清楚。再就每图的说明方面来说，是以简洁扼要的叙述，间以必要的考证，考证之处，深入浅出，并紧密结合了四川的历史材料，像这样的考证，读者是欢迎的。

　　这本图录的照片及拓片都很清楚，大部分画像砖都是既有拓片，又有照片。它照顾了多方面的读者，研究美术及历史的人参考起来都十分方便。但有几件只有照片而无拓片，是美中不足的事。如一盐场画像砖、十四举袖欲舞画像砖、十五宴饮起舞画像砖、十八栈车画像砖、二〇帷车画像砖、二二辎车画像砖、二五持弩前趋画像砖（残）、二八斧车画像砖（二）（残）、三六辎车骑从画像砖、三七墓阙画像砖均如此。另外三采莲画像砖只具拓片而无照片，是因为此砖出土后仅留有几张拓片，原砖已失。又如三三骑吹画像砖（三），与成都站东乡出土者完全相同，仅砖面略大。三四车马过桥画像砖，又与羊子山二号墓出土的为同范，像这种情况，没有拓片还没有多少关系。

如果这本图录再版，盼望能尽可能做到每方画像砖既有照片又有拓片，这对读者来说会更方便。因为有的砖只看照片则细部不太清楚，仅有拓片，又看不出其雕塑的情况。

关于前面的引言，似太简略，再版时最好能将引言部分加详，让一般读者对四川汉画像砖有一个概括的了解，如此，这图录也就更全面而系统化了。

其次，本书后面附有"重庆市博物馆藏汉画像砖编号表"，详细地记录了每块砖的出土及收集情况，这些记录，对引用这项材料的人也是很方便的。

这本图录定价不高，对普及文物知识，减轻读者负担都是好的。

本文原载于《考古》1959年第8期。

四川汉代陶俑概述[①]

　　本书所介绍的这些陶俑，都是从四川汉代墓葬中出土的，其中一部分是1949年前出自新津、彭山一带的崖墓；一部分是1949年后从成都、绵阳、资阳等地的砖墓或崖墓中发掘出来的。这些陶俑是四川大学历史博物馆、四川省博物馆、重庆市博物馆所收藏的汉俑（大部分是东汉晚期的作品）中比较精美完整并有代表性的部分。

　　陶俑是陪葬器物中陶制品的一种。四川的汉代墓葬很多，几乎各县都有，但是东汉的居多，西汉的还很少见。在东汉的砖墓或崖墓中，往往都有多少不等的陶俑，而在西汉的土坑墓中，至今还没有发现过。从一九五四年在重庆江北相国寺发掘的一座东汉砖墓中，我们还可以了解陶俑在墓内的分布情况。在这一墓葬中，共有陶俑十一件，有四俑放在甬道与墓室之间，一个是抚耳俑，坐在一个陶瓮的前面；其余的三个，在陶瓮的后面，中间是着短衣的立俑，左边是男俑，右边是女俑，都拱手而立，面向北壁；另有六俑在东墙下一座陶屋的背后，分列两排，前排一俑，拱手端立，后排五俑，由左到右是舞俑、坐俑、舞俑、抚琴俑、着短衣的立俑；另有一件着短衣的立俑，背靠陶水田，面向东壁，带环首长刀，高举右手，对着陶猪陶狗，作驱喝之状。（汉墓中陶

　　① 本文由沈仲常、冯国定等合著。

制陪葬品，有田园、房屋、仓库、车马、井灶、家畜、用具和奴隶、伎乐等）

四川汉代陶俑，多系模制。从保存下来的这些陶俑来看，在制造技术上，当时已经采用了进步的双合模（双合模是由两半凹模合成，一半为俑的前面，一半为俑的背面）。有少数的俑可能是塑制品，也有少数体积较小的俑是捏制的。此外，有些陶俑上涂有粉和朱、墨。

汉代美术，在继承民族艺术优良传统的基础上，有了显著的提高，创作内容和方法都有新的发展。取材既广泛，表现形式也新鲜活泼，摆脱了拘谨的图案形式的束缚，别具写实、简练的风格。这种时代风格，我们无论从陕西霍去病墓前的石雕，辽宁金县营城子和辽阳等地的汉墓壁画，山东、河南、四川等省的汉代画像石刻，以及各地汉代墓葬中的陶俑，都完全可以见到。其中四川陶俑的制作表现得相当成熟。因为，在汉代四川是一个富庶的区域，盐铁工商业都比较发达；同时，也是一个出产美术工艺品的地方，陶塑、石刻、织锦和金属制造都达到很高的水平。雕塑、绘画在东汉更加发达，这与当时的统治阶级生时奢侈、死后厚葬的习俗是分不开的。从这些陶俑中，不仅能看到汉代艺术劳动者的卓越成就，还可以了解到当时的阶级关系和社会生活的一些情况。这不单是当时被奴役的劳动人民形象的真实写照，同时又是统治阶级穷奢极欲生活的缩影。

四川汉代陶俑在制作技术上，除少数捏制的和比较早期的作品，还显著地带有古朴原始的意味外，一般的作品都具有较高的艺术性。人物的形象非常生动、逼真，面部富有表情，衣纹线条潇洒流畅，姿态也有很多变化。如舞蹈的、歌唱的、抚琴的、抚树的、说书的、治鱼的、持箕锸的、负物的、侍立的，无不各因其身份和性格的不同，而表现出其不同的特征。这些陶塑作品，是我国古代劳动人民在艺术上的光辉成就，是今天值得我们加以研究、吸取的古典艺术的宝贵遗产。

本书的编写，曾得到四川大学、四川省博物馆、重庆市博物馆领导的支持、鼓励和同志们的热情帮助，在使用资料、摄制照片时给予很多方便。同时应感谢冯汉骥、徐中舒两先生对说明文字中俑名的考定。惟编者学识有限，谬误之处，深望读者给予批评和指正。

本文原载于《四川汉代陶俑》（朝花美术出版社，1963年）。

附 录

鞠躬尽瘁　高山仰止
——缅怀沈仲常先生①

　　沈仲常先生（1921.7—2000.1），成都人，系四川省考古学界继冯汉骥先生之后的重要开拓者之一。先生去年11月曾和我们一起参加在成都召开的中国考古学会第十次年会，当时他虽然身体略有不适，但看来尚无大碍。岂料仅两月后，先生竟不幸溘然与世长辞，考古学界诸同仁惊闻噩耗，不胜悲痛。

　　沈仲常先生早年毕业于齐鲁大学历史系，继入南京图书馆，负责善本书之保管和整理工作。其后，考入中央大学历史系攻读研究生学位，旋转入四川大学，受业于导师徐中舒教授，继续攻读历史学。1951年毕业分配在前西南博物院，开始从事考古工作。1953年7月，被派去中央文化部举办的考古工作人员训练班二期学习，年底回院。1954年西南大区撤销，博物院改为重庆市博物馆，其考古工作人员则有调派四川省文物管理委员会者，以加强四川省的考古工作，先生亦随之前来。此后，由于四川博物馆和四川省文物管理委员会的分合不常，先生也就先后在两单位任考古队副队长、队长和历史部（研究部）主任。1979年被推选为中国考古学会理事，后连任至1988年退休。1986年被评为研究馆

沈仲常卷

---

① 本文由李复华、黄家祥合著。

员，同年又被聘为四川省文物博物专业高级职称评审委员会评委，直至1997年。1988年先生在四川省文物考古研究所退休，但仍以老弱带病之身为四川省的考古事业辛勤劳动，做到了"鞠躬尽瘁，死而后已"。这样高尚纯真的职业道德精神，可谓"高山仰止"。现将先生之业绩简介于次。

一、行千里路田野考古

1953年初成立"宝成铁路工程文物保护委员会"，直隶铁路工程政治部，下设宣传组和技术组，由西南博物院负责。技术组则是抽调四川、贵州、重庆等省市的考古工作人员和院里的人员组成，负责铁路工程沿线文物保护工作。为了在工作中做到心中有数，由杨有润、沈仲常和龚廷万三人组成调查组，对全线进行文物考古调查。铁路线由绵阳往北便进入了高山地区，为了防止猛兽的伤害，他们在绵阳仿战国铜矛打制了一件铁矛，装长柄以防身，真可谓"古为今用"之范例。然后继续往北调查，翻山越岭，涉水过桥。那时的工作环境异常恶劣，条件非常艰苦，徒步的调查工作直至陕西省境内，历时月余，收获甚丰。这里介绍一件在调查中鲜为人知却有趣的误会：一天他们调查到江油境内，上午在大山中进行艰苦的踏勘调查，至近午则已疲惫不堪了，遂在一河滩石上休息，旋即在明媚春光的照耀下进入了梦乡。鼾睡中忽闻人声鼎沸，他们被惊醒了，见有数十农民，手持长枪、绳索，如临大敌，把他们围住，不知何故。农民见其已醒，便进行盘问，并欲予以拘捕。原来是农民把他们误认为台湾派来大陆的空降特务了，经出示证件和说明后，误会遂告冰释。从这一误会可以看出当时农民兄弟脑中对敌斗争和敌情观念的弦是绷得很紧的，亦说明此次调查工作的艰辛程度。其所获资料在后来的文物保护工作中发挥了重要的作用。

沈先生1954年调四川省文管会后，即配合官渠埝工程进行调查工作，并清理大批宋墓；继又在协助、指导赖有德同志调查东山灌溉渠工程中发现了西汉墓群。1958年四川省文化厅举办文物训练班，由沈先生和杨有润带领学员对长江三峡进行考古调查，发现了大批古代遗址和墓葬。其中特别重要的有巫山大溪新石器时代遗址，以及时代略晚的忠县瓦井沟古遗址，并立即进行试掘，直至次年夏季结束。后来大溪遗址被命名为"大溪文化"，是长江流域的重要原始文化遗存，从而揭开了三峡的历史面纱，为后来三峡考古工作的大发展提供了重要的科学依据。

20世纪90年代，绵阳市发现一座大型西汉木椁墓，旋由省、市组队清理，工作中出现了一些问题。为了处理好问题，组织上邀请沈先生去做发掘现场顾问。他并无难色，欣然应命，立即以带病之身去工地，直至发掘结束。1998年广汉三星堆仁胜墓地发现后，先生应四川省考古所三星堆工作站邀请，带着多病之躯到工地现场。经察看后，他心情激动，当即就发表了自己的一些初步看法和建议。先生对考古事业的关注直至生命的最后一刻，当我获知先生住院去看望他时，医院已下了病危通知，即使在输氧的情况下，他还对我们说："最近孙华给我说，他们在忠县发掘时，发现了屈家岭文化的地层堆积，很重要。"可见先生对考古事业是何等的热爱啊！

二、读万卷书科研有建树

沈仲常先生在科研方面，承袭了徐中舒先生的治学精神和方法，十分严谨、科学，为四川考古学做了大量有价值的工作。例如，为了编写发掘报告，沈先生在动笔前必须对发掘资料进行科学的整理和研究，再检阅有关文献，进而形成一些初步看法，然后进行编写。他在20世纪50年代发表在有关刊物上的报告包括广元、彰明、梓潼三处六朝墓葬的三篇清理简报。他后来又领衔主编了《四川涪陵地区小田溪战国土坑墓清理简报》和《成都凤凰山西汉木椁墓清理报告》等。这些便可以表明他深厚的功力。又如在《成都羊子山的晋代砖墓》这篇简报里，沈先生对首次发现的一扇石门所刻的持物人像予以探索后，认为人像所持之物是彗，当是反映《史记》中的《高祖本纪》和《孟子列传》里所记的汉代"拥彗"迎宾之礼俗，表明在晋代尚行此俗。

沈先生的论文有：《四川德阳出土的宋代银器简介》《三星堆二号祭祀坑青铜立人像初记》《蜀汉铜弩机》和《"告贷图"画像砖质疑》，以及与同辈合作的《关于四川"船棺葬"的属族问题》，与孙华合作的《楚国灭巴考》，与晚辈合作的《从新繁水观音遗址谈早期蜀文化的有关问题》，等等。沈先生首先提出三星堆遗址是早期蜀文化的观点，对四川考古学的发展起到了积极促进作用。

沈先生对四川考古学研究与田野考古成果的编辑、出版也十分重视。他曾在20世纪50至60年代为《文物》编辑过一期四川专号；20世纪60年代与人合作编辑《四川汉代陶俑》一书；继在20世纪80年代，他又编辑了《巴蜀考古论文集》，为四川考古学研究提供了重要的参考资料。特别应予提出的是，先生于1995年应四川省文物考古所之请，参与《巴蜀文化研究论文集》（第二集）、《四川文物》（增刊）和《三星堆祭祀坑》等的审稿、编辑工作，并建议增编一本《四川考古报告集》。同时，他不顾自身体弱多病和老伴瘫痪，亲自和同志们一道去什邡、广汉、荥经、雅安市区等地组稿。在年底的审稿中，沈先生不慎将左臂摔成骨折，他顾不上同志们劝其休息养伤的建议，竟带伤坚持到编辑结束。这次编辑的书籍，对考古学研究工作是非常有益的。此外，他还为博物馆做了大量工作，如多次主持和参与四川省博物馆举办的文物展览，这些文物展均收到了良好的社会效益。

沈先生自1951年毕业后就从事田野考古工作，至1988年退休，工作时间长，德高望重，在全川乃至国内考古学界均有一定的学术地位。他之所以能在田野考古事业上有所建树，成学成德，除受老一辈的陈寅恪、徐中舒、冯汉骥诸先生的治学思想影响外，还得益于其自身的成长历程。他从学生时代起就不断磨砺自己，养成朴实、谦恭、严谨的作风，同时也受到中国传统文化的熏陶。他治学严谨，持之以恒、不走捷径的精神始终贯穿在文物考古事业的工作中。三百年前的唯物主义哲学家王夫之在《俟解》中发出这样的议论："俭所以为德之共者，俭则事简，事简则心清，心清则中虚，而可以容无穷之理，而抑不至浮气逐物，以丧其所知所能之固有。"用这段话来检视先生的品学造诣，可谓贴切。几十年来先生一直保持俭素的生活作风，不贪美食，不讲究穿，朴实无华，不寻求娱乐，也不好交游。可以说先生的一生是在读书、学习、科研中度过的，而从事这些工作就是先生的享受、娱乐。

三、为事业后学有追求

沈先生一生虽然没有在学校从事过专门的教书育人工作，但先生为四川文物考古事业的建设发展和培养有志此项事业的青年人倾注了大量心血。先生常以辛勤的汗水，浇灌芬芳桃李。在先生的倡导、主持下，为培养川北地区文物干部，提高地、县文物部门业务干部的水平，1973年广元举办了文物知识学习班，使当地和邻县负责文物工作的同志学到不少的专业知识。1975年南充地区举办了文物专业知识培训班，这次培训班的地点选在阆中和苍溪。先生根据两个县的办班情况和当地的历史文物情况，从实际出发，确定在阆中班学习的同志主要是学习古代历史文物专业知识，在苍溪班学习的同志主要学习革命历史和革命文物方面的知识。授课的老师也是由沈先生出面邀请。为使川西雅安地区文物工作有所进展，沈先生又两次在那里组织文物学习班。1978年在芦山、1981年在荥经举办的文物考古培训班，先生不仅自己上台讲授，还从四川大学历史系请来著名学者吴天墀、唐嘉弘教授讲授四川古代史、地方史和民族史等课程，学员们学到不少知识。在上田野考古与实习课程时，先生对学员更是悉心指导，使受训的文物干部业务水平大为提高，参加过学习的学员如当时芦山的钟坚、付良柱，宝兴的杨文成，石棉的张弗尘、及康生等人，在文物专业的业务水平上已是当地的中坚。值得称颂的是，这几次培训班上的老师们，包括先生在内，均不提任何条件，全是义务的讲授，且无经济上的补贴和束脩等。先生通过以上几个培训班，使省内一些地、县文物工作上了一个台阶，这些地方的文物考古不断有发现与收获，促进了这一项事业的发展。

先生历来关怀青年后学，对社会遗才或有一技之长者，常予以支持，并向有关方面荐举，这亦是难能可贵的。20世纪70年代末80年代初，国家刚拨乱反正，各项工作逐渐走上正轨。这时一批年轻同志踏上了文物考古工作第一线，由于历史原因，这些年轻同志缺少文物考古工作应有的专业知识。先生是看在眼里急在心上，同时也在心里暗自筹划着如何培养这些年轻同志。先生平时对青年同志言传身教，有时在具体指导外，还根据每个年轻同志的特点，利用自己与省外的文博单位、科研机构和大专院校的关系，为他们学习古建筑和考古，提供系统学习、训练的机会。经先生大力帮助，至少有三人被送往中国社会科学院考古研究所绘图室学习考古绘图；两人去青海考古所学习野外考古发掘；一人去上海博物馆学习拓片技术。

对于一些有志于文物考古工作的外单位的青年同志，先生也是不遗余力地支持。恢复高考后，当时还在工厂当工人的彭裕商同志，矢志于古文字学方面的研究。他当时想报考北京大学裘锡圭先生的研究生的愿望，在沈先生一位亲戚的引见下来到先生住处。彭裕商向沈先生陈述自己想学习古文字、报考裘先生的研究生的愿望，并请沈先生帮助借阅《金文编》等古文字方面的书籍。先生在了解彭裕商的想法后，建议他报考四川大学徐中舒先生的古文字学研究生，并积极给予支持、帮助，使彭裕商如愿考取徐中舒教授的古文字学研究生。如今彭裕商先生已是四川大学古文字学博士生导师、学术带头人。彭裕商先生在学术上的成功，除自身不懈地努力与追求外，还与沈先生给予他的支持、帮助分不开。还有一位学习考古的青年后进，当先生发现其对古文字十分有兴趣时，同样给予热情的支持，指导他如何阅读古文字方面的书籍，并以自己的名义帮助借阅这方面书籍，如《金文编》《甲骨文编》《两周金文辞大系图录》《历代钟鼎彝器款识法帖》《殷墟卜辞综述》《殷墟文字记》等等，使考古专业的同志在研究古代文化遗存时注意与古文字方面的资料相合，扩大了考古遗存研究的视野与空间。先生对这些青年后学说："我是用最笨，但也是最有效的办法教你云读这些书。"可见先生对后学帮助之用心。再如孙华同志，他还在中学生时代，便对田野考古产生了十分浓厚的兴趣，曾利用假期自费跟随四川省文管会考古队的同志去野外进行考古调查。当孙华认识沈先生后，先生也无私地、积极地给予他关怀、指导。先生对孙华同志的执着、刻苦、聪慧、睿智十分赞赏，认为他将来必成大器。在孙华与沈先生交往的近三十年的时间中，孙华同志由绵阳地区文物干部考入北京大学成为商周考古专业邹衡教授的研究生，直到孙华先生成为北京大学文博学院考古系副主任，沈先生一直加倍地关怀、提携、奖掖他。他们每次相见，师生之情都溢于言表。记得有一首歌唱道："托出一个太阳，托出一个明天"，这正如先生将对事业的希望寄托在了晚辈们的身上。

　　沈先生是继冯汉骥先生之后四川省的考古学科带头人之一，在近半个世纪的文物考古工作与科学研究中，勤勤恳恳，忘我工作，两袖清风，堪称榜样。先生嘉惠青年，启迪后学，卓然师表，体现出中国传统文化中的优秀精神。先生虽然离开了我们，但先生人师风范、长者风度、道德文章将与世长存。谨以此短文表达我们对先生的敬仰与缅怀之情。

原载《成都文物》2001年第1期

论著目录

（1955年–1997年，以发表时间为序）

1.《重庆江北相国寺的东汉砖墓》，《文物参考资料》1955年第3期。

2.《成都羊子山的西汉墓葬》，《考古通讯》1955年第6期。

3.《记四川巴县冬笋坝出土的古印及古货币》（合作），《考古通讯》1955年第6期。

4.《成都羊子山的晋代砖墓》，《文物参考资料》1955年第7期。

5.《做好一切准备，迎接黄河规划中的考古工作》，《考古通讯》1956年第1期。

6.《成都羊子山发现六朝砖墓》，《考古通讯》1956年第6期。

7.《四川官渠埝唐、宋、明墓清理简报》（合作），《考古通讯》1956年第5期。

8.《在四川德阳县收集的汉画像砖》，《文物参考资料》1956年第7期。

9.《四川昭化甋廻乡的宋墓石刻》（合作），《文物参考资料》1957年第12期。

10.《真像一个文物博物馆》，《四川日报》1958年1月4日。

11.《四川的古墓葬》（合作），四川省文物干部训练班讲义，

1958年8月。

12.《四川昭化宝轮镇南北朝时期的崖墓》，《考古学报》1959年第2期。

13.《成都郊区凤凰山发现西汉木椁墓》（合作），《考古》1959年第4期。

14.《四川古代墓葬清理简况》（合作），《考古》1959年第8期。

15.《成都凤凰山西汉木椁墓》，《考古》1959年第8期。

16.《介绍〈重庆市博物馆藏四川汉画像砖选集〉》，《考古》1959年第8期。

17.《新石器时代的儿童玩具》，《成都日报》1961年4月3日。

18.《成都出土的东汉说唱俑》，《成都晚报》1961年4月26日。

19.《汉代熬盐图画像砖》，《成都晚报》1961年5月12日。

20.《收获和弋射图——汉代画像砖介绍》，《成都晚报》1961年7月16日。

21.《四川巫山大溪新石器时代遗址发掘纪略》（合作），《文物》1961年第11期。

22.《四川德阳出土的宋代银器简介》，《文物》1961年第11期。

23.《杨升庵在云南》，《四川日报》1961年11月19日。

24.《东汉陶水田模型——一件反映汉代农村阶级矛盾的文物》，《成都日报》1962年2月10日。

25.《保存在我国的最早印刷品》，《四川日报》1962年5月8日。

26《杨升庵遗迹访问记》，《四川日报》1962年8月8日。

27.《四川汉代陶俑》（合作），朝花美术出版社，1963年。

28.《丰富珍贵的出土文物——记四川省出二文物展览》，《四川日报》1972年8月14日。

29.《蜀汉铜弩机》，《文物》1976年第4期。

30.《关于"石棺葬文化"的几个问题》（合作），《中国考古学会第一次年会论文集》，文物出版社，1979年。

31.《"锦江埋银"质疑》,《社会科学研究》1979年第4期

32.《"告贷图"画像砖质疑》,《考古》1979年第6期。

33.《"僰人悬棺"岩画中的巫师形象》,《历史知识》1980年第4期。

34.《新都战国木椁墓的文化性质》,《四川日报》1980年7月6日。

35.《新津观音寺的明代壁画》(合作),《艺苑掇英》1980年第9期。

36.《岩画、"阿旦沐"、都掌蛮——关于珙县悬棺葬墓主的族属》,《文物》1980年第11期。

37.《东汉铜枝陶座摇钱树》(合作),《人民中国》(日文版)1980年第12期。

38.《悬棺葬资料汇集(内部资料)》1980年12月。

39.《"僰人悬棺"岩画中所见的铜鼓》,《民族论丛(悬棺葬研究专集)》1981年第1期。

40.《东汉石刻水塘田图像略说——兼谈我国古代中耕积肥的历史》,《农业考古》1981年第2期。

41.《新都战国木椁墓与楚文化》,《文物》1981年第6期。

42.《悬棺之谜》,《人民画报》1981年。

43.《珙县"僰人悬棺"岩画中的球戏》,《贵州民族研究》1982年第2期。

44.《新都战国墓出土铜印图像探原》,《江汉考古》1982年第2期。

45.《张献忠大西政权的文物——"圣谕碑"》(合作),《文物》1982年第6期。

46.《从考古资料看羌族的白石崇拜遗俗》,《考古与文物》1982年第6期。

47.《"僰人悬棺"岩画中的珍狗俗》,《民族学研究》1982年第2

期。

48.《"僰人悬棺"岩画中所见的铜鼓形象》，《古代铜鼓学术讨论会论文集》，文物出版社，1982年。

49.《关于四川"船棺葬"的族属问题》（合作），《民族论丛》第2辑，1982年。

50.《略谈成都的文物考古》，《成都文物》1983年第1期。

51.《四川乐山出土的五代陶棺》（合作），《文物》1983年第2期。

52.《石棺葬文化中所见的汉文化因素初探》（合作），《考古与文物》1983年第4期。

53.《从新繁水观音遗址谈早期蜀文化的有关问题》（合作），《四川文物》1984年第2期。

54.《从考古资料中所见使用石灰的历史——发掘孟知祥墓札记》，《成都文物》1984年第3期。

55.《楚国灭巴考》（合作），《贵州社会科学》1984年第6期。

56.《四川古陶瓷研究（一）》，四川省社会科学院出版社，1984年。

57.《四川古陶瓷研究（二）》，四川省社会科学院出版社，1984年。

58.《从出土的战国漆器文字看"成都"得名的由来》（合作），《四川文物》1985年第4期。

59.《白石崇拜遗俗考》（合作），《文博》1985年第5期。

60.《记彭山出土的东汉铜摇钱树》（合作），《成都文物》1986年第1期。

61.《关于广汉土坑出土石璧的认识》（合作），《成都文物》1986年第4期。

62.《从出土的"巴蜀文化"考古资料中所见的"中原文化"因素》（合作），四川省文物管理委员会、四川省文物考古研究所编印

《关于文物考古工作的论著选目》，1987年。

63.《后蜀孟知祥墓发掘报告》（合作），四川省文物管理委员会、四川省文物考古研究所编印《关于文物考古工作的论著选目》，1987年。

64.《涪陵小田溪战国土坑墓与楚文化关系》，四川省文物管理委员会、四川省文物考古研究所编印《关于文物考古工作的论著选目》，1987年。

65.《三星堆二号祭祀坑青铜立人像初记》，《文物》1987年第10期。

66.《四川广汉发现的东汉雒城遗迹》（合作），《中国考古学会第五次年会论文集》，文物出版社，1988年。

67.《嵌错水陆攻战纹铜壶考》（合作），《成都文物》1988年第2期。

68.《王建、孟知祥墓的棺床为佛座说试证》，《成都文物》1989年第4期。

69.《苏秉琦先生与四川文物考古工作》，《四川文物》1997年第6期。

70.《张献忠乱后的四川》，《史学论丛》。

编后记

时光荏苒，岁月如梭，2023年，我院迎来了70岁的生日。

《四川省文物考古研究院名家学术文集》正是为庆祝我院成立70年而精心策划的一份礼物，收录了我院老一辈杰出文物考古工作者具有代表性的学术论文，共九卷。"著述前辈的开拓，启迪来者的奋斗，赓续传承美好。"这是院领导发起出版本套文集的初衷，也是全院干部职工多年以来共同的期待。

文集筹备工作始于2022年初，从征求上级领导意见，到广泛收集我院离退休职工及离世专家家属的建议和意愿，再到组织专家论证、院学术委员会研究，最终明确了本套文集的整体定位、选文标准和著录体例。

《四川省文物考古研究院名家学术文集》编辑委员会于2022年7月成立，主要负责落实文集资料收集查证、作者方联络、出版对接等工作。或因联系不上有些曾在我院工作过的专家、专家家属，或因已经有机构为一些专家出版过个人文集，或因有些专家身体抱恙，或因部分资料年代久远、查证困难，加上编辑时间有限，还有一些曾为我院事业发展做出杰出贡献的专家的文集未能成行，前辈们的风采也未能尽善尽美地呈现，略有遗憾。但未来可期，希望在我院文物考古事业更进一步、迈上新台阶时，后辈们能不忘前辈们的辛劳和奉献，续启为前辈们出版个人文集的计划。

本文集的出版得到了四川省文化和旅游厅、四川省文物局的大力支持，同时得到了诸多专家、前辈的指导和帮助。还有巴蜀书社的编辑们，他们以高度负责的态度、高质量的要求，确保了文集出版工作的顺利推进。在此，向关心支持本文集出版的工作单位和工作人员，表示由衷的感谢。

《四川省文物考古研究院名家学术文集》编辑委员会

2023年10月